江苏省基础教育前瞻性教学改革实验项目（重大研究项目）
"物型课程建设的研究与推广"成果系列丛书

物型课程
打开创想城里的儿童学习

庄惠芬　著

东南大学出版社
SOUTHEAST UNIVERSITY PRESS
·南京·

图书在版编目（CIP）数据

物型课程：打开创想城里的儿童学习/庄惠芬著．—南京：东南大学出版社，2020.11

（江苏省基础教育前瞻性教学改革实验项目（重大研究项目）"物型课程建设的研究与推广"成果系列丛书）

ISBN 978-7-5641-9156-6

Ⅰ．①物… Ⅱ．①庄… Ⅲ．①课程建设－教学研究－小学 Ⅳ．① G622.3

中国版本图书馆 CIP 数据核字（2020）第 199149 号

物型课程　打开创想城里的儿童学习
Wuxing Kecheng Dakai Chuangxiang Chengli De Ertong Xuexi

著　　者	庄惠芬	责任编辑	陈　跃
电　　话	（025）83795627	电子邮箱	chenyue58@sohu.com
出版发行	东南大学出版社	出 版 人	江建中
地　　址	南京市四牌楼2号	邮　　编	210096
销售电话	（025）83794121/83795801		
网　　址	http://www.seupress.com		
经　　销	全国各地新华书店	印　　刷	南京迅驰彩色印刷有限公司
开　　本	700 mm × 1000 mm　1/16	印　　张	18.5
字　　数	350千字		
版 印 次	2020年11月第1版　2020年11月第1次印刷		
书　　号	ISBN 978-7-5641-9156-6		
定　　价	65.00元		

＊本社图书若有印装质量问题，请直接与营销部联系。电话：025-83791830。

《江苏省基础教育前瞻性教学改革实验项目（重大研究项目）
"物型课程建设的研究与推广"成果系列丛书》

编委会主任：孙其华　马　斌
主　　　编：陈瑞昌　陈　宁
编委会成员：林慧敏　王笑梅　庄惠芬　刘　慧
　　　　　　陈燕飞　储昌楼　刘湉祎　孙陆培

《物型课程　打开创想城里的儿童学习》
著　　　者：庄惠芬

总　序

教育理念作为一定历史时期人们对教育发展的理性认识，体现了教育的价值取向和理想追求，是教育改革发展的重要价值引领和实践导向。

在过去数十年中，伴随着教育理念的变革，全球教育正在经历一场"范式转换"的革命。20世纪70年代开始，西方的教育科学研究由探究普适性的教育规律转向寻求情景化的教育意义。课程研究开始超越以"泰勒原理"为典型代表的具有工具理性主义取向的"课程开发范式"转向"课程理解范式"，对课程的理解不再简单定义为"跑道"，而是转为一种多元的"文本"，对教学的研究亦走出教育心理学的单一视域，"开始运用多学科的'话语'来解读教学的无尽意义"。育人模式从封闭式的知识传授系统转向以"素养中心、能力中心、学生中心"为特征的开放式的学习社区。

20世纪80年代开始，中国教育也拉开了现代化的序幕，教育范式从"应试教育"转向"素质教育"、课程范式从"灌输传递"转向"对话中心"，教育思潮从"教师中心"转向"儿童中心"再到"双主体"……教育现代化在学者的争鸣论辩、国家方案的迭代更新和教育实践的持续检验中深入推进。情境教育、跨学科课程、主题学习课程及体验式学习、浸润式学习等得到广泛实践，课程多样化渐成常态。

物型课程正是在时代内涵充分发展与教育范式转型变革的历史背景下，由江苏教育人进行的一次前瞻性理念探索与创新性教育实践。它历经了近7年的实践探索与理论推演。

2013年12月4日，时任省教育厅基教处处长马斌在《江苏教育报》发表了《物型课程：环境育人的新维度》一文，首次明确了物型课程的概念，并从"四个空间"进行了阐述。2016年6月，《江苏教育报》连续刊发物型课程系列文章，进一步阐发了物型课程的内涵、具体表现和实施途径，省内外多家媒体予以转载。2017年7月，省教育厅文件《关于启动实施江苏省中小学省品格提升工程的通知》（苏教基〔2017〕4号）中明确提出：重视全过程的校园物型课程建设，体现物态造型的教育价值、课程意识、学科文化、人文寓意和学生身心需求。2018年6月1日，由江苏教育报刊总社牵头实施的"物型课程建设的研究与推广"被批准为江苏省基础教育前瞻性教学改革实验项目（重大研究项目）。从理论研究层面，教育部原副部长王湛，江苏省委教育工委副书记苏春海、徐子敏，江苏省教科院副院长王国强，知名教育专家杨九俊、成尚荣、彭钢、倪娟、操太圣等对物型课程的基本内涵、理论架构、实践原则等进行了专业指导。专家们认为，物型课程拓展了优质教育的内涵，拓展了发展素质教育的空间，拓展了深化课程改革的路径；物型课程是教育媒介功能价值的再发现，是对传统教育观念、课程模式、教学方式的再突破，是在新的时代背景下实现教育根本任务新路径新方式的新探索；物型课程项目为推动基础教育改革和江苏教育现代化开拓了新场域，贡献了新方案，探索了新经验；物型课程体现的最为重大的意义就是由物关联起学校全部的生活意义、价值所在，让学生从认识物体到探究物体最后转为对物的创造力，由此建构起课程；要从建筑美学的角度去理解优美的校园环境的特征和基本元素，由美学主客体间的对话，产生独特的体验、认知和情感，形成与显性课堂教学的功能互补。

在项目运作过程中，江苏教育报刊总社充分发挥媒体平台和组织优势，建构了以设区市执行学校为核心，中小幼各学段基地学校为主体的行动方阵，形成了执行学校、基地学校分层研建推进，五大区域研建联盟合作的立体化研建网络。同时，由全国、省知名学者，教育专业媒体专家，基础教育研究领域专家，及一线校长、骨干教师组成项目研究的专业团队，为项目实施提供专业保障。江苏一大批名校名师参与到物型课程研建之中。项目研建始终坚持"贴近学校现场的实证研究与基于证据的教育思考"，在区域调研、区域研讨和学校行动研究中不断开展概念反思、逻辑反思和实践反思，致力于结构更为丰满系统的课程形态与结构，物型课程研究成果不断涌现，截至 2020 年 9 月，《人民教育》《江苏教育》《江苏教育报》等媒体以专栏、专版的形式，刊载了近 40 篇物型课程研究文章。项目组分别在张家港市实验小学、淮安市周恩来红军小学、常州市武进区星河实验小学、阜宁师范学校附属小学、南通市通州区实验小学、南京市金陵中学河西分校举办了物型课程专题研讨活动，形成了在实践研讨中实现理念推进升华的双螺旋式的理论建构路径。

学校空间变革—场馆建设—课程建构—教与学方式演进—儿童学习意义重构……从立项到研建推进的两年时间里，项目组逐步形成了自己的理念架构。在物型课程的概念界定上，我们认为物型课程是以物为载体，以型为着力点，以学习者能力素养提升与意义建构为核心的综合化课程体系，是学校物质空间教育意蕴的总体设计和综合育人载体，是国家整体教育观统领下的校本课程探索与实践。物型课程从中国古代的格物致知思想、马克思主义唯物史观、现代建构主义环境理论中汲取教育智慧，充分挖掘"物"的教育意蕴，开发覆盖整座校园的课程资源、物型育人模式具有"以物育人""在场学习""全域学习生态""文化塑形""智慧情境探究"等特征，重点培养学生 5 种能力——"物道"，即道德养成；"物理"，即学习能力；"物情"，即人格情感；"物趣"，即审美能力；"物行"，即实践能力。

物型课程超越传统的环境课程和学科课程，整合教育、建筑、文化等资源，形成贯通办学理念、历史、特色的综合课程，也是符号性的个性化校园课程。物型课程通过空间形态、学习方式的深度革新来全面升级校园建筑设施的教育意蕴，升级学习空间及其价值，实现主体赋权，它试图建构一种全新的学习系统，整个校园就是一个"活着"的学习系统，它提供一个全域的生长的学习情境系统，使学习者置身于真实生活，置身于本原世界，通过手脑体验感知、智慧情境互动等新型教育方式，在元认知层面实现主体知识建构与意义生成。公共教育系统负责提供主体教育资源支持，学习者在全域学习系统中获取智慧给养，建构深度认知，其创造性发现与探究亦可为全域学习系统不断带来新的生长点。由此，物型课程建构着一种公共教育体系与个体学习方式有机融合、系统生长的新型教育生态。

教育理念的产生与演绎始终是在教育实践的土壤中生发的，也必然离不开教育实践的历史检验。但凡真正有历史价值的教育理念，无不遵循这样的发展规律——由教育实践产生教育命题，由教育命题产生教育概念，由教育概念推演教育命题，由教育命题指导教育实践，这是一个循环往复、螺旋上升的过程。物型理念的产生发展就遵循这样的逻辑。相应的，作为《江苏省基础教育前瞻性教学改革实验项目（重大研究项目）"物型课程建设的研究与推广"成果系列丛书》，在结构方面也必然遵循这样的基本逻辑。《物型课程 理论探索与实践路径》是项目整体理论体系与实践框架，《蕊春物语 物型课程的探索与实践》《教育与设计 物型课程场馆建设的维度》《物型课程 教育的空间诗学》《物型课程 打开创想城里的儿童学习》4本专著分别从课程范式研究、场馆设计与课程建构、教育的空间变革、未来学习方式转型等维度对物型课程进行了全方位解读。其理论内核紧密相关，呈现维度各自不同，既可以相互印证，又得以相互补充，五位一体共同构成物型理念与实践的开放、多元化系统。

当然，我们非常清楚地认知到，尽管物型课程是在传统优秀文化和教育智慧结晶中不断孕育生长的系统，它充盈着丰富的活力和可能，但它还处于理论体系和实践形态的雏形阶段，仍然不尽完善，其存在或超越唯有赖于长期教育实践的历史检验。

我们所探索的课程变革和共同期待的物型未来，是为着推动教育现代化迈进更深刻细致的内涵，为着每一所校园更充实教育意蕴，为着每一个生命更全面发展，愿我们终将相会于这样的时空。谨以此套丛书的出版作为2020年的一次见证。

孙其华

（江苏教育报刊总社党委书记、社长，

江苏省教育厅教育宣传中心主任，编审，教育学博士）

目　录

第一章　物型课程：创想学校里的生态系统 ……………………………… 001

第一节　一座可以呼吸的创想城 ……………………………………………… 001
　　一、城市气象：一座城、一个人、一个魂 ………………………………… 001
　　二、城堡意象：最是那创想的文化丛林 …………………………………… 002
　　三、城楼物象：一部好奇的立体教科书 …………………………………… 003
　　四、城域景象：人人爱创造的美好生活 …………………………………… 004

第二节　建构物型课程的学习立方体 ………………………………………… 005
　　一、问题群：全境的学校物型课程 ………………………………………… 005
　　二、知识源：全息学科情境步道 …………………………………………… 009
　　三、人立方：全程学习范式建构 …………………………………………… 013

第三节　打开脑，儿童创想城里的物型密码 ………………………………… 017
　　一、道理明晰：构造物型的创想之魂 ……………………………………… 017
　　二、原理开启：发现儿童的成长需求 ……………………………………… 020
　　三、物理构造：寻找物型的设计洞见 ……………………………………… 025

第四节　物型课程进阶的想象力 ……………………………………………… 029
　　一、物型课程价值：从单向度人到多向度体 ……………………………… 029

二、物型课程边界：从象牙之塔到学习社区 ·········· 030

三、物型课程供给：从统一批量到个性定制 ·········· 036

四、物型课程产出：从学科中心到主题逻辑 ·········· 038

第二章 班级生活：场域里的协作式学习 ·········· 042

第一节 班级物型语境中的"美第奇效应" ·········· 042

一、班级的物型语境：成为万物关联的生态林 ·········· 043

二、班级的生活世界：可以拔节生长的儿童场 ·········· 044

三、结伴丈量：班级生活里的协作学习 ·········· 046

第二节 书写一部教室里的"物型简史" ·········· 049

一、进阶：从绿皮火车式的房间走向资源集成态的空间 ·········· 049

二、迁移：从课堂任务式的土壤转向花园探究式的景观 ·········· 051

三、联结：从人格指向的微环境扩展到情感账户的微气候 ·········· 054

第三节 "Clone吧"：来自教室里"以万物为师"的育人意蕴 ·········· 057

一、"Clone吧"：建构小世界里的后物型课程 ·········· 058

二、"学科群"：联结统整视野下的朋辈领地区 ·········· 061

三、"探索链"：开启多元场景中的学习连续体 ·········· 064

第四节 一个教室里的"十二时辰" ·········· 069

一、晨光里的遇见 ·········· 069

二、无处不在的学习场 ·········· 071

三、午间温馨汇 ·········· 074

四、追风也追梦 ·········· 076

五、越夜越美好 ·········· 077

第三章　自然生活：身心灵合一的望远镜式学习 …………………… 079

第一节　物型课程，做回大自然之子 …………………………………… 079

    一、自然法则：学校里的大自然 VS 大自然中的学校 ………… 079

    二、自然生活：生态伦理 VS 自然疗愈 …………………………… 082

    三、自然学习：身心灵合一的望远镜式学习 …………………… 085

第二节　身体教育学观照下的科学运动方式的实践建构 …………… 088

    一、物型环境：定制具身体验的运动场景 ……………………… 089

    二、系统联动：建构身心合一的运动课程 ……………………… 091

    三、量体而行：创构三理相融的运动方式 ……………………… 098

第三节　树屋课程：与德国老师一起做工程 ………………………… 102

    一、追根究底：与大自然的刹那间分离 ………………………… 102

    二、树屋课程：与德国老师一起做工程 ………………………… 103

第四章　公共生活：多感官参与的体验式学习 ……………………… 109

第一节　和儿童一起用多感官参与生活 ……………………………… 109

    一、境由心生：抵达心灵的物型深处 …………………………… 110

    二、感官体验：构建适切的物型之体 …………………………… 112

    三、情境灵动：多感官参与的体验式学习 ……………………… 113

第二节　我们的约会：一场自制乐器的音乐会 ……………………… 117

    一、万物皆乐：一次乐器 DIY 的艺术启蒙 …………………… 118

    二、物型我秀：一场朝气蓬勃的《耳朵的约会》 ……………… 122

    三、审美生成：一次"物我两忘"的音乐意象 ………………… 123

第三节　我们的节日：双胞胎日、门票周、电影日、帽子周、小丑周 … 125

    一、设计在场：物型情境下的体验周（日）模式构建 ………… 126

二、学习在场：物型课程中"我们的日"范式建构 ……………… 127

三、策略在场：物型体验中"元认知"的过程连接 ……………… 138

第四节 一家开在星河里的果果银行 …………………………………… 140

一、破冰，将关系变成游戏 ……………………………………… 141

二、倾听，发现学生的真实心愿 ………………………………… 142

三、陪伴，创造美好的师生关系 ………………………………… 145

第五章 场馆生活：不断沸腾的境脉式学习 ……………………………… 147

第一节 洞开场馆课程里的沸腾生活 …………………………………… 147

一、场馆课程，重构学习因何而生 ……………………………… 148

二、场馆课程，打开形态何以发生 ……………………………… 149

三、场馆课程，学习方式如何创生 ……………………………… 152

第二节 文化启蒙：书法阁里的物型步道 ……………………………… 156

一、构物型之境，契合儿童书法审美思维发展规律 …………… 156

二、构物型之格，融合儿童书法审美意象场景 ………………… 158

三、构物型之道，吻合儿童书法审美素养阶梯 ………………… 160

四、解物型之谜，融合儿童书法课程的价值实现 ……………… 161

第三节 书式生活：用万象之美扩大阅读圈 …………………………… 164

一、物境营造：一米阳光里的星星阅读 ………………………… 164

二、物型构造：一方世界里的云卷云舒 ………………………… 167

三、探囊取物：一片丛林里的树长花开 ………………………… 169

第四节 种子课、主干课、果实课、生长课的学习链：以"神奇的 DNA"为例 … 176

一、种子课：基于场馆，打开问题创生的源泉 ………………… 176

二、主干课：基于探究，践行循序渐进的过程 ………………… 178

三、果实课：基于成果，展示别有洞天的精彩 …………………… 182

　　四、生长课：基于经验，畅谈妙不可言的成长 …………………… 183

第六章　社区生活：充满创想的挑战式学习 ……………………………… 186

第一节　在社区的世界创造有意义的学习经历 ……………………………… 186

　　一、社区生活，物型课程不可匮缺的版图 …………………………… 187

　　二、具身体验，物型课程不可替代的过程 …………………………… 193

　　三、挑战学习，物型课程不可阻挡的趋势 …………………………… 196

第二节　FSC，突破儿童圈养樊篱的最后一公里 …………………………… 200

　　一、被"圈养"的儿童 …………………………………………………… 201

　　二、学校 FSC 联合会 …………………………………………………… 202

　　三、学校 FSC 课程 ……………………………………………………… 206

第三节　即刻探索：百分百家庭创想实验室 ………………………………… 211

　　一、那一月，"家庭实验室"一树一树花开 …………………………… 212

　　二、那一天，"家庭实验室"一环一环链接 …………………………… 214

　　三、那一刻，"家庭实验室"一路一路眺望 …………………………… 218

第四节　造梦工厂：通往儿童心灵的电影课程 ……………………………… 226

　　一、剧场构造：每一个时刻都有一场精彩的故事 …………………… 226

　　二、剧场体验：每一个人都有着一个不同的剧本 …………………… 228

　　三、剧场效应：每一次都是一场真实的成长 ………………………… 230

第七章　未来生活：光合作用的赋能型学习 ……………………………… 233

第一节　赋能学习：应对不确定的未来 ……………………………………… 233

　　一、场景的重构：我们重新定义"学习边界" ………………………… 234

　　　　二、角色的迭代：从一线教师到"十八线主播" ················· 237

　　　　三、学习的转型，从"绿荫现象"到"光合作用" ··············· 238

　第二节　顶灯效应：儿童美学的实践逻辑 ····························· 244

　　　　一、唤醒儿童的审美认知力 ······································· 244

　　　　二、涵养儿童的审美体验力 ······································· 247

　　　　三、培育儿童的审美表现力 ······································· 249

　　　　四、开启儿童的审美创造力 ······································· 251

　第三节　好奇工场：指向儿童科学素养的逆向学习设计 ············· 253

　　　　一、场域："顶层＋好奇线索"的目标前置 ······················· 253

　　　　二、场合："沉浸＋区块链式"的空间重生 ······················· 257

　　　　三、场景："逆向＋个人定制"的学程设计 ······················· 261

　　　　四、场链："进阶＋种子萌发"的素养评价 ······················· 267

　第四节　未来之城：构建理想生活的意象模型 ······················· 269

　　　　一、"未来之城"项目的价值旨归 ································· 269

　　　　二、"未来之城"项目的实践模式 ································· 271

后　记 ··· 277

第一章 物型课程：创想学校里的生态系统

第一节 一座可以呼吸的创想城

每个人心里都藏着一座城市，每一座城市都有自己的品格，城市的历史渊源、城市的现代气息、城市的人文魅力、城市的传奇故事。生活在城市，城市塑造了我们，我们也在创造城市，它让我们拥有了独特的概念、温暖的记忆、追逐的梦想、人生的故事……

一、城市气象：一座城、一个人、一个魂

2011年冬天，星河实验小学创办开启之时，我们在想：到底要办一所怎样的学校？2009年的一则新闻让我们记忆深刻：教育进展国际评估组织对全球21个国家进行调查，中国孩子的计算能力排名第一，想象力排名倒数第一，创造力排名倒数第五。与此同时，2005年的那个故事也一直在我们心中回荡，时任国务院总理温家宝在看望钱学森的时候，钱老发问："为什么我们的学校总是培养不出杰出的人才？""钱学森之问"是关于中国教育事业发展的一道艰深命题，需要整个教育界乃

至社会各界共同破解。

物型课程以一物触发世界，儿童的学习世界不光是一个教室连着一个教室，而是一种追求连着一种学习、一种学习连着一种生活。小学六年，我们以钱学森之问为己任，展望儿童未来六十年，我们要以百年的使命与担当为中华民族的伟大复兴而奠基。一座城，最讲究一个"气"字，有气则活、无气则死，大气则神、小气则凡。气度、气概、气魄、气势、气象、气派、气韵，成就一座城的境界。

创想城要想破解"钱学森之问"，需要明晰的价值追求。在追溯、思辨、调研的基础上，形成了学校的创想之魂，"创想无界，心筑未来"成为星河实验小学的教育哲学，"办一所人人有好奇心、个个有创造力的创想学校"成为共同愿景。一个人，一座城，一种生活，"钱学森之问"开启创想城的大气境界，我们感召创想城的灵魂，寻觅创想城的本源属性，见证这座城市的诞生、崛起、思想、发展、文化、创新、智慧、潮流……

二、城堡意象：最是那创想的文化丛林

《庄子》云："天地有大美而不言，四时有明法而不议，万物有成理而不说。"学校，是人精神的家园。学校文化之根首先是一种价值观的选择，即对学校所面临的多重文化价值观进行澄清与重构，正是基于这样的思考，有了创想城之物象：第四个苹果——"星河的苹果"的诞生。一个苹果击中了人类最具智慧的头颅，让牛顿发现了万有引力；另一个苹果握在乔布斯手中，为人们设计了一种全新的生活方式；第三个苹果，则是拥有五角星的苹果，创造力来源于打破常规的思维方式；第四个苹果是"星河的苹果"，一个能够个性独立、大胆创想、独特创造、放眼未来的创想苹果。

在学校创想"文化丛林"中，我们从护根（教育哲学之根）——固本（思想理念

之本）——立魂（文化体系之魂）——丰枝（创想课程之枝）——结果（儿童成长之果）等方面，顺应儿童的成长规律与特性，本着对于儿童的认识与理解，在日渐繁荣的"文化丛林"中，基于学校核心价值追求回归儿童、回归朴素真实的文化成分，努力为学生的创想力培养提供最佳的场所与情境，构建好玩的创想课程、创设有趣的课堂、创生好玩的生活，让学校的每一个角落时时刻刻都能激发学习的意识与行为，让创想城充满儿童的风景、儿童的气息，让时光的渡轮，驶向不远的将来。

三、城楼物象：一部好奇的立体教科书

一座创想城应该是一幅五彩的画卷，又如一部无字之书。努力为学生的创想力培养提供最佳的场所与情境，打开儿童丰富多彩的四维物型空间，让星河的创想城处处是创想之地、天天是创造之时、人人是创新之人。

一维空间是班级空间，那是儿童所待时间最多的地方。我们把各个教室建设成为文化学习场，以创想主题进行文化建设。普通教室分教学区、办公区、体验区，配置个性化学习区、电子学习区、互动交流区。低、中、高年级设置阶梯形的班级创想区："我是小问号""我爱小研究""我会小创造"，呵护好奇心，培育创造力。

二维空间是朋辈空间，在校园里播下几百颗种子，不断生根开花，让学校成为"立体的教科书"、大自然的博物馆。我们期待每个孩子都能在学校找到自己最心爱的角落，征集了孩子400多个设想，将之分成了36类为孩子创立角落课程，形成朋辈交往空间，更在有形亦无形的教育土壤中埋下了纯粹的基因，为每一个孩子给予适性的教育和个性化的帮助。

三维空间是共享空间，星河形成了一园两馆三港四空间的创想环境。一园为苹果园；两馆为创想科技馆和数字体验馆；三港为好奇港、探究港和模型港；四空间包括总体环境、特设环境、教室环境和心理环境。学校营造"人文""艺术""科

学""社会""生命""农学""体育"七大星系，构建儿童创想城，形成一个让儿童积极卷入的立体探究空间。从创想课程的嵌入到儿童文化的创生，让学校的每一个课程馆成为儿童的实践馆、探究馆、体验馆、创造馆。

四维空间是野外岛屿。我们与地区33家企业、农场、大学、事业单位等签订协议，让这些空间成为学校的课程基地，每月孩子都有半天以上的野外课程，有的孩子还在那里建立了自己的实验室与试验地，通过物联网与传感技术可以进行小课题研究。按照儿童的认知进阶规律，在校外的课堂上构筑一个个文化时空，带孩子在万物的行旅中经历时空的流转。

让儿童相遇未来的学校、未来的生活、未来的学习、未来的课程。在这个创想城里，所有的教育资源成为这部立体教科书的素材，让孩子徜徉其中！

四、城域景象：人人爱创造的美好生活

帕尔默说，所有真实的生活在于相遇，教学就是无止境的相遇。创想城的物型景象、万物景象的背后，也有宏大的主题引领，但是却是由小见大，物随心随，境由心生。儿童的成长伴随着环境、情境以及班集体的存在、伙伴的交往、朋辈间的影响，潜伏在每个星河娃心中的内动力被唤醒了。

儿童的学习基于万物，当学习真正发生，"学习共同体"必然同时产生。共同体有着共同的学习愿景，大家共同学习、彼此沟通、分享智慧、交流情感、体验观念，共同完成一定的学习任务，学生在协同学习中找到自尊和归属。以儿童的认知与思维发展为突破口，组建学习共同体，让课堂成为学生与教师、资源和环境互动的舞台，把每节课的课程内容放到整个创想课程链条上设计，帮助学生建构自己的学习系统。

在星河，儿童过着一种置身情境的创想生活，常常可以看到孩子们在策划"秘密行动"，各个班级间的孩子自行组合，围绕不同的项目主题开展研究。看看这个

班级的项目组活动。男生三个小组："IPK"小组，其实是自创的一套手工创意棋盘；"火力少年"小组，教你用最酷的方式玩悠悠球；"别惹蚂蚁"小组，带你到野外探寻草丛里的秘密。是不是充满星河冒险少年派的味道？女生三个小组："天使之梦"小组，带你DIY（自己动手做）小公主房间；"伶韵思睿"小组，用实验探寻身体的秘密；"冰之恋"小组，教你变废为宝，制作自己心爱的文具。对于星河儿童而言，发现问题、提出问题、分析问题、解决问题也成为项目化学习、创想化生活的常态过程。

星河实验小学致力于构建一个做学玩合一、思创行融合的校园，形成一个人人有好奇心、个个有创造力的场。让"创想"成为空气般无处不在的存在，学生可以终身享受。我们的"玩校"我们的城，儿童的世界，儿童创造！

第二节　建构物型课程的学习立方体

物型课程到底是什么？佐藤学在《静悄悄的革命》中说："所谓课程，一字以蔽之，就是学习的经验。"物型课程的内容在校园成像、成型、成景，创设万物即教育的物型课程，体现人与自然、人与人、人与环境和谐相处的生态关系。物型课程在每一所学校、每一位老师、每一个场域都有着不同的解读，是文化的表达，是景观的布道，还是审美的存在？在我们看来，课程就是学习的经历与轨迹。物型课程更是一个学习的立方体，需要我们去丰富、开启、抵达！

一、问题群：全境的学校物型课程

物型课程即浓缩的世界图景，在一个充满着教育意蕴的校园里，物型课程不是一个局部的存在，不是课程的花边，其本质是在儿童与万物不断的美好相遇中产生的探究问题、寻找学习结果、积累学习经验，以及对学校文化再丰富、再完善的过程。

（一）一百个儿童开启问题箱

一千个读者眼里有一千个哈姆雷特，一百个儿童就有一百种语言、拥有一百个世界。让孩子们拥有一百个世界，就是要丰富学生的学习经历，让孩子们领略浓缩的"世界风景"，开启一段由提问和思维开始的物型课程学习之旅，生成物型课程深度学习的基因。

1. 变长的创想课

学校的每一条路、每一片林、每一处景、每一个馆都成为孩子创想的物型课程。物型课程的开启，给星河带来的不仅仅是生活中物型样态的改变，更为重要的是在每一个星河人心中达成了"人人都是创想者"的共识。即地生成、连堂设计的创想课被"拉长"再"拉长"——变长的不仅仅是课堂时空，更是延伸了孩子们自主探究发现的创想精神之触角！

2. 变满的问号箱

在科学创想中心的生命科学体验馆里，庄丽艳老师带领孩子们在上种子课，短短40分钟，孩子们玩转每一项设备、与每一种素材互动的同时，一张张充满童真和智慧的问题卡，正是逐步完善设备操作指南的有力根据，也是儿童质疑精神萌动的起点。

3. 变厚的记录卡

体验活动记录卡是星河实验小学学生在开展创想体验活动过程中用于记录探究过程的卡片，也是引导学生进行深入思考的指南。猜解、求证、悟真、质疑、奇思妙想……变厚的记录卡的背后隐藏着创想教育下的孩子们求实、求真的声音！

4. 变多的追问者

由于学校从物型课程的角度将创想体验教育融入学校教学的各个方面，孩子们不再迷信书本、老师和敬畏权威，不再满足于一知半解。老师们也总能留出时空，停下脚步，聆听孩子们的追问。追问者的变化，说明星河实验小学契合了新时期教育改革的方向，也昭示着理性和民主的科学精神之种的悄然萌芽。

（二）一百个世界里建构课程群

物型课程即独特的生命体验，课程就是要认可每一个孩子的生命体验，并尊重他们的选择和体验。让学生在学习百种物型课程的过程中经历"一百个世界"。物型课程有着共性的育人特质，也有着不同的形态构造，根据课程的内容、实施方式等不同的内在逻辑，我们将其分为五大类别，见图1-1。

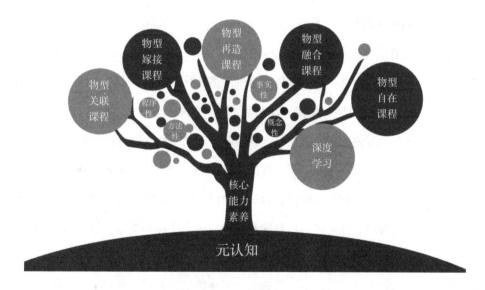

图1-1 物型课程五大类别

1. 物型关联课程

关联与整合强调要以各学科的独立性为前提对课程内容进行多维、多向的组织。这就意味着，我们要打破学科的固有界限，找出课程要素之间的内在联系，关注知识的应用而不仅仅是知识形式，强调内容的广度而不仅仅是深度。例如，在英语课程与地理课程之间关联和整合，能使语言学习跟地理时空的相关主题之间建立最常见、最有价值的联系。

2. 物型嫁接课程

物型课程实施中，我们有微课程、短课程、长课程。第一类是微课程，如在苹果园的《我在学创造》12种奇思妙想；第二类是短课程，如在创想园里我们开启低年级的"我是小问号"，中年级的"我爱小研究"，高年级的"我能小发明"；第三类是长课程，是以物型为载体的每周一次的卓越课程，如对于"木头的研究"，孩子从"森林世家""筷子结构""木头魔术""神奇的木杯""益智城堡""小小工程师"进行了不同学段的系列探索。这样的嫁接在维持科学学科与技术学科原来独立状态的前提下，将这两门学科在某些主题或观点上相互联系起来。构建独特的学习机制：做学玩创融为一体。

3. 物型再造课程

通过寻求各学科间的内在联系使学生的学习更有意义，也有助于优化学生的认知结构。将物型课程的学习内容以综合性、多元化、选择性、立体层的物境、物景、物镜以及文本、图形、图像、动画、声音、视频等多种形式，信息化、多层次、异角度地对学习内容进行描绘，增强了学习的情景性、探究型、兴趣性、互动性和选择性，让儿童可以眼见其形、耳闻其声、感同身受，调动多种感官，结成团队共同参与探究活动。物型再造课程就是一个泛在学习环境，是一种整合的学习环境，它整合了物理的、社会的、信息的和技术的多个层面和维度。创想科学平台的开通，让孩子的学习方式不再是一个个体的存在，而是成为一个"学习元"，即采用动态化、智能化、多元性的资源聚合方式，使得学习元可以像一个生命体，在内部"基因"的控制下持续地发展和成长。

4. 物型融合课程

3.0的课程是富有统整感的课程，是多维联结与互动的课程。不论是学科课程的特色化拓展，还是主题课程的多学科聚焦，都应尽可能回到完整的世界图景上来，让孩子们领略"世界图景"的完整结构。一是扇形式整合，即以核心知识为圆点，根据知识的内在逻辑而进行多维的关联、拓展与延伸；二是圆形式整合，即以特定资源为主题,根据儿童的问题、兴趣,促进儿童与主题之间的整合、儿童与生活的交叉。

5. 物型自在课程

课程即独特的生命体验。每一个孩子对世界的认识都不一样,课程就是要认可每一个孩子的生命体验,并尊重他们的选择和体验。于是我们建立了数学实验室、数学魅力馆。数学实验室,那是儿童喜欢到达的地方。那里有做数学应有尽有的素材、学数学即时即地的空间、玩数学无处不在的平台。魅力数学馆,那是儿童期待抵达的地方。整体设计数学步道,打通数学与生活的壁垒,在每一处精心设计相关的数学问题,让学生去体验、去解决,让数学接上生活的地气。

我们的学生会不会提问题?

我们的老师会不会提问题?

不同类型的问题完成不同的任务。

有的可以帮助学生积累基础知识,

有的可以帮助学生发展高级思维能力,

有的可以激发学生探究的兴趣,

⋯⋯

问题提出的意义:通过问题的提出,学习被设置于复杂的、有意义的问题情境中,学生被置于积极的问题解决者的角度,在问题求解过程中发展各方面的综合能力。在一百个物型世界的多彩经历,成为雀跃在孩子成长记忆中的符号,让孩子走在芳香四溢的小路上,沉醉在充满问号的苹果园,星河小时光里的人文精神的厚重与深邃,探索创想世界的奇幻奥秘,踏响艺术园的力量强音……

二、知识源:全息学科情境步道

课程即预设的学习经历。课程是有设计、有组织的经验系统。在这里,见识比知识更重要，智识比见识更有价值。物型文化是学校可持续发展的动力，我们的物型课程彰显以"创想"为主题的文化特色，因此用物型课程的理念，以数学学科为例，展示用"数学步道"的思维整体建构物型文化。

（一）用物型场景开启知识方

用数学步道的思想来构建数学世界的物型课程。什么是数学步道？它不是铺着小石子的散步步道，而是一个概念，指用现有的、在地的场景，设计出一系列的数学体验以及挑战的活动，如计算、估计、测量、几何探索和论证等。数学步道的理念目标是，希望透过生活化、在地化的素材，带给学生数学感，并通过一些活动来提升学生数学素养，以及激发学习兴趣和增强自信。

数学步道不仅是教学方式的变革，它还是校园文化建设的一个策略，为校园环境创新提供了崭新的路径。根据学校文化建设的总体要求，结合数学步道的实践要求，我们初步思考将学校一楼文化总体布局为"一厅、二园、三区"的总格局。一厅——校门至二楼大厅；二园——苹果园、农学院；三区——教学连廊区、操场运动区、星巴克活动区，见表1-1。

表1-1　学校文化建设步道

场景	学习方式	适用年级	步道素材	学习过程
大厅步道	估一估	一年级	大厅台阶	你能估一估从一楼走到二楼大厅，一共有多少层台阶吗？数一数，实际有多少层呢？
	算一算	二年级	大厅台阶	你能想办法计算出铺大厅台阶一共用了多少块地砖吗？说一说，你是怎么算的呢？
	围一围	一年级	大厅石柱	需要几个人手拉手才能围住这根大柱子呢？
	量一量	三年级	大厅石柱	你能想办法测量出这根柱子的周长吗？

续表

场景	学习方式	适用年级	步道素材	学习过程
大厅步道	量一量	五至六年级	大厅石柱	你能想办法测量出这根柱子有多高吗？
	设计师	四年级	大厅两边的花坛	你能利用简单的周期规律，设计该如何摆放既符合学校特色又适合季节的盆花方案吗？
	大显身手	四年级	大厅下面的喷水池	你能想办法知道喷水池中大概能装多少升水吗？
	量一量	五至六年级	窨井盖	怎样测算出一个窨井盖的面积呢？
二园步道	小舞台上的数学	三至六年级	苹果园北边的小舞台	你知道小舞台的长、宽、高各是多少吗？它上面的一条木板面积是多少呢？能估算出小舞台的面积吗？估一估，小舞台上大概能站满多少人？找一些同学，验证一下吧！
	小小规划师	三至六年级	豆豆农学院	你能设计一个简单的关于农学院土地使用的规划方案吗？
三区步道	数一数	一年级	连廊区	仔细观察连廊中物体，能数到几个什么物体呢？
	能坐几个人	二年级	教学连廊区的长凳	如果每个小朋友肩并肩坐着，大约几个小朋友可以把这张长凳坐满呢？
	找一找	三年级	教学连廊区	仔细观察，你能找到哪些"一一间隔"现象呢？
	占地多少	五年级	星巴克小花坛	这个圆弧形的花坛占地面积是多少？你能想办法知道吗？
	多边形在哪里	二年级	星巴克小火车、架空层墙面	看一看，指一指，你能找到哪些多边形？
	这儿有多大	三至五年级	操场、篮球场	你能想办法算出操场的周长和面积大约各是多少吗？你能想办法算出篮球场的周长和面积大约各是多少吗？

续表

场景	学习方式	适用年级	步道素材	学习过程
三区步道	各有几条	一年级	操场中间的草坪	你知道操场中间各有几条深绿、浅绿的草坪带吗？
	一圈有多少米	三至四年级	教学楼外围一条路	沿着教学楼外围跑一圈，大约是多少米呢？
	升旗杆高多少米	五至六年级	升旗杆	你能想办法测量出升旗杆的高度吗？学校的大厅可以做成怎样的数学物型课程步道？

（二）用游戏场开启物型学习

游戏是儿童的天性，是儿童最好的学习方式之一。分析物型场景的游戏元素，确立学习内容与游戏的关联要素之后，我们根据儿童认知发展水平和学科特性设计游戏，形成物型场景中的游戏课程。

1. 开发游戏化学习的物型素材

在数与代数领域，考虑到数的抽象性和顺序性，常见量与计算较为枯燥、乏味，我们设计了制作类、竞赛类、生活体验类的物型游戏。图形与几何基于小学生的学习心理特点——从形象思维逐步向抽象思维过渡，设计了操作类物型游戏，见表1-2。

表1-2 数与代数领域的物型游戏课例

知识点	可操作的物型游戏	游戏作用
数的认识	小棒游戏	通过抓小棒帮助学生数数、认数
元角分	小小商店	熟悉元角分的转化及实际应用
年月日	自制年历	掌握年月日的特征
分数的初步认识	折纸构造分数	构造分数并理解分数的意义
因数和倍数	制作约数卡片	通过游戏使学生理解约数的概念及意义
周期问题	记忆PK赛	在比赛中初步感知周期现象
一一间隔	排队游戏	提供丰富素材，感受一一间隔现象

续表

知识点	可操作的物型游戏	游戏作用
用字母表示数	魔盒	用字母表示不确定的量和数量关系
计算练习	走迷宫游戏	在计算教学中加入竞赛游戏因素，提高学生的运算技能

2. 创编数学游戏化学习的物型课程

游戏作为一个学习的载体，其内容除了可以从教材中挖掘，也可从课外或经典的故事中选取改编，把它作为学生知识结构中的一个有意义的完整的部分，进行扩展延伸，充分挖掘其教学的价值。我校目前已有的可操作性游戏课案例如下，见表1-3。

表1-3 可操作性游戏课案例

年级	游戏课
一年级	"扑克牌游戏""有趣的七巧板""填数游戏"
二年级	"旋转""华容道""重复的奥妙"
三年级	"探秘一笔画""二十四点""生活中的推理"
四年级	"扑克牌中的数学""回文数""火柴棍游戏"
五年级	"鲁班锁""国际数棋""数独"
六年级	"魔方""数学与谜语""勾股定理""幻方"

玩魔方、数独、鲁班锁、华容道、七巧板……用学到的数学知识探究刘谦魔术的秘密、多米诺骨牌的原理、数字的起源、回文数的规律。猜谜语、听数学童话……这些数学学科物型课程体验不仅丰富了学生对数学文化的积累，更加深了孩子们对课内数学知识的价值与意义的理解和认同。

三、人立方：全程学习范式建构

物型课程不是额外的点缀与附着，而是可以打通学科课程与综合课程壁垒的课程。在物型课程融合、贯通的过程中，每个儿童都有着自己的目标定位、发展高度；每一个孩子都会自己来体验物型课程学习的旅程，每一个孩子都会自己来经历物型课程学习的时光；物型课程是有着自我弹性的课程，它能根据孩子的不同情况、不同需求、不同实际，开发及生成出自我独特的"世界图景"。

（一）自定目标群

在物型课程观照下的学科学习，摒弃了整齐划一的课程目标，而是借助物型场景、物型学材，给儿童构建一个全景式的课程框架；既有基础阶段必需的课程目标制订和引领，还有适切不同孩子的拓展阶段自我目标的设计和评定。这样的目标群的设计，为每一个学生的学习提供了丰富多元有层次的目标阶梯，开启了丰富多彩的学习图景，真正彰显了全人发展、全程设计、全员参与、全景体验以及全能培育的课程目标。附四下"三角形内角和"目标设计群，见表1-4。

我的学习目标导单

班级：＿＿＿＿＿＿　　小组：＿＿＿＿＿＿　　姓名：＿＿＿＿＿＿

表1-4 学习目标导单

阶段	学习目标	课前	课中	课尾
基础阶段	1. 我知道内角，知道三角形的内角和是180度			
基础阶段	2. 我能够通过分类研究三角形的内角和，并与共同体同学分工合作研究所有三角形的内角和			
基础阶段	3. 我能通过量、折、撕、拼、推理等方式动手实践验证三角形的内角和是180度这一规律			
	4. 我能将我的研究用拍照、视频、画图、文字、算式等方式记录下来，并能主动与大家分享交流			
拓展阶段				

备注：学习目标我做主，请在课前、课中、课尾分别对已经达成的目标进行打"√"。

这样的目标群的设计，不是简单的叠加，而是不同的孩子有着不同的目标设定与自我观照，从而在这样的物型场的学习中发展自我、感受学科之美。

（二）主题情境场

物型课程的学习比之其他学习，有着非常明显的特征，那就是真实的主题情境。物型课程的主题情境场，不只是物型场景的创设，更是学习图景的设计。通过物型与学习相融合的真实性情境引导，能够产生强烈的"带入感"，更好地吸引学生产生"在物型中学习"的兴趣，保证学生在游戏和学习活动中的情境融入和专注坚持，并且这种状态更有利于促进他们整个物型学习过程的质量。

一是挑战性。物型环境中科学合理的刺激会引起大脑可塑性变化。在物型课程的挑战性学习中，会伴随着挑战性的任务。此时儿童学习的心理机制主要表现为"顺应"而非"同化"。二是需要有思维框架。任务的完成不能凭空发生，需要建构特有的思维框架。三是完成任务的路径是多维的，寻求的策略是多元，答案也是开放的、兼容的。四是学生解决问题的过程与结果不具有直接预见性。

二是沉浸感。在场化的物型课程，有着丰富的情境性以及具身性与参与性、游戏性，这些激发儿童全身心投入、参与；随着主题的推进，随着问题探索的深入，在其中寻找多元的策略与路径、课题与生活的结合，感受其价值。

三是联结性。物型课程的学习贯穿儿童的实践，关联儿童的大脑与身体，促进身心灵的合一。在物型课程的学习中，需要有系统的眼光，"整体"是先行组织者。物型课程就是师生共同建构学习场景的过程，学习资源也是以"场"的形态存在的。

（三）学习策略群

1. 从"个"到"体"，形成伙伴研究群

在物型课程的探究中，可以是一个人的观察与发现，也可以是一群人的合作与探究,只要对这个场域的物型探究感兴趣,就可以拿起自己的"名牌"放在这个物型场域中,邀请有共同兴趣的小伙伴一起探究。

2. 从"散"到"合",渐研物型系列链

让这些无形空间里的创想体验活动根据其背后的教育性进行分解、设计、整合,从而形成贯通1~6年级的成体系的体验课程,形成以科学课堂教学为核心,以课外实践探究活动、学科联动活动、场景体验活动等为支撑,科学的评价体系为辅助的校本创想课程,最终形成体验课程的制度化与自主化。

3. 从"1"到"N",系统创想体验策略

星河实验小学克服了一般的物型课程仅靠零散活动的弊端,实施星河实验小学创想体验的系统策略:形成了科学课堂体验、学科渗透体验、专用场馆体验、主题竞技体验、校园场景体验、户外延伸体验、项目走班体验、家庭亲子体验等策略。

4. 从"单"到"双",构建多元体验方式

学校编制的物型课程体验指南往往会根据不同的体验对象推荐不同的互动体验方式,其中包含与书本、同伴、设备、自然、网络媒介等的互动。创想体验的主要方式包括:了解性的参观、沙龙式的质疑、操作性的解密、主题化的探究、竞技式的感悟、发现式的观察、拓展性的阅读等等。

(四)构造认知链

大学科视野的融通,学习伙伴群的生成,学习研究力的积聚,物型课程把学科书本知识按其内在的逻辑组成由简单到复杂的结构链或结构块:

一是纵向拉伸,将单元内、单元间,甚至跨年级的同类核心知识内容、同源研究问题按其内在的逻辑组成由简单到复杂的结构链。

二是横向贯通,把具有类特征的不同单元整合到一个单元,凸显背后共通的解决问题的思维方式,丰富学生对类结构特征知识内涵的整体认识,提升系统思维,建构模型思想。

三是纵横融通，打破原有单元和学段的界限，打破不同学科间的壁垒，把视野从单元整体拓展到整个年级甚至各学段、各学科的学习旅程设计中，在整个学习过程的视野下审视、策划和体现结构链和结构块之间的关联，形成主次分明、有机渗透的教学格局。

四是以结构为大单元重新理解组织内容和主题，以逐步复杂化的结构作为贯穿教学的认知主线、思维线索，开发主题内在结构的丰富资源。

每个学校都有着物型课程独特的"性格"与色彩，每个老师也都有着物型课程新的学习流量，每个儿童都在物型课程中学会如何和这个世界相处。

第三节 打开脑，儿童创想城里的物型密码

儿童的脑是敏感的，小学的六年处在成长与发育的敏感期或关键期，人脑的敏感性既是自身不断进化的结果，也是环境影响的结果。因此给儿童怎样的生长环境就有怎样的大脑培育，儿童创想城的建构，就是旨在给儿童创造一个丰富的环境；学校学习、生活、交往、劳动、探索、发现的物型情境是儿童思维的发源地。

一、道理明晰：构造物型的创想之魂

把学校变成一座有着儿童意蕴、充满着创想意义的物型情境：一个人，一座城，一个魂，"办一所人人有好奇心、个个有创造力的创想学校"成为我们共同的愿景。儿童创想城，一座城有着它的灵魂，我们如何追求理想的教育，我们到底希望培养怎样的人？我们到底以怎样的方式培养人？以物型课程来打开儿童创想城，能够珍视孩子们的奇思异想，注重培养批判性思维，为民族的伟大复兴培养创新人才。

我们的价值取向、培养目标：每个孩子都是银河中最闪亮的星星；星河实验小学尊重学生的主体性，尊重学生的个性，"没有不好，只有不同"，星河实验小学尊重学生个性、包容差异，因人施教、因材施教，鼓励每个学生自主发展、自由发展、充分发展，培养具有独立品质、探索精神的创新人才。

学校的标识为"苹果"，以教育哲学"创想无界，心筑未来"和教育追求"创想教育"为出发点，取具有代表性的苹果为元素进行设计，苹果外形由绿色和红色两部分组成，寓意成长与收获；叶片是一片嫩叶，寓意学校对孩子们进行的呵护培养，又像一把魔法棒，创造美好的明天；中间的绿色星形像一个跳跃奔跑的孩子，体现了星河人朝气蓬勃、积极向上的精神面貌，也很好地体现了学校的培养目标——每一个孩子都是银河中最闪亮的星星。标识色彩丰富，红色代表梦想、热情、收获，绿色代表青春、生命、成长，蓝色代表永恒、和谐、共生；橙色代表光明、希望、快乐。

在这座城里的创想娃，感受着独特的教育氛围，有着自己的特质。（见图1-2）

图 1-2 创想娃的特质

会合作交往：善于发现别人长处，真心地欣赏他人，由衷地赞美他人，从内心去悦纳他人。客观地分析问题，能够换位思考，会从其他角度考虑问题，能体会到与人分享的快乐。充分考虑他人的需要与感受，顾全大局，同时也要讲究原则要守住自己的底线，不无原则迁就。集体活动、小组合作能发挥自己的角色担当和作用，善于分享、学会表达和交流。

有问题意识批判性思维：形成一种处处发现问题，时时想问题，人人提问题的生动活泼主动学习的局面。一是敢提问题；二是能围绕学习中心提问题；三是能提出有分量的问题；四是能尝试解决自己提出的问题；五是能在问题解决后又提出新的问题。建立平等、民主、和谐的师生关系，创设勇于思考的环境，让星河娃敢问、乐问、善问，小脑常思，敢于向权威挑战，勇于探索，善于独立思考。

能实践探究：有探究的时间、空间和机会，在动手、动口、动脑的协调之中进行自主探求知识的活动，让儿童尽可能去"想"，培养想象力；尽可能去"看"，培养发现能力；尽可能去"画"，培养思维力；尽可能去"说"，锻炼学生的口头表达；尽可能去"做"，培养实践能力。让学生批判与创造性地接受知识，展示思维过程，教给学生"捕鱼"的方法。

有责任心：对自己的责任，认识到自己独一无二，悦纳自己、发挥潜能，关心自己的健康与成长，自尊、自爱、自制、自强；对家庭的责任，尊重、体贴、帮助父母，关心、照顾长辈和兄弟姐妹；对他人的责任，尊重、接受和信任他人，富有同情心，平等待人、团结友爱、敬老爱幼、信守诺言；对集体的责任，关心集体，积极参与各项集体活动，承担并完成集体赋予的任务；对国家的责任，热爱自己的祖国，明白自己对国家未来发展的责任；对人类社会的责任，尊重和欣赏别国文化，为世界和平和人类幸福而努力。

敢想象创造：创造能力主要指创造性思维、创造性个性品质、创造技能三个方面，其核心为创造性思维。学生有好奇心，有丰富的想象力，有勇气，有挑战精神，他们敢于质疑，勤于思考，在学习时敢于与其他人有不同的见解、观点，我们尊重儿童的个性和独创性。顺乎学生的个性，尊重学生、理解学生，注重个性发展，激发每一个学生的创造意识，创造美好机遇，培养每一个学生的创造习惯，创设宽容气氛，促进每一位学生发展创造能力，培养每一位学生的创造才能，采用多元教育方法，发掘每一个学生的创造潜能。

星河实验小学秉持"把世界最好的教育带给孩子"的理念，欣赏孩子，关注孩子，让孩子善于观察、丰富表达、学会思考，培养孩子们的想象力、创造力与独立解决问题的能力；为孩子打开发现世界、探索世界、未来创新世界的大门。

二、原理开启：发现儿童的成长需求

对于儿童教育而言，儿童的大脑就是一个比较复杂的系统，掌控着身体的各项机能，影响着儿童的学习、探究、发现、记忆、认知、思维、情感、言语等的发展。而物型课程就是基于儿童大脑的发展规律实施教育活动，也就是基于脑的教育，或者基于脑的学习。

（一）大脑密码：寻找创造思维的区域

1995年，加拿大多伦多大学著名教授Tulving，提出人脑的五大记忆系统：程序记忆、知觉启动效应、语义记忆、次级或工作记忆和情景性记忆。儿童一到两岁秩序感出现，两到五岁"他心想象"出现。人类在长期演化中，有两种记忆被保存下来，一种是"语义记忆"，一种是"场景记忆"。脑科学告诉我们，创造性思维所激活的，恰恰是儿童自我意识、他心想象和场景记忆这三种功能所在的脑区。因此，教师要认识大脑的学习规律，研发适合学生大脑发展的课程与教学内容，让学生拥有和脑加工相符的学习时机，开发满足脑的教育条件。

（二）儿童密码：让儿童成为"自己"

科学研究表明，儿童创想力1岁达96%，如不加呵护培育，10岁只剩4%。12岁之前是儿童好奇心、想象力的敏感期与活跃期。世界学习科学发展委员会研制的新版《人是如何学习的》跨越整个人生发展阶段，认为在人生的前10年学习品质尤其需要尽早奠基。学习品质可大致分两类：一类表现为好奇心、探索欲、想象与创造等，引发主动性的学习品质；另一类是表现为以自我控制为核心的专注、坚持性、计划性、独立性等。3~12岁正是这些学习品质萌芽、奠基的重要时期，学习品质是可以在学校教育情境中得以发展和培养的，是后天学习中高阶思维与深度学习的根基，12岁之前培养儿童这些学习品质显得尤为重要。

物型课程是否能符合儿童的成长需求，我们需要探求物型课程中蕴含的学习原理。

1. 情境学习原理

拿大脑容量来说，容量越大，智力层次也越高，但大脑容量增大却有一个反作用：大脑会消耗更多的能量，运行速度也会变慢。放在完整的人的身上，从人脑机制原理与物型环境的互动适应等入手，揭开"人脑"之谜，关注实践共同体中学习者的社会参与。源于真实的问题探索情境、学习与体验情境中的思维模块，儿童对能产生触感并与自己相似的环境、相似的思维模块产生敏感对接。思维是脑神经运动，问题情境、真实的学习情境刺激输入信息，通过每一神经元经过突触实行细胞间的关联而完成信息处理，促进大脑的思考和思维。

2018年1月，一场冬雪不期而遇，见图1-3。空中，晶莹的雪花像轻盈的玉蝴蝶在翩翩起舞。清早，星河娃问妈妈："下雪了，不知道老师今天会不会让我们玩一会儿雪？"更多的家长、老师和学校把安全放在第一，都把孩子严严实实堵在屋子里。但是星河倾听着星河娃对雪的企盼和对雪的好奇，立即筹备雪课程，晨诵《雪之歌》系列，数学课教学《雪的建筑世界》……当然，星河娃们最开心的莫过于亲身体验玩雪啦！两节课下课，大课间开始了！学校准备了4000只塑料袋分发到各班。在班主任的组织下，每位孩子左脚、右脚分别套上塑料袋，并且紧紧地系好蝴蝶结，避免因为玩雪而弄湿鞋子。星河娃们

图1-3 不期而遇的冬雪

在雪地里玩得不亦乐乎，有的堆雪人，有的打雪仗，有的滚雪球……操场、篮球场、创想舞台都成为星河娃们的游乐场。一张张小脸被冻得通红，但心里却乐开了花。"哇！老师，快看，我堆的雪人。""今天好开心啊！""没想到学校真的会让我们玩雪！太棒了！"欢快的笑声此起彼伏。这就是校园的冬天。从语文、数学、地理、科学、美术、音乐等角度的"奇妙的雪世界"的综合课程开启了。善用资源，巧抓契机，开展以"雪"为主题的创想课程，博得星河娃们一片欢心，在星河人的世界里已经"活化"开来，让童年更快乐，让童年更纯真，让童年不同样！

"雪花"主题的研究，不是单向度的某一个学科的，而是需要物理学、生物学等自然科学参与，同时更需要历史、文化、人类学研究的介入。而一场冬雪无疑是一场从天而降的"物型世界"，将这一种"物型世界"巧妙利用，成为儿童学习的载体和场域，一场与雪的邂逅加之丰富的现场事件会激发儿童智能脑结构的运转，激活更多的触觉神经，激起儿童的主观感受，催生场景性记忆，建构更为复杂的思维模块，必须要依托于丰富的物型环境和情境学习优化的物型场景。

2. 具身认知原理

古希腊人把人的身体看作存放思想的寺庙，他们认识到头脑健康与身体之间的联系。身体（包括大脑）的解剖学结构、身体的活动方式、感觉和运动体验决定了人怎样认识和看待世界。

你的喜怒哀乐都会影响着你看待这个世界的方式。身体并不是大脑的傀儡，大脑会通过身体来认知世界，大脑是系统中的系统，负责思维、推理、记忆、分辨等高级认知功能，身体是大脑的物理载体，但是精神、思维与身体、行为、理智和感觉之间也是相互作用的。儿童的认知嵌入日常的身体，身体置身在环境，儿童的身体构造、感知觉系统与物型环境发生关联，大脑对身体与外部世界的互动对高级认知过程的理解起着关键的作用，这种认知方式，称之为具身认知 (embodied cognition)。

"自然手账"，是每一届青苹果学园星河娃的创想课程。（见图1-4）自然教育简单来说即是给予孩子一个真实的自然情境，让孩子得以在其中充分沉浸和专注地认识自然的事物，打开身心去感知和认识这个身边"习以为常"的外部世界。离学校不远的新天地公园就是学校建立的物型课程所在场域，"自然手账"通过手绘图文或自然剪贴的自然笔记来记录儿童在这个大自然物型课程的所看、所思、所想、所感，呈现儿童在自然探索过程的发现。

图1-4 星河娃的自然手账

"自然手账"课是以自然笔记为载体的观察力、表达力、创造力的养成课程，是自然物型教育的入门课。自然笔记课程首先是儿童五种感官的联通，让孩子在大自然的天地里，从内向外地打开自我，用儿童身体的不同感官感受和认知身边的自然世界。一幅经过沉浸式观察和学习之后创作出来的自然笔记作品，其实就是孩子们眼里和心中的一个小小世界，它所呈现的场景、细节、生物以及其与环境的关系、周边的天气、创作者的心情等等，都需要充分投入创作者的观察、体验、接触、求知、记忆、表达等能力，这样才能够达到"由眼及脑、由脑及心、由心及手"的多感官融通与配合，提升孩子的感知力、观察力和表达能力。也许孩子们将来不一定成为艺术家、画家，但当他们学会用审美的眼光观察和记录自然、生活、他人、自己以及世界的时候，最重要的是学会了自主学习，成为学习与生活的主人！

而在开始自然观察之后，你可以开始动用自己的所有感官，去更细致地认识你的观察对象。看一看它的构成，闻一闻它的味道，如果足够近或许还可以摸摸它，留意它和其他物种的互动……从而建立起更全面的认知。最核心的部分便是你对大自然持续而规律的观察记录、认识、体验和感受。这样的观察、感受、理解、触动、记录和绘画，会让你的所有观察以及身体产生的共情反应变得更深刻。

3. 脑的可塑原理

脑的可塑性，也叫神经可塑性，是指脑按照新经验对神经通路进行重组的终生能力。当新的学习发生的时候，就会触发儿童的镜像神经元，镜像神经元的发现，证明人感知、认知和行为反应并不是独立的过程，而是彼此交织在一起的，人的思维是一系列对真实世界、身体状态、行为内部表征的组合。

为什么青苹果的教室这么大？3~6岁是儿童语言关键期，这个时候是孩子学习口头语言的关键期，星河实验小学的青苹果学园（低年级）的教室比一般教室要大30平方米，设计了九个功能区，而每个班的孩子大致有35个，给了儿童适切的交际环境、空间以及课程，这样为每个孩子的玩耍、交往、表达、阅读、探索提供了可能，促进孩子表达、交际、理解和表达能力的提升。研究证明新的语言学习经验可增进大脑结构发展。

为什么星河园里有着这么多的场馆？因为脑的视觉听觉躯体感觉具有极强的可塑性。各种各样的场馆，有体育运动类的、有科学创想类的、有艺术审美类的、有互动交往类的、有人工智能体验类的，在各种多元的物型场景中，儿童的大脑多打开了一扇门。儿童学习时，传递介质被特定的接收体接收，形成了神经回路，就可以获得新能力。生成的神经路径将先后被大脑完善，儿童的视觉、听觉、触觉、嗅觉、味觉等各种感觉区域得到刺激与发育。

为什么有专设的数学实验室与科学创想中心？因为对顶叶区域的刺激能促进数理学习。顶叶区域与数学和逻辑有关，顶叶大小在一定程度上和一个人的数学能力成正比，顶叶后区体积越大，数学逻辑思维方面的能力越强。小学中年级是儿童学习数学的马鞍期，因此学校设立魅力数学馆、数字体验馆，期待能刺激儿童的顶叶区域。智慧在哪里？智慧在发现问题、提出问题、分析问题、解决问题的活动过程中，在物型课程进行脑活动积淀的经验里。

为什么要注重左右脑全脑思维？因为男生的脑比女生的脑大，女生的脑有更高比例灰质。研究表明，大脑左右半球分工不同。大脑右半球侧重美术、音乐、文学等感性的思维，而左半球侧重数字等逻辑思维。

三、物理构造：寻找物型的设计洞见

儿童的脑是敏感的，需要一个丰富的物型环境；儿童的脑具有极强的可塑性，需要物型课程不断提高神经元联结的频率；儿童的脑优先接收情绪性信号，需要有物型情意促进积极情感伴随的学习活动。

（一）物理规划+布局，物理学谱系下的物型情境营造

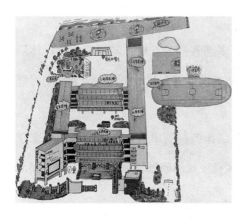

图1-5 儿童创想城里的物理规划

"只有推动人类发展信念的学校才是最棒的学校。"（托马斯·阿姆斯特朗）星河的儿童创想城里，有着自己独特的物理规划（见图1-5），一个个发生着故事的教室、一个个有着奇遇的探究馆、一个个可以邂逅的角落，一个可以呼吸的儿童创想城，我相信每一位都迫不及待要到现场去看一看。接下来进入校园情境化学习考察。

一座可以呼吸的创想城，让儿童置身情境化的创想学习生活中，让儿童在这里，遇见自己，做好自己，成长自己，形成学习共振磁场，让学习在场，让学习真正发生。脑组织的可塑性是由外部刺激——应急建构思维模块实现的，外部刺激来自儿童学习与活动的环境，一般的情境塑造的脑思维模块与优化后的情境塑造的脑思维模块是不一样的。儿童脑组织的可塑性表现在优化的"物型场"的扩容。刘勰在《文心雕龙》中说："情以物迁，辞以情发。"每个人大脑中的思维模块连接成网状，从而构建成物型意境场。学习的实质是一种对社会实践的参与，是与他人、环境等相互作用的过程，是一个文化适应的社会性过程。

（二）心理设计＋智局，心理学谱系下的物型课程建构

心理学的研究视野中，情境认知已成为认知心理学的一个重要分支。而物型课程的内在属性中有着情境性、具身性、社会性等等，因此我们需要从心理学的谱系中进行物型课程的学习和展开。

1. 看见，每间教室都是脑科学实验室

北京师范大学校长董奇教授表示："每个老师都是脑科学家，每间教室都是脑科学实验室，老师在用自己的大脑塑造每个学生的大脑。"在儿童创想城里，我们把传统教室—学习工作室—学习群落—脑科学实验室逐一开启。

让儿童积极参与到丰富的活动中，不断将自己的认知经验关联，使教室成为不断促进儿童脑发育的重要精神"营养剂"。

全媒体学习环境。云平台选择性学习，多感官，多互动、多可感的全媒体场景可以开启儿童的感官，全景显示、接触互动可以促进大脑的关联。全数据学习评价，即时获取学习数据看见大脑的发展。

共同体项目学习。在这间教室里，有着结伴而行的项目学习，资源及共享学习，儿童之间的彼此交往、相互唤醒，开启多科统整的问题学习，形成朋辈之间的相互影响。

2. 遇见：每个空间能相遇合宜的大脑

泛在化的创想情境让孩子开启好奇的思维，自组织的学习环境激发自主的探究，自在化的物型场境让儿童体验学徒式学习，共享化的学习资源助推多维结构的学习，开放式的物型时空让儿童的学习拥有无限的可能。一个基于儿童、基于创想的整合的学习环境，整合了物理的、社会的、信息的和技术的多个层面和维度，见图 1-6。

因此我们要开启物型场里儿童知、情、思、创、行的学习活动循环，将之贯穿在学习活动的始终。"物型课程"最核心的思想就是人脑的理性总是被嵌入在具体物型情境里，并随着物型情境的变化而变化。

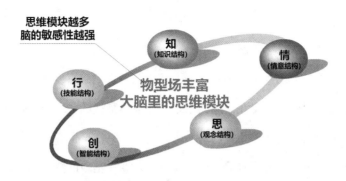

图 1-6 大脑里的思维模块

在物型的意向场中建构知识结构。儿童的学习抵达真善美，来源于世界之真、科学之真、生活之真、社会之真等等。人对世界的认知大概可以分为三个层次：经验、知识和智慧。用结构化的思维让孩子获得系统的知识结构，在同化和顺应中完善自己的认知结构，经验和知识是能够表述的，随之产生智慧，智慧则潜藏于经验和知识之中，又作用于其上。

在物型的问题场中开启情意结构。儿童对问题产生的积极情绪与认知的结合，会产生好奇心与求知欲；通过问题的发现、问题的提出、问题的分析、问题的解决享受更多乐趣，并能集聚自己的在实际任务中的情感表征。

在物型的情境场中习得技能结构。情境场应运而生，基于知识经验的情境场让儿童积累知识，丰富的生活经验情境场让儿童的学习与生活和身心关联，是达到自动化的关键。

在物型的资源场中建立观念结构。在问题场的驱动下，寻找资源场，一方面有意识地利用习得的概念、原理和方法解释现实世界中的现象，解决现实世界中的问题；另一方面，认识到现实生活中蕴含着大量需要解决的问题，这些问题可以抽象成一定的模型并予以解决。最终帮助学生建立自己的生活和学习的直觉，学会运用理性的思维方式进行思考。

在物型的意境场中形成智能结构。每一个大脑健全的儿童都潜藏着智慧，解决问题时既符合技能的结构、规律，又符合问题的实际意义，大脑中潜藏的智慧就是人的理性世界。

3. 情理融合 + 格局，脑理学谱系下的物型在场学习

"脑理"，就是人出生前后脑在遗传、环境和教育刺激下发展变化的规律性。大脑逐渐成熟是基因和环境交互作用的结果，环境丰富性的关键成分是挑战性、新异性和互动及时反馈。星河的儿童创想城延伸到世界，让全世界成为儿童生长的课程场。落实学校儿童创想物型基地，构建儿童校外课程基地的物化网点，建立稳定的合作机制，从而不断延伸"第三课堂"教学模式。同时，我们也试图为每一个孩子设立一张属于自己的物型课程表，将所学的知识变成实际的操作与创造，从而孵化自我成长的智慧拔节点，真切地体验全世界物型课程所实现的生命滋养。

走进 33 个体验场世界的星河创想学院，每个人大脑中思维模块连接成网状，从而构建成"意境场"。每一个新思维模块的构建或原思维模块的增容，都将不断扩大"意境场"。全世界成为儿童的物型学习课堂，引导儿童走出校门，走进大学、法院、银行、医院、农场等更为广博的校外大课堂。孩子们可以和大儿童一起做研究，可以听法官的审判，可以和农学专家、生命科学专家面对面做交流，从而全面发展优化素质结构，不仅习得知识，更能增长见识，历练胆识，使孩子对生活有感觉，对社会有感触，对未来有梦想。在这样广域的物型世界里，脑功能开发的科学内涵是开发无意识心理过程，多接触新事物，浏览新知识，提高无意识过程的知识蕴藏量，再创造条件充分利用无意识过程的宝藏，使其在必要时迅速映射到意识中来。

大量实验证明，引起脑可塑性变化的两个必要条件是：环境中的适宜刺激和脑内必需的营养与能量。脑发育关键期中脑的可塑性最大，此时脑消耗的能量最多，也最需要良好的环境条件。世界变成课堂，让最好的你，与世界站在一起。能在不同的文化背景下获得体验，能在任何时空情境里找到人生的意义，全面而自由地成长。

第四节　物型课程进阶的想象力

有一艘船，驶入一个叫作物型课程的远方；这条物型路，是一条朝向未来学校生活与儿童学习方式的进阶之路。

一、物型课程价值：从单向度人到多向度体

赫伯特·马尔库塞所著《单向度的人"，通过对政治、生活、思想、文化、语言等领域的分析、批判，指出发达工业社会是如何成功地压制了人们内心中的否定性、批判性、超越性的向度，使这个社会成为单向度的社会，而生活于其中的人成了单向度的人，这种人丧失了自由和创造力，不再想象或追求与现实生活不同的另一种生活。

在学校课程逐渐丰富的同时，我们课程的价值定位于全面发展的人，如何能让惯性单一的课程价值转化为核心素养的多元价值？如何能让顶层的设计转变为扎实的落地和行动？在人工智能的背景下，如何赋予核心的灵魂？物型课程的核心是把人的发展真正置于最高位，立德树人成为物型课程的出发点与落脚点。

物型课程的核心层就是让物型有魂。从新时代中国特色社会主义对人的素质提出新要求看，这不仅需要知识与能力，包括创新能力，也需要个性与活力，需要有精神、有灵魂、有视野、有担当的中国人。

物型课程的价值层就是让物型有根。物型课程无论如何展开，首先是有灵，赋予中华民族伟大复兴之使命，物型课程的价值有着同样的使命与担当；其次是着物，物型课程价值的实现与其他课程相比不同的是以物化人、万物育人，一定有着

物型的意蕴；再次是见人，物型课程中的丰富性和层次性在于眼中有人，最终抵达人的涵育，立德树人。

物型课程，成为中华优秀传统文化之桥；物型课程中的传统节日、农历节气是传统文化的宝贵财富，它承载着中华民族的文化血脉和思想精髓。物型课程中的中国"节"是传统文化的留影计划，指引学生了解中华文明起源，弘扬传统美德，培育学生民族精神。

物型课程，成为学校核心价值追求之器。优秀的学校文化，其本质内涵是一种理念，一种气质，一种精神，其外显形象是一种引领，一种特色，一种品牌。学校文化之根首先是一种价值观的选择，即对学校所面临的多重文化价值观进行澄清与重构，正是基于这样的思考，也就有了第四个苹果"星河的苹果"的诞生。

物型课程，成为百年文化传承附着之场；物型课程的文化旨归在于自觉地培养中国人，培养自觉的中国人。学校核心价值观的形成来源于学校师生的文化认同，它意味着学校师生接受、内化学校的核心价值理念及其相应的文化样式，这种文化之长在物型课程中是独特的存在。

星河实验小学志在为中国创新人才奠基和启蒙，物型课程让创想成为无处不在的空气和终身享用的味道。物型课程让学校成为一方文化的园子，物型课程让校园成为一本立体的童话书，物型课程让儿童的学校有了生命的亮色，物型课程让中华优秀传统文化艺术有了传承之路。

物型课程真正指向立心、立魂、立根。在我们看来，物型课程是活的课程，物型课程活在天与地之间，养浩然正气；物型课程活在物与人之间，育仁爱之心；物型课程活在古与今之间，传中华美德；物型课程活在当下与未来之间，扬创新精神。

二、物型课程边界：从象牙之塔到学习社区

物型课程育人价值的实现需要的不仅仅是一所学校。学校不再是学习的中心，

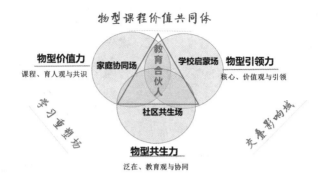

图 1-7 物型课程价值共同体

物型课程创造的是走出固定的象牙之塔,还需要一个村庄、一座城市所构造的学习社区。(见图 1-7)

(一)从物型课程功能上讲,物型课程实现未来学校生活"去中心化"趋势

如今,学校的学习与生活遇到转型的拐点,之前整齐划一的班级授课制遇到挑战,儿童的个性需求带来自主学习的个性化需求。我们的孩子每天都要待在一个熟悉的空间很长时间,那个空间就是教室,那个组织就是班级。

物型课程的设计要关照的是每一个儿童的不同。每一个儿童是有差异的,物型课程的存在是用科学的方式诊断出每个孩子的学习特点、学习需求、学习方式,并将儿童之间的差异转换为丰富的教育资源,物型课程能为孩子学习的不同需求提供支持,为儿童学习的定位和选择做好服务。在星河完美教室的建构中,我们给教室赋予了12种表情:教室是图书馆,是阅览室;教室是实践场,是探究室;教室是操作间,是展览室;教室是信息资源库,是教师办公室;教室是习惯养成地,是人格成长室;教室是共同生活所,是生命栖居室。

物型课程的设计要开启的是每一种资源的组合。物型课程能从不同儿童的意愿、需求出发,重新定义班级的功能,打破固有的班级样态,能对学习的场景、学习的内容进行不同方式的组合,能根据不同的学生的学习基础与学习方向,为采用不同的方法学习不同的内容创造条件,支持儿童在已有的基础上不断发展。在完美教室的不断进阶中,完美教室开启了10个角色功能区:问题墙,多提出好奇的想法；游戏区，多玩玩不同的组合；关联带，多找找有联系的信息；发现屋，多讲讲独特的发现；冒险角，多试试有难度的挑战；操作坊，多做做新鲜的实践；探究地，多想想解决的思路；优化梯，多改改设计的方案；人物榜，多学习爱创造的伙伴；领导树，多储存每天的美好。

物型课程的实践要让每一天学习的常态转型。整个班级不再简单的是单科学习的不断延伸，而是更多指向项目化学习，项目化学习是以问题为导向的课题设计，是一种教学方法，是一种学习方式。课题内容与学生相关，与家庭相关，或与生活相关，或与世界变革相关。项目化学习的旨归为培养21世纪技能：合作力、表达力、协作性、批判性思维、创新能力、沟通能力、自我管理能力等等。学生通过课题研究能够积累知识，增长才干，适应21世纪人才发展需要，并逐渐成为儿童学习的常态。

（二）从物型课程关系来看，物型课程体现未来学校与社会关系正"去边界化"

用物型课程构造的未来学校，不一定让人一看就是校园的模样。校园是一个开放的空间，和社区充分地融为一体。如果你不加留意，基本上不会注意到这里是一所学校。学校里的大多数公共设施如体育场地、图书资料等都是和社区共享的，图书资料中绝大多数是数字版的，通过智能终端就可以方便地查询和阅读。

同时，更多的社会空间也能与学校共享，成为儿童课程的基地。星河实验小学每月进行的野外物型课程基地学习：来自创新企业、社区、工厂、政府部门、大学、自然世界、博物馆……创想学习场域，无边界的物型课程会不断滋养孩子的成长，促进学生自我系统与社会系统的连接，激荡共生。

未来的学校，与社会协同。很多的课程不再局限在校内，越来越多的课程是由家长、社区、高校、社会协同起来共同实施的，每一个有着教育情怀、专业专长的有识之士都有可能成为儿童成长的课程导师，带领儿童在各个领域去参与、体验、探索和发现。

未来的课堂，与世界同在。课堂不仅从属于固定的场域、固化的学科，世界会成为我们的课堂，生活会成为我们的教材，更多的课堂在社区、社会、企事业单位、工厂、大自然中开启，丰富的大自然、美妙的社会生活，永远为儿童提供着丰富的课堂资源。

未来的学习，采用混合式的方式。移动性学习，可以让儿童的学习随时随地发生；情境化学习让儿童可以不断亲历、探究、体验；自主性学习让儿童自选、自定、自评，让儿童间可以操作、发现、创造。混龄、混班、混校的学习会成为一种常态，结伴、同伴、伙伴式的合作互助学习会成为必须，基于主题、课题、问题的学习会成为要素。

未来的学生，关注职业启蒙。由于各行各业导师的参与，看到360行中每一行的价值与意义，参与到各种职业的体验与实践中体会各个行业的不易与精彩，这一定会给孩子播下职业启蒙的种子，会让他们在未来的学习中越来越清晰地看到自己到底想要成为怎样的人，怎样的职业会适合自己。

没有一个人能够确信自己能预测未来，而我们一直在努力所做的不是把所有完备的方式为孩子准备好，而是让儿童不断成为他自己，让他具有勇气、能力去创造自己的未来。眺望世界各国对未来人才的培养，从传统教育的读（reading）、写（writing）、算（arithmetic）的3R能力逐渐转向批判性思考与问题解决（critical thinking and problem solving）、有效沟通（effective communication）、团队共创（collaboration and building）、创造与创新（creativity and innovation）的4C能力。经济合作与发展组织（OECD）指出，2030年所需的核心能力涵盖知识（knowledge）、技能（skills）、特质（character）与态度（attitude）、后设学习（meta-learning）等四大方面，而我们物型课程唯有通过多元的创新，才能具体实现。

（三）从物型课程空间来看，物型课程彰显未来学校生活具有"社区化"的特点

一是儿童学习社区是一种理念，即以学校为圆心的社会、家庭三维立体的构建；从信息学的角度看，儿童学习社区有着地域范围，但是又是没有范围的存在，因为按照信息学，社区是无处不在的；从人类学来构建社区理论，儿童学习社区又是有着结构要素和内在系统的；从生态学的角度构建社区观念，儿童学习社区促进的是儿童、家长、教师、社会人士品格的共生共长。

二是儿童学习社区是一种科学，而不仅仅是一种实践。从儿童品格发展的规律出发，一是主体性联结：着力解决儿童的学习只有不同教育阶段相互衔接，不同形态的教育社群贯通培养的问题。二是过程性建构：儿童学习社区的提出，就是重构童年生活，也是对立德树人的阶段回应，不断发掘新的儿童实践教育渠道，实现三维联动。三是在地化共育：着力解决当代儿童被"圈养"的教育现实问题，学校因为戴着"安全教育"的"防护帽"，不敢越雷池一步，要从真正意义上打破圈养的樊篱，全面构建儿童的学校、家庭、社会生活共同体。

三是儿童学习社区是一种样态，而不仅仅是一种形态。一是单一到多元的儿童学习社区形态。我们所指的儿童学习社区就是这样一个由学校、家庭、社区聚居在一定地域范围内的人们（家长、儿童、教师、社群）所组成。儿童学习社区首先是基于学校、家庭、传统行政意义上的社区的整合。二是固化—泛在社区时空样态。主体立足于学区的学习社区；再次是突破学区以外的地域。三是整体—社群的社区方式情态。儿童学习社区儿童成长学习社区聚焦儿童德行养成，由学校"牵头组织"，家庭、社会共同参与，而形成的价值观念、目标指向品格发展并相互关联的集合体概念，形成符合规律的育人范式。

（四）从物型课程资源供给看，物型课程显示出未来学校生活"共享化"的特征

星河实验小学的儿童创想城里，校园推翻了既定的围墙，成为一个无边界的空间，也成为一个没有年龄界限的地方，学校的许多物型空间是可以与社区共享的，无论是学校的游泳馆、运动场还是舞蹈房，还是学校的篮球场、图书馆、科技馆，都和社区充分地融为一体。

在崭新的每一天里，上午，孩子们带着苹果落地般的好奇，探索在集学习、体验、办公为一体的小班化教室；中午，孩子们带着苹果中五角星般的独特，浏览在创想图书馆的春夏秋冬、耕耘在美妙的屋顶种植园，可以到开放的小剧场辩论、演说、演情景剧；下午，带着乔布斯的苹果般的神奇，可以到恒温的星沐馆、宽敞的星健馆打篮球、练空手道、游泳健身。带着星河的苹果之创想可以到智能的数字馆和机器人一起下围棋、打乒乓；可以到奇妙的创想馆穿越创造的时光隧道；可以在车模、航模、海模等科学活动中享受科学的乐趣；在"苹果剧场"擦亮精神的底色，培养创造意识与创造能力，培养对事物的感知能力、想象能力及审美感受能力。星河实验小学带着生命的独特创想让孩子快乐度过六年的童年幸福生活。

人工智能（AI）时代来临，未来教育的方式一定有所不同，也给未来的学校生活提供了挑战，儿童究竟学什么？为什么学？怎么学？物型课程在这个过程所扮演的角色，就是能够在未来的期待与当下的现实之间搭建起桥梁，通过多元的创新，通过技术的手段营造真实的情境，提供跨领域、生活化的统整学习，通过同伴合作，激发和呵护每一个儿童的好奇心、想象力、探索力和创造力。未来的教育要回归到人的本质，找到自己存在的价值，物型课程要帮助儿童探索人生，找到自己与世界的联结。

物型课程拓展了教育的意义和边界，体验学习在场，儿童创想城里有着儿童的七大学院，在"场的角落游戏"中有儿童立场，用一个个特色场馆构筑的物型课程，指向儿童的生存技能、健康心灵、未来智能，让孩子认识自己、发现天赋，进而往想走的地方去。

三、物型课程供给：从统一批量到个性定制

物型课程出现在人工智能时代，未来学校的学习方式也由物境进阶为物"理"，教育将逐步走向适应每个学生的"精准教育"，物型课程的走向，需要在教育的原野精确地劳作。学校文化观照下的物型课程逐渐成为师生生存和生活的方式，也就有了"创想学院"的诞生，创想学院文化的形成促进着师生的自我优化、自我完善和自我发展、自我创造。用创想文化发展人，就是用鲜活的生活滋养每一个人。

（一）物型课程的进阶为塑造大脑创造条件

物型课程在具身认知的学习过程中塑造大脑，创造"EDU 创想学院"是我们期待得到的文化之果，"EDU 创想学院"这一创想："E"，表示 Electronic，电子的，又表示 Easy，容易掌握，也隐喻 Everybody 每个人，Everywhere，随处；"D"表示 Discovery，探索发现，也表示 Doing，做中学；U 表示 Understand，理解，也表示 Universe，全领域。同时，字母 EDU，又是教育 Education 的缩写。星河之所以要建立一个"EDU 创想学院"，是把儿童创想学习作为数字化学习实践的价值追求，把改变师生教学方式作为主要目的，期盼构建一个最适切儿童需求的，具有鲜明时代特征的学习乐园。

（二）物型课程的丰富为儿童自学提供可能

营造共性和个性的物型课程空间，通过区块链思维中"开放式""去中心化"的模式，场景设计开启好奇工场，开设丰富实践菜单，构建一个去中心化的学习社区。图书馆、云平台等物型存在只有与儿童自主学习产生关联才有价值。

我们在校内建立创想文化园、创想数字体验馆、儿童创想中心以及儿童创智工坊。在网站上开辟了"创想学院"数字学习平台，通过建立一个创想学院网上平台，构建虚拟和现实相结合的学习情境，儿童与教师在平台上实现基于丰富资源的交互式学习；为孩子们的学习提供多元的阶梯课程，研究数字化学习环境下"儿童创想"的学习，以打造"有限开放、无限发展"的学习平台；构建"智能交互、打破边界"的课堂模式；打开"对话交互、共建共享"的学习时空；形成"主动学习、创想无界"的学习模式；构建"主题贯穿、立体开放"的课程模型。儿童在这样的学习中实现"有创造"的学习，体验学习的价值。

（三）物型课程的变量为知识升华智慧产生反应

物型课程情境认知更易让每个人形成不同的知识神经回路，蕴含智慧的最基本要素。星河实验小学的创想课程学习活动可以在数字化学习物型环境中实施，即学与教的活动在数字化环境中进行，师生不仅仅乐意在网上实施讲授、演示、自主学习，还可以有讨论学习、协商学习、虚拟实验、创作实践等环节。更重要的是多元化的选择更加符合儿童学习的个性化和选择性需求，通过儿童自主发现问题、实验、操作、调查、信息搜集与处理、表达与交流等探索活动，让不同的孩子获得不同的发展。于是，学习的发生无处不在，学习的发生不再仅仅一定要在一个被设计的"教育环境"中，无边界智慧教室的创新性意义在于孩子们可以突破地域的限制，于是教室才真正赋予智慧的意义。

EDU创想学院这一物型课程的建构，我们期待让孩子们的课堂成为儿童乐于探索、善于交流、共同发现的EDU创想学院。我们要做的就是EDU创想学院的服务者、合作者与共同的创造者。让儿童成为EDU创想学院的"学习元"。让孩子的学习方式不再是一个个体，而是成为一个"学习元"，让课堂成为课程创生的实践源。学习中有探究，学习中有艺术，学习中有神奇，在EDU创想学院里，通过泛在计算技术的支持，使儿童随时、随地能够以最适合自己的自然方式，获得学习资源与相关学习支持。

四、物型课程产出：从学科中心到主题逻辑

物型课程课程建设方面，从边缘活动到主流学科，催生的是未来学校在课程组织实施逻辑方面，将越来越多地采用主题（课题）逻辑。

这是 2019 年星河实验小学六年级孩子所进行的论文答辩（见图 1-8），在这次论文答辩中，我们可以看到孩子们的一些主题："项庄"舞剑，意在"沛公"——中美贸易战；新时代新技术——5G 网络；新能源研究；大国外交中的我们；50 年后常州交通……

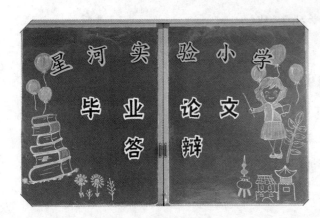

图 1-8　毕业论文答辩

窥一斑见全貌，我们可以看到孩子们在这些选题背后的视野以及所做的功课。我们可以看到注重知识与生活的有机联系、科技与人文的比翼齐飞、历史与现代的完美融合、中国与世界的紧密对接、对人类命运的深切关注。这样的学习显然体现了物型课程的意蕴。物型课程让在场主题学习无处不在，满足了儿童个体发展需要。

（一）格物致知：学科学习 + 跨学科学习

为孩子搭建学习平台的关键，就在于创造物境情境与儿童联结，让孩子觉得学习是有意义的。物型课程带来的学习创新来自：一是格物致知，让不同的儿童在物型课程中不断地学习体验，符合不同孩子的学习需求和学习速度；二是取物造境，

无论是物化的还是虚化的，透过不同的物境帮助孩子加强与外在世界的联结，让儿童能发现自己的潜能以及可以联结的对象。

1. 单科协同

我们以物型课程为载体，将各个学科的核心知识、关键能力、核心素养进行梳理，根据学科的本质、规律展开，如以数学学科为例，我们梳理了小学数学的核心素养，依托物型课程开启数学游戏、数学实验、数学建模等进阶课程，让教学结合悟性和课程，围绕学科核心素养而展开。

2. 多科协同

我们将学科间有着相同物型课程基因的内容进行统整，如科学课程中有对树叶的研究，在美术课程中也有对树叶的学习。美术老师和科学老师就会协同一起带领孩子到校园里观察树叶的季节变化，在科学课堂中用科学的方式去观察、探索与研究，在美术课堂中用彩笔拓印树干的纹路、描绘树叶不同季节的色彩、感受树叶的生命轮回……儿童在这个过程中收获的不仅仅是科学的知识、美术的技能，还有物型课程带来的生命的体验、生活的趣味。

根据学科特点，在物型课程建构生活的意义，我们所做的整合不是简单的加加减减、修修补补这类简单的重复，而是在学科内、学科间寻找相同的物型课程基因进行统整，通过物型课程形成对外界的有感连接。

（二）感物生疑：问题学习 + 主题学习

要让儿童产生积极的好奇心、浓厚的学习兴趣，就需要在物型课程中感物生疑，产生有意义的问题，把问题变成课题，即问题转化为研究课题大任务学习，这样课题就变成了主题的学习。

我们建构物型课程，就是要给孩子更多时间去探索周遭的环境、感受现实的生活，体会社会的挑战，用好奇心激起探索力，用探索力创造未来学习的新动能。

以主题探究为载体，各个学科间有机渗透，校内外课程资源有机融合，形成相应的创想课程群落。构建以主题化的研究性学习为主要方式，以社会实践为主要活动形式的活动模式，形成"立足社区、自主模拟、创意实践"的特色。每一次活动中人格教育、智能储备、践行体验、品味收获的序列推进，为学校教育补充"有氧"元素。

依据学科属性，删重就简，形成物型的主题，体现学科共有的价值取向。通过课程的统整，可以使课程成为一个过程，一个教师与学生探究未知世界的充满活力的过程。孩子在主题课程中不仅保持持久的探索力，同时肩负起相应的责任，并启蒙学术精神，学会如何学习，包括学会查文献、调查研究等等，不仅能发现问题、选择自己感兴趣的主题，还能不断获得解决问题的策略，逐渐学会运用策略寻找方法解决真实问题，找到自己的方向。

（三）取物造境：情境学习 + 生活学习

回到生活物境，在生活情境中学习。跨领域、生活化的统整学习，也是未来教育的焦点，有助于孩子养成创意思考、沟通合作及解决问题等多方面的能力。

取物造境：从惰性知识到活性情境。在物型课程支持下的学习，注重的不仅仅是学生个体将知识从一个情境迁移到另一个情境，更多的是能在后期的非相似情境的应用中，在信息检索的过程中，能对已有的知识、经验和策略进行有效提取。儿童的学习很多时候也会依赖于一定的情境，记忆会在情境中发生，在物型课程中的情境学习，就是要把不易提取的"惰性知识"转化为活性素养。而在情境认知观照下的生活学习，需要充分挖掘情境的多元价值，活化情境，在多变和挑战中触摸学科学习本质，生成活性素养。

合法身份参与：从边缘参与到核心参与。在情境认知观照下的物型课程的学习，是双向发生的，是师生交往互动共同发展的过程。发生在共同体内的"合法的边缘性参与",其参与轨迹是由"边缘参与"朝向"充分参与""完整参与""核心参与",它用于学习共同体内部,促进朋辈间协同,可获得更多积极的探索成效。共同体内的参与是一种向心性的参与,这个朝向的就是某一共同体内的"充分参与"。充分参与描述的是学习者个体在共同体内的参与程度、意义理解、身份认同和行动反思等方面所达到的充分状态。

第二章 班级生活：场域里的协作式学习

一所学校的品质，很大程度上是由一间间教室的品质决定的。一个孩子每天向前走去，他最初遇见的东西就能成为他生命中的一部分。学校是一个生命场，是一个可以让不同生命蓬勃生长的场，如要想看见每一个生命，就必须深入到每一个班级的场域。班级，不仅仅是一个70平方米或者100平方米的地方，更是一个让小伙伴们朝夕相处、和谐共生的地方，是一个可以发现自己、发现同伴、发现美好的地方。班级不仅是一个极其重要的物型空间，也是极为重要的心灵世界。因为在这里，教室中物与物之间能发生故事，物与人之间能发生关联，以及"人"与"人"之间相处的美好关系，使我们所期待的教育寻找到珍贵的"本分"与"初心"。大胆的想象，精确的劳作，让我们精心设计班级生活，在惬意的班级生活里徜徉，追寻班级生活的意义与价值。

第一节 班级物型语境中的"美第奇效应"

"美第奇效应"是社会上的一种现象，源于15世纪意大利美第奇家族及其在文艺复兴时期突发的创造活动。文艺复兴时期,科学家、雕塑家、诗人等想要突破旧传统、旧形式的桎梏齐聚一堂,在互相学习中渐渐交融并打破艺术行业的壁垒。瑞典创新专家弗朗斯·约翰松将立足于不同领域、学科和文化范畴之上且会产生相契合的焦点称为"交叉点",而物型语境中的班级生活就有着各种各样的交叉点。

一、班级的物型语境:成为万物关联的生态林

班级是一个小小的社会,它的气候、它的关联、它的阳光、它的植被、它的水分等等一切无不都有着一个强大、内生而又持久的生态需求。在这个只有几十个人的环境里,有着不同的智能、不同的优势、不同的文化、不同的家庭背景、不同的性格倾向、不同的成长需求的人齐生共长。我们必须理解班级的物型"生态"究竟是怎样的。

(一)让班级的"物"有精神的图腾

新型班级生活应是一种有灵魂、有目标的生活。社会和教育领域的多元性,要求每个教育人做出正确的选择,这确实考验着我们的认知水平和教育情怀。再高贵的灵魂也不能粗糙地存在,因此在我们的儿童创想城里,每个班级都借物明志,如:小蚂蚁班、小蜜蜂班、蒲公英班、向日葵班、小乌龟班等等。我相信不只是孩童,在我们每一个人心中始终都住着一个孩子,每个人都有着赤子之心,对世界的一切都是好奇的。班级的物型意象尽管是多元的样态,但是在儿童的成长规律面前有着千千万万物种的"自然生长"以及"动态平衡"。

(二)让班级的"景"有生命的痕迹

在星河校园里的每一个班级都充满着好玩的意蕴、儿童的气息和向上的精神。陈益老师的班级是一个少儿科学研究院,蕾蕾老师的班级是一个开放的图书馆,雪

娇老师的班级是一个汉字博物馆，陆茹萍老师的班级是一个星际探秘馆……班级有景，景观的营造体现为万物之间的共生关系，环环相扣，彼此依存，你的存在支撑了我的存在，同时也构成引领我、制约我的力量。班级造景的过程应该尊重学生与老师们的意见，使设计融入使用者的参与，以形成班级里的育人景观、课程景致、学习景象，即一种反映人与环境的对话的呈现。一座有使用痕迹的班级景道，是通过设计与建造完成的，再加上使用者的共同经营，才能让班级的"景"具有生命的痕迹。

（三）让班级的"境"有生长的印记

创造了儿童的心与班级的境的紧密连接，学生们在小学六年的生活里可以拥有不同的生命经验。约翰·杜威说："孩童有一些与生俱来的倾向性，比如在实践中学习、探索、操弄工具、建造东西以及表达快乐的情绪。"花园般的自然、纯真般的存在，这样的班级环境对于孩子们的影响，往往是最直接、最深刻的。当居住在钢筋水泥中的孩子们回到依然是钢筋水泥的学校、班级，孩子的童心、童性如何展开？营造花园般的境地，才能产生充满创造力的境遇。真正回归自然的班级、走进自然的学习，引导孩子们去更好地认识自己、认识自己所处的世界。源源不断地哺育孩子们的好奇心和求知欲，激发出孩子们最纯真的天性，令每一名老师都感受到惊奇的创造力。

二、班级的生活世界：可以拔节生长的儿童场

（一）有着物型课程语境的班级生活应是一种有灵魂、有目标的生活

时代呼唤立德树人，班级生活具有它的特殊性，这种有着物象意境的生活与价值追求易被儿童接受，在这样的班级生活中，我们期待能在具体的物型空间里、可接受的物型课程中培养学生的行为方式，培养学生的思维方式，促成学生的精神发

育，提升学生的学习境界。物型课程语境中的班级生活一定是涉及儿童策划、践行、反思与重建等行为方式的，是一种共同策划、共同践行、不断反思的过程，关乎情感、意志、品格、信念等的养成发展，这种实践活动追求促进人的全面发展、自我实现，这样的班级生活才是完整与幸福的。六7班贺梓悠在"星河少年说"里谈"学习能力——未来的核心竞争力"，没有想到这个小小个儿的男孩对学习有着深刻的体会，无论是学游泳时悟出的学习道理，还是从《物种起源》到开启班级里的物型创见，都可以看出他在学习生活中自我成长、自我改变的力量，从他身上，看到星河娃大爱的情怀与创想的精神。这种有灵魂、有目标的生活才是班级生活应有的色彩。

（二）有着物型课程语境的班级生活应是一种内容厚实、条分缕析的生活

班级是一个可塑性极强的实践场、养料富足的开拓地，包含着丰富的育人资源。有着物型课程的班级生活需要儿童从单向度的人走向多向度的体。需要在物型课程系统观观照下的课堂学习，学科教学不再局限于学科本身，而是以课程目标为指向，各个学科间有机渗透，校内外课程资源有机融合，形成相应的学习群落。在班级的物型空间里，可能有着一方寸的植物的种植艺术，有着一方寸的农业生态场景，有着一方寸的智能科技工具，又有着一方寸的协同创想的空间，儿童在这里可以持续发展，学习也有了载体，孩子们初步形成人与自然和谐相处的观念。引导学生综合运用语文、数学、科学、经济学、工程学、技术、艺术等学科知识，以探究性学习活动为主，培养孩子们进行自主探究的学习习惯，激发孩子们对世界的好奇心，为以后的终身学习和生活打下扎实、深厚的基础。安全、丰富、多彩的班级物型花园里，自然自在的物型设计和绝妙的运行原理，将教会孩子们用科学的方法来解释自然界中的一些现象，形成严谨的科学态度，培养出孩子们浑然天成的自然美感。

（三）有着物型课程语境的班级生活应是一种师生自在、彼此成全的生活

班级中师生之间有怎样的关系，教师和学生处于怎样的一种状态，影响和反映着班级生活的质量。我们可以构建扎实、系统的内容，开发班级建设广阔的资源空间。六1班陆乙和一帮小伙伴在班级里设立了"创意实验室"，他们的口号是"创新启航，不惧挑战"。你似乎不会把发明创造和眼前这群活泼的女孩子联系起来，但正是她们在全国青少年科技创新大赛中获得了全国二等奖和"DF创意之星"专项奖。看到她发明的机器人可以自如地和她交流互动，看到她的作品《基于自动浓度配比的低成本水肥一体化施肥装置的研究》。星河的班级有一个人或者一群人的实验室存在，有一个孩子或者一群孩子的展览馆存在；有几十只昆虫或者巨大无比的蚂蚁存在……"顺木之天，以致其性"促成学生生命的成长，建构师生自在的班级生活才是班集体的建设之道，它是班级建设的源泉，既能让班级生活历久弥新、生生不息，又能师生相长、相互成就。未来的学习需要我们教师从学科教学走向学科教育。从只关注学科知识是否扎实走向学习指向思维方式、方法和策略的建构、学科精神的涵育，真正指向学科育人的价值实现。

三、结伴丈量：班级生活里的协作学习

协作学习（Collaboration Learning）指为学习者提供对同一问题用多种不同观点进行观察、比较和分析综合的机会，通过"协商、辩论、会话"等方式进行"意义建构"，达成共识。班级生活场域里的协作学习，是学习者借助物型场景，聚焦核心问题，以小组形式参与、为达到共同的学习目标，在一定的协作机制下为获得最大化个人和小组习得成果而合作互助的一切相关行为。基于物型场景产生的问题协作解决，这种学习方式不仅对问题的深化理解与知识深度运用大有裨益，而且对高级认知能力与高阶思维的发展、合作精神的培养和良好人际关系的形成具有明显的催化作用。

（一）基于物型场景的协作学习的共性特点

1. 共享性。不是简单的给予，在问题的解决过程中，在理解概念和应用技能的过程中，通过学生之间主动的对话、交流，达成小组成员间的意义共享。

2. 异质性。"协作学习"由不同领域和不同水平的学生构成，他们齐心协力、完成共同目标，建构新知识、解决问题。

3. 探究性。学习活动始于真实场景中的任务，学习过程中最主要的活动是提高思维水平，学习的结果是形成高级思维技能和获得深层整合的、可以灵活迁移的知识。

4. 整合性。物型课程中的具体问题解决学习为主线，与其他学习途径形成互补。在任务的驱动下，学习者会主动查阅有关的资料，进行现场考察、观测分析或访问专家，然后将不同途径得来的信息综合运用到问题解决活动中。

5. 协作性。学习小组内学习者分工协作，彼此交流经验，分享成果，进行观点交锋和综合，共同完成学习任务。

（二）基于物型场景的协作学习的基本模式

1. 开启物型箱

强调活动要素的分析。根据活动系统的三角结构图，基于任务驱动的协作学习活动的基本要素包括：物型场景、学生个体、学习工具、学习任务、遵循一定规则和策略形成的学习共同体、学习共同体内部的分工和学习成果。

2. 建立互赖感

通过物型场景中的问题任务的开启，让每一个学生明确自己的方向、任务和目标，建立彼此协作间的相互信赖感，厘定每一个学生需要做什么。

3. 物化组标识

用大家认同的喜闻乐见的方式建立协作共同体小组的称谓或物化标识，以建立集体合作感，保证学生一起工作时达到一个共同的目标。

4. 明协作活动流

明确学习目标的程度，进行适合的学习情境设计以及学习任务群的开启，让协作活动由一系列的行动和操作组成，它们之间具有序列性和层次性。在分析基于任务驱动的协作学习活动时，我们亦需从活动、行动、操作的层级关系考虑，将每个活动分解为若干个行动或操作，并且将这些行动或操作序列化，形成连贯的活动流。

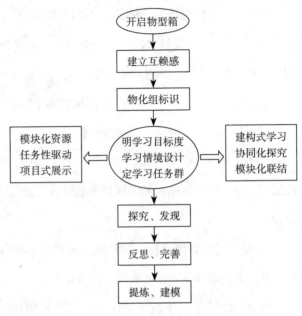

图 2-1　基于物型场景的协作学习的基本模式

5. 构学习工具群

工具是主体作用于客体的重要中介。在基于任务驱动的协作学习活动中，工具是指学习活动的支撑环境，是学习活动得以开展和持续的技术条件。在基于任务驱动的协作学习活动中，活动工具特指网络支撑环境，包括各种学习资源、认知工具、交流工具和学习方法等。

6. 建群组社交网

对于任何一组进程，掌握社交技能都是一个很重要的环节。人们无须知其所以然，就可以通过几种行为掌握各种社交技能：基本交互、交际技能、建组技术、冲突处理。良好的群组关系是在探究、发现—反思、完善—提炼、建模的过程中建立的。这促进群组之间面对面交互，确保在协作学习过程中每个人都是面对面进行交互：阐述、共享、聆听、创造。（见图 2-1）

第二节　书写一部教室里的"物型简史"

一间教室能给孩子带来什么，取决于教室桌椅之外的空白处流动着什么，是知识展示、信息传递、感情交流的场所，走廊成为人流＋信息流；取决于教室里装着什么，取决于教室里弥漫出来的气息、味道。老师的面貌决定了教室的内容，儿童的生活方式决定了教室的温度，老师的气度决定了教室的容量，儿童的交往决定了教室的关系学。

一、进阶：从绿皮火车式的房间走向资源集成态的空间

从物理学角度讲，一所学校是由一间间教室组成的。而从社会学角度讲，每一间教室都是一所小学校，一个小社会。一所学校的品质，在很大程度上是由一间间教室的品质决定的。学校的最终成就与品质，也取决于每一间教室里的故事与成就。

（一）为黑板而建的教室面孔

目前依然有许许多多的学校守着为黑板而建的教室，教室的空间对应着班级授课制的需求，黑板是最显眼、使用频率最高的冷教具；教室的正中间安放着象征教师为中心权威的讲台。这样的教室以黑板为显著特征与细胞，学生面向讲台而坐，是以冷教具为基本的交往平台的规范化、标准化的教室。

（二）为屏幕而改的技术世界

第二代为屏幕而改的教室空间，以计算机、多媒体等电子教具平台逐渐取代了以黑板为代表的冷教具平台。教室是为屏幕而建的，其标准教室的光环境可以调节，适合使用工具和屏幕。屏幕周边可以营造出局部暗环的效果，屏幕图像就可以足够清晰。PPT（演示文稿软件）成为教师的武器和工具，辅助了儿童的做、学、玩，光、声、电促进了思、创、行。

（三）为全科而设的儿童空间

我们采用大教室、宽走廊的形式，每个普通教室有学习区、游戏区、办公区、探究区、交往区、展览区，也有着星河教室的十二种表情：教室是图书馆，是阅览室；教室是实践场，是探究室；教室是操作间，是展览室；教室是信息资源库，是教师办公室；教室是习惯养成地、是人格成长室；教室是共同生活所，是生命栖居室。

在这样的教室里，哪怕一张课桌椅也是一门小小的课程。每个年级的课桌椅，来自孩子们的投票公选，从粉红、浅绿到深蓝，意味着毛毛虫蜕变成蝴蝶的旅程。在我的心中，埋藏着一个梦想——拥有一间堪称完美的教室。那是一间五彩斑斓的教室：白色，是悠扬的读书声点亮每个清晨；金色，是温暖的阳光洒满书架旁的坐垫；红色，是一张张红苹果般可爱的笑脸；绿色，是窗前的绿萝珊珊可爱；橙色，是静静的阅读时光送走每个黄昏。那是为全科学习的文化综合体，也是儿童自在的空间。

在完美教室里，住着一群小天使。当我满怀期待地等待我的小天使时，却发现挥着翅膀的不一定是天使，还有可能是小麻雀。安静，安静，安静！我淹没在吵闹声的海洋里。我尝试用喊口令、积分、小组比赛等方式让孩子们静下来。这些方法虽然能起到立竿见影的效果，但持续的时间却很短暂。怎么办？这时，一位倚在书架旁静静阅读的孩子丁丁进入了我的视线。对呀！要培养孩子的静气，阅读不就是一个很好的办法吗？我想，能不能让丁丁这样爱读书的孩子成为阅读先锋，发挥他的垂范作用呢？

从此，每当丁丁在课堂上有精彩的发言时，我总是不吝夸奖，送上我最高的评价。我们开启了每天阅读打卡、挑战整本书的阅读、好书推荐、评选每周阅读之星等活动。

一个有着温度的教室应该有着自己的独特表情，于是我们的教室成为图书馆、成为展览室、成为冬春夏秋，一棵大树生长在一间教室里，上面挂满了孩子们的理想、愿望、情绪、心底的秘密，一把把彩色的伞描绘了生活的色彩和美好，一盆盆绿植记录下生命成长的样子，一张张书签记录下我们与书本交友的幸福……

新的教室、新的班级，让我们与梦想为伴，乘着幸福之舟驶向远方，让我们与快乐相伴，过好童年生活中的每一天。

二、迁移：从课堂任务式的土壤转向花园探究式的景观

教室是一个有生命的系统，我们需要从教室只是学习、完成课堂任务的单一属性跳出，转向在教室中劳作、研究，如同在花园里徜徉，对儿童和成年人来说都是一项有创造性的活动。

（一）活性土壤，寻找适切儿童的教学景观

一间小小教室里，可以有着花园般生动的学习，我们把 12 册语文书中的植物搬进了教室和走廊，儿童可以观察一株植物从种子开始成长，有一种愉悦的惊奇。（见图 2-2）我们必须尊重这样的惊奇，并且鼓励儿童不断观察、发现甚至创造，因为这里是基于每一个儿童学习的场所。在这间充满自然、阳光和自由的教室，儿童可以通过第一手的直观体验，了解动植物的多样性以及它们的生活史，还有所有生命的成长与衰败。在如花园一般的教室里，儿童还能近距离观察他们自己的生活技能。

图 2-2　走廊景观

（二）课程立场，打破学科之间那道"墙"

1. 布设角落课程

走进这一间间完美教室，每一间教室都有着一个属于自己独特的班本课程，我们一起经历过"奇妙的纸箱"课程，一起开启"它从书中来"的学程，一起走进浩瀚的宇宙……而教室中的每一个角落，都充满着老师和孩子们共同成长的印记，都有着班主任们独特的审美目光与巧思。可以说，这一间间教室，正是班级文化的体现，是一个个师生成长故事的诗意表达。

图 2-3　班级角落课程

2. 开启巧手天地

说起这个区域，就不得不提到我们班的两位小导师静静和潼潼。一次课间，我看到一群孩子把她们围在中间，聚精会神地看她们剪创想课上新学的窗花，旁边几个孩子甚至去柜子里拿出了自己的纸和剪刀，跟着她俩一起学。嘿！她俩竟然还当上了小老师！我见大家对剪纸这么感兴趣，灵机一动，想着，何不让孩子们做课程的小导师，自己来开发与研究课程呢？于是，我便让静静和潼潼在班里首先开设了一个"剪纸小课堂"。

3. 一班一世界

我们的班本课程"纸的变变变"也应运而生，除了开设剪纸课堂，我们还探索纸的种类、历史、演变发展以及纸在生活中的运用，各个小组的成员轮流做小导师，为同学们授课。我们的教室里，也随之涌现出各种剪纸、纸伞、纸盘、纸袋、纸扇等作品。我把它们张贴悬挂起来，"巧手小天地"就诞生了，这里也成为教室里一道独特的风景线。你瞧，只要我们赋能给孩子，给予他们足够的信任与发挥空间，就能挖掘出他们无限的潜力。其实还有：

数学绘本：让孩子们在绘本阅读中培养数学思维，培养逻辑思维能力，这是数学绘本课程。

爱劳动课程：让孩子采用简单的材料，学会系鞋带、做风车，提高动手操作能力，同时学会做五件家务劳动等等。

十得课程：让学生了解、习得十种好习惯、好品质，发挥优秀同学的垂范作用，培养美德好少年，这是"十得"课程。

毛毛虫与蝴蝶课程：让孩子们先阅读绘本，再将自己的所想、所感、所悟通过绘画、文字的形式展现出来，表达内心的世界。

FSC课程：带领孩子一起走进超市、商场、规划馆、农场，去实地体验，获得小公民成长的力量。

……

获取孩子们想要的课程、感兴趣的课程、有帮助的课程，让教室成为孩子们活力成长的摇篮，这才是我们的完美教室。

从广义上来说，教室可以成为掌管我们生活力量的交汇点——自然元素、社会和环境系统的交汇点。班本活动是一种身心合一的尝试，滋养着老师与孩子们。

（三）班级气息，铺展儿童半书房的芬芳蕊

慢慢地，原本拼音都不熟练的达达一头钻进了恐龙世界，识字量也跟着突飞猛进；小糯米最喜欢童话故事，练习说话总是从"很久很久以前"开始；辰辰爱上了那一套健康绘本，天天向同学科普健康小妙招。记得那天午后，当我推开教室的门，惊讶地发现教室里出奇的安静，阅读真的让他们安静下来了。因此，我决定要为我的小天使们打造一个更美的阅读空间。（见图2-4）

图2-4 阅读空间

我问孩子们，在哪里读书让你觉得最舒服？彤彤说和小伙伴一起读的时候，贝贝说妈妈陪着的时候，琪琪说在自己的小卧室里读书最自在。于是，我用书架和小矮柜搭出了一片小天地，三面都被书包围着，让孩子拥有阅读的私密空间；地上铺着垫子和小抱枕，让孩子们能挨在一起阅读；墙面上挂的书袋选用明媚鲜亮的颜色，让人看着就心生欢喜。果然，"蒲公英小书屋"一落成，小天使们都喜欢极了，从此，那个小小的角落成了他们最向往的地方。说来也怪，那里好像有一种特殊的磁场与魔力，哪怕是最调皮的孩子，在小书屋里，也会安静下来，看上半个小时的书。"蒲公英小书屋"的落成让我深刻体会到环境对孩子的巨大影响力。

三、联结：从人格指向的微环境扩展到情感账户的微气候

（一）用故事书写教室里的时间简史

1. 用伦理丈量师生之间关系

作为一名教师，我时刻提醒自己：一定要从孩子的角度看事情，不要把害怕

当作教育的捷径。雷夫老师告诉我们：教室要以信任为基础。破裂的信任是无法修补的，为人父母、师长的我们，总是碰到一些问题就对孩子发火，往往气得很有理由。当遇到孩子们不懂的时候，绝对不该感到沮丧。应该用积极的态度与耐心来面对问题，打造出立即、持久，而且凌驾于恐惧之上的信任。于是，我们的读写绘之旅就这样开始了。在这间叫作蒲公英的教室里，一个个故事种子带着勇气、善良、宽容、合作、挑战、友谊开始萌芽，于是一人一本原创绘本就这样诞生了。

2. 用故事书写岁月的成长

我们把最美的童话，当作一间教室的自己的故事。在故事中表达、在故事中表演，真切感受成长所必需的那些曲折的情节，并在故事中面对困境与两难情形时的抉择中学会抉择，在主角履践承诺的担当中学会担当。一间间有梦教室，一段段追梦故事，一个个孩子、一颗颗种子在教室里发芽，看到不同的自己，书写不同的故事。用故事铺设着儿童成长的进阶之路，同龄群体、文化群体已经超越原有教室里的原住民。

（二）用情感账户记录教室里的交往简史

1. 让教室适应儿童

"让儿童适应学校"是现今大多数学校的教育逻辑。但我们星河小学却在探索如何让学校尽可能满足不同学生的发展需求，努力"让学校适应儿童"。在我们星河人看来，每一个学生的天赋、能力、兴趣、梦想生来就不一样，如何让儿童、家长顺利迈进小学的大门？青苹果学园的入学课程就这样开启了：有生活课程、规则课程、交往课程、礼仪课程、游戏课程、习惯课程等一系列课程。我们从学生的生活经验出发，用他们熟悉的物品和场景，以故事、游戏、儿歌、读写绘等形式激发儿童学习兴趣，将书本的知识学习适当延后，帮助儿童建立自信，形成"我能胜任"的自我认知。孩子们说："星河的开学第一周，我们不上课！"

2. 让账户储存情感

这是我们班的情感账户，每当孩子们做了一件好事或是犯了一个小错误，都会根据存款细则存进自己的小账户里。这是我们班的"游戏小乐园"。阳光明媚的午后，孩子们特别喜欢用自己亲手制作的纸飞机和小伙伴一起在操场上"竞赛"一番。

就这样，我和孩子们的完美教室打造好了，但我们的旅程远远没有结束，以后的日子，我们还会不断地为它更换或是增添新的内容。在我心中，打造完美教室，并不在于这个教室有多么的无懈可击，而在于这个教室对于教室中的老师和孩子们来说是独一无二的，因为这间教室里充满了师生共读共写共同生活的回忆，教室中的一花一草、角角落落，都由师生共同打造，都能引出一段或快乐或有趣的故事。正如朱永新教授所说："缔造完美教室是我们追寻的理想，是'虽曰不能，心向往之'的前方。"

（三）用独特晨光开启教室里的世界简史

用开放的视野擦亮孩子生命的底色，我们希望用想象插上腾飞的翅膀。我们的星河是没有围墙的学校，也是没有边界的学校，是大家的学校，孩子、老师、家长都是学校这个大家庭中的成员。孩子的成长路上，需要这些成员共同努力，携手共进。

在我们班里，我们开启了晨光爸爸课程、故事妈妈课程。一个学期以来，许许多多不同职业、不同经历、不同兴趣、不同身份的家长参与到学校教育中来，成为学校课程的重要组成部分，为学生提供尽可能多样而丰富的生活视角、人生经验和行事智慧。

比如钱桢爸爸是一位知识渊博的律师，给我们上了一堂法治教育启蒙课，带我们初步了解各种法律知识；张馨予妈妈是个爱眼护眼的行家，为我们讲述缓解眼疲劳防止眼近视的小诀窍；姜有卿爸爸为我们带来消防知识小讲座，告诉我们许多火灾逃生的好方法；陈锦泽妈妈是个以身作则的环保卫士，带领我们开展垃圾分类行动，让我们也成为小小的环境保护者……

让教室的空间像故事一样连续发生，在一间小小的教室里，我们可以胸怀世界，我们期待从物型课程的角度去确定教室的流线，去定格教室的性格、去流淌教室的文化。于是这个叫作完美教室的地方会以一个个故事的方式书写着物型的简史，融入广阔的校园空间里，让我们的教室和学校因为儿童建构的物型真正立体鲜活起来。

第三节 "Clone 吧"：
来自教室里"以万物为师"的育人意蕴

每一个教室不管其大小，也不管其内容丰富还是简单，都要思考其内在的空间潜力，即让每一个使用者即儿童在其中产生多元成长、多维学习、多彩生活的可能。物型课程旨在创新环境的课程意识，指向在物，关键在型，突破在课程，目的在育人，重在"物"的文化塑型及课程意象，致力于环境→文化→教育→课程的不断探求和生成。

在我一个班主任老师眼里的物型课程，就在一间小小的教室里发生，它关乎着每一个儿童的学习方式、交往方式、生活方式与生长方式。它或许抵达不了上文中马斌先生所说的物型课程的深度要义，但也一定能以物型教育的意蕴影响、丰富着儿童的生命姿态，故我称之为"后物型课程"。"后物型课程"成为每一批孩子走进这所学校、来到这间教室后认识世界、成长自我的起点，让万物为师、以自然启智，让儿童的生命打开"始于万物"，让儿童的学习打开"生于万物"，让儿童的生长之道"成于万物"。

一、"Clone 吧"：建构小世界里的后物型课程

"Clone 吧"的雏形其实就是个"物型科学吧"。

"同学们，你想办法自己找找答案，请教、搜查都可以，什么叫繁殖？"小组合作学习，总结汇报："我们在网上看到，繁殖分为有性繁殖和无性繁殖，无性繁殖也叫'克隆'。克隆，是英文'clone'的音译，起源于希腊文'klone'，原意是用'嫩枝'或'插条'繁殖。时至今日，'克隆'的含义已不仅仅是'无性繁殖'，凡来自一个祖先，经过无性繁殖出的一群个体，也叫'克隆'。"

"第一只克隆动物是英国羊'多利'，这是科学史上的一个高峰。你知道怎么回事吗？"

同学们展开各种学习，相互分享。

老师："我们也能克隆！我们也来玩克隆！好吗？"

学生睁大眼睛："我们也能克隆？"

"我们可以尝试植物的克隆！"

激动、疑惑、期盼中，我们教室的特色空间——"Clone 吧"即将问世。

玩"植物的 clone"啦——你最想知道什么呢？

"它们怎么被克隆的？""我们要准备什么？""我们能克隆成功吗？""我们会变成科学家吗？"……

"我们先了解常见植物是如何'clone'的，好吗？大家把常见植物名称整理一下，猜一猜！"（可以请教家长、同学，收集资料等）

班队课上交流归纳：植物克隆的方式有四种，分别是用"种子、根、茎、叶"繁殖后代。

最后我们整理了表格。（见表 2-1）

表 2-1　植物的繁殖方式

繁殖方式 名称	种子繁殖	根繁殖	茎繁殖	叶繁殖
常见植物	黄豆、赤豆、豌豆、扁豆、花生、麦子、黄瓜、丝瓜、冬瓜、葵花、南瓜、玉米	红薯、生姜	马铃薯、栀子花、山药、君子兰、常春藤、大蒜、洋葱、菊花、薄荷、吊兰、绿萝、仙人掌	多肉类

简单地准备了以上四种方式繁殖的常见植物，需要器皿，但如何变废为宝，需要发现的眼光和有创意的想法。

家长们带来豌豆、麦子、向日葵种子和大蒜头等，任校长带来家里的山药蛋，清洁工阿姨带来丝瓜籽，我们捡来快要死的君子兰、午时花、菊花，小区楼下的薄荷、家里的生姜、老家的赤豆黄豆……服务部贺主任买来的锄头、铁耙、桶，清洁工带来的喷水壶，我们在公园划船的时候从岸边捡来的形状好看的树根，一段老树桩，邵老师送给我们的小仓鼠，我们家里带来的小鱼缸，郭同学买来的小金鱼，凌主任办公室信手拈来的豆瓣绿，一（2）班找来的一个空瓶子，任校长的多肉，还有一些空盆，同事要扔掉的酸奶杯子……说"变废为宝"是个发现和再造的过程，也不为过。

这样不经意间开启的"Clone 吧"，从一个问题开启一方空间，由一方空间链接一串关乎科学的探究，由一串探究勾连起一种与生活、与自然、与世界的联结，由一系列的联结唤醒了儿童间的朋辈交往方式，也许这就是"后物型课程"带来的价值意蕴。

（一）后物型课程方式的区间重组

1. 来自家校社的生活力区间

后物型课程的生命抵达，最终应该指向儿童的内在的生活力的提升。如何将生活力课程与构建教室个性空间相结合？如何兼容课程，一举多得？应在国家课程的基础上，学校通过对家庭生活、学校生活、社会生活各种场景的真实再现，让学生主动地参与到不同活动中，加强生活体验，完善生活认知，提升生活适应，养成生活习惯，学会生活创新，为个人的美好人生奠基，为社会的美好未来准备。

2. 来自万物中的个性化区间

而教室这个有个性的空间是与整个学校的教育规划和节奏互联的，和学生的身心发展和学业成绩互联，与学校"生活力"课程互联。让万物皆课程的"大课程观"主导我们的行动，打破格式化、单一化的教室空间，从而充分利用个性化空间，让优化的空间优化学生的成长！

（二）后物型教育触角的时间延伸

时间跨度仅仅停留在教室吗？个性空间一头是课程，一头是学生，在学生生命发展、精神发育中具有特别重要的意义。守住这个空间，就是充分利用多元化的教育元素，这个特殊领地是孩子们栖息的重要驿站。

时间温度仅仅定格在学科中吗？教室的个性空间，是在生命成长与人格发展的指导下，经历发现的过程，唤醒师生内心，与空间无声共鸣，体察生命的潜能，书写独一无二的心灵故事。个性空间架起有个性的教室文化，擦亮每一寸空间，雕琢每一个灵魂，成为教室的魂，班级文化的相，课程密码的交融。

（三）后物型文化重构的空间拓展

现有教室的空间既是物理场所，又是社会领域，只有将空间实践多元化，才能去单一化、模式化。我们现有的教室有近50位同学，课桌椅摆放就已经占据了大半空间，我们只能在靠南窗下一排柜子上做文章。如何构建这个空间，使之个性化、多元化，成为"活起来"的一方空间？

一间有特色的教室，并非填充物的容器，而是孩子们超越几何学的成长空间。诗意地构建这个空间，师生也同时被构建。这就要让每个孩子经历符合身心发展和认知基础的课程，穿越时空，朝向德性、学识、情感、个性、审美、生命意识等和谐发展。创造这种特色，是多元化价值观的体现，是一种使命和愿景。

二、"学科群"：联结统整视野下的朋辈领地区

在"Clone 吧"这样的场域中，不仅要感受四季的变化和生命的轮回，我们更要构建出的是基于国家课程标准下的"学科群"。通过学科间内在的逻辑连接，用"Clone 吧"这样的后物型课程，建构儿童得以悦纳、可以创造、乐于探索与交往的朋辈领地。

（一）"别人的园"与"自己的田"，多学科整合的身份认同

在一间普通的教室里，教师之间因为学科的不同，总是有着不可逾越的学科本位；每一个人都以自己的专业视角坚守着自己的学科领地。因此作为班主任的我要做的就是从学科到课程，促进各个学科教师的身份认同，把学科教师眼中"别人的田"在"后物型课程"理念的观照下转变为"自己的园"，那一间教室也就成为一个班级共同体中共同的园子。

1."言语吧"：淡化学科本位的固执

能娴熟地运用母语，是一个人甚至一个民族最重要的修养之一，是生活的必备能力。所以，万物皆语文。我们把"Clone 吧"悄然变成了个小型识字区，同时还是个提高认识能力的好地方，孩子们在留心观察周围事物，有时也一起说一说他们的变化，或者谈谈各自的发现和思考……这个特别的空间逐步演变成自然而然的"言语吧"了。

"这是栀子，读上面的拼音。""茉莉，我也认识，有花苞了！花会是什么样子的呢？好期待啊！""薄荷，薄还是多音字啊！这东西有股药味。""红薯，用根繁殖，它怎么长长胡子了呢？"处处留心兼学问，生活本身就是一本无字的大书，大部分

同学们都会主动看望我们的"Clone 吧"里的植物朋友,看看它们在变什么戏法!有的还用图、文记录了它们的生长史呢!

就这样,孩子们的说话有了新话题,写话有血有肉,有几个同学制作的绘本居然很有特点!汪同学创作了绘本《大蒜的日记》,是一本大蒜生长简史,图文并茂,简单又有意思。胡同学的《花的成长记》、李同学的写话《我的植物朋友》也充满童趣,稚嫩而可贵。(部分见下图)因此在这个过程中,"言语吧"已然不仅局限于语文的听说读写,而是放弃了学科本位的固执,与问题、绘画、诗歌、科学等关联,与美学、哲学、文学等关联,成为后物型课程的应有镜像。

2."万物吧":开启学科客串的冲动

孩子天生就是科学家和诗人,保护他们的探究欲和诗意的眼光,是我们的责任。如果这个"Clone 吧",在求真的同时能容纳求美的篇章,不是更能打造和谐的精神家园吗?于是,我们开始对教室最南边的柜子进行一场小小的变革——重新摆个造型。整齐划一的旧柜子,横躺下一部分,形成高低错落的形状。网上买来原木片,用马克笔写上美术字(见图 2-5),四种克隆方式和相应的植物名称分别写在标签上,顿时有了美感!

那段树桩,横着放,将成为多肉的"Clone 吧"基地。(见图 2-6)

自从教室有了这新的变动,小朋友们常常一下课在那看好久,叽叽喳喳,很兴

图 2-5　植物研究　　　　　　　　图 2-6　多肉基地

奋。赵同学说："我认识了好多植物朋友，原来不知道名称的，现在也知道了！"每天早晨负责卫生的何同学更是细心擦拭灰尘。其他班级的同学也常常光顾，恋恋不舍。"怪不得大吵大闹的现象少了。"任课老师们不约而同地感叹。家长也禁不住感叹："娃在生态教室里读书，真开心。感谢老师这么用心。"听着大家的赞扬，看到植物朋友们每天细微的变化，所有人都很自豪。

在学科客串中，我们首先根据主题单元的要求和学生的实际需求，精选出与主题密切相关的学科内外的教学内容，并及时调整学科组成，不盲目求多求新。其次是在不打破国家（地方）课程知识体系完整性、科学性的前提下，"聚合"关联学科的知识点，形成"主题单元活动"实施所需要的综合性知识群。再次在合理筛选学科的基础上，注重优化参与"主题课程"实施的教师组合与分配。

（二）"秧田式"与"圆桌道"，多学科统整的建构之道

在教室里"Clone吧"基地的建构中，我们要摒弃农业中秧田方式，要促进多学科之间的统整，形成多学科课程间的圆桌之道。

1. 学科之间串联

通过大主题、大单元的方式，注重了学科之间的串联。比如我们的年级共同体共同开发了"变态茎的前世今生"的主题单元实践课程，按照历史—繁殖—种类—创想，从不同学科的角度出发，促进了重点内容、教学活动类型、教学形式、教学场所、学习资源和学习方式的优化组合，

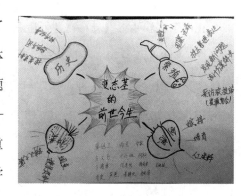

图2-7 变态茎的前世今生

从而达到每一个主题单元活动的最佳效果。（见图2-7）

2. 课程结构并联

在"Clone吧"的课程建构中，我们从儿童性、生活性、科学性等维度进行大

主题课程的设计，形成了人文创想、科学创想、艺术创想三个课程维度，注重了教学要素的"组合"，学习资源的"整合"，学生素质发展的"融合"。拓展学生学习的空间，拓宽学生的学习渠道，丰富学生学习的载体和手段，强调实践性、体验性，力求让学生各方面素质的发展能科学、有机地融合在教学的全过程中，力求让各育的培养成为一个有机的整体。

3. 育人混动谐振

围绕"生活""生态""生命"三生的理念，通过小小的"Clone 吧"，让每个儿童具身探索在生活的世界里、科学的天地间、审美的空间里，不断发现儿童看待这个世界的方式，让每一个儿童具有丰富体验且勇于探究、善于合作、踏实能干。促进每一个儿童寻找到自己看待世界的角度，让儿童积累日后走进社会所必需的各种经历：关心助人的经历，遵守规则的经历，合作共处的经历，独立生活的经历，社会服务的经历和生态环保的经历。

三、"探索链"：开启多元场景中的学习连续体

在这个有着儿童气息、物型创造意蕴的教室里，每天会有怎样的一段相遇呢？学习自然的法则，在每一个地方建立资源循环利用、生物多样化的生产架构。这里不仅生产知识，更生产各种农作物与营造生态，把学习与万物相接。成立"Clone 吧"，正是把知识（内）与实践（外）联合起来作为"连续学习的场景"，形成物型课程观照下的真实学习连续体。

（一）孕育与嫁接，以万物为师

以"Clone 吧"为载体的物型场，包括在里面的学习与各种相遇、实践、体验与活动，当然不只是在里面看看盆栽、养养动植物、吟吟诗、画画画。以"Clone 吧"为载体的"后物型课程"，更重要的是可以将人与人串联起来，产生新的世界

与活动连接；也可以让儿童在其中享受观察、体验与思考自然的乐趣。

于是这样的"Clone吧"已然从一个小小的教室扩展为一个小小的农场。劳动是生活力的必修课程。因为劳动能养成美德，能形成生存能力，通过"行"而"知"，"行""知"合一。如今的孩子们离开土地多久了？离开劳动多久了？劳动能传承下来的精神财富，如逐步淡出视野的"非遗"一般，正淡出课程！我们要留住她！植物的四种繁殖方式中，种子类的进小农场，我们将在小农场学习生产劳动，体会劳动的不易和成就感。

进入校园小农场的有种子类植物：麦子、黄豆、赤豆、豌豆、玉米、向日葵、丝瓜、黄瓜、冬瓜、南瓜。12位开学报名参与"小农场课程"的同学是主要管理者，每周一下午集体在此劳动，平时不定时来浇水、施肥、翻地，当然老师会示范或指点，俨然一群爱劳动的"小能手"，见图2-8。

图 2-8 小农场课程

靠根、茎、叶繁殖的植物们采用最简单的水培，依旧在教室的"Clone吧"。由于常常要搬进搬出的，就由班级里几个"好动一族"负责，他们很骄傲，也乐此不疲。靠叶类繁殖的主要是多肉，此类植物怕热和水，但是不怕太阳，所以要常常和太阳见面，尽量谨慎洒水。

后物型课程以物为载体，万物之间生发出的能量，是我们所要达成的各种核心素养的交织，融合在这样的物型场中聚焦、发生、提升，从而形成育人的新的样态。

（二）吐故与纳新，以自然为友

我们的"Clone"吧，还有意料之外的"附加值"。当初的"科学吧"，逐步发展成了与"语文吧""劳技吧""美术吧"融为一体。没想到不知不觉中起到了隐形的自然的"品格吧"的作用。

1. 在规则中享受真实的自由

我们学校98%是随迁子女，来自全国六个民族，学前教育比较缺失，他们在集体中生活、学习，大多数没有规则意识，行为不够规范。有的不容易相处，有的常常打闹、尖叫，还有的不管不顾激烈奔跑，碰伤、流血之类的事时常发生。学习的时候，反应却不够敏锐，思维跟不上节奏，学习效果也不尽人意。

我们的"Clone吧"，俨然一个小型生态区，后来饲养了小金鱼和仓鼠后，常常把他们吸引过去，彼此的交流中满溢惊喜和激动，共同的话题将他们逐渐凝聚。看，课间打架、尖叫、流血事件几乎绝迹，静气渐渐产生，雅味轻轻萦绕。他们的行为收敛了，内心却活跃了，彼此相处也和谐多了。这真是一份让人开心的礼物！我们主张"雅其形，放其心"，也许无意中正在践行！

孩子是教室里的精灵，他们的行为规范了，开始学着关心周围的事物，考虑他人的感受，连气质也悄悄改善。我们班在书写评比、学业成绩检测、动手创作以及用餐文明评比中，均名列前茅，成了大家交口称赞的班级。有的老师觉得我们班的孩子本来底子并不好，如今变化这么大，想知道秘诀。也许就是因为我们班级有个个性空间"Clone吧"，它的作用不可低估！

2. 在问学中感受身边的自然

物物有学问。孩子们天真地以为，每天中午在食堂吃的菜，就是我们学校小农场种出来的菜。所以常常听到桌长提醒同桌的同学："这是我们种出来的菜，不能浪费！"瞧，孩子们正在用行动解释"爱护与珍惜"，谁都珍爱自己的劳动，所以只有让孩子们有机会付出自己的劳动，他们才能学会珍爱。如果有了这个前提，教育孩子吃饭不浪费，不就是件水到渠成的事了吗？这远比贴各种标语或者背诵"粒粒皆辛苦"要有效得多！另外，生命之间原本息息相通，这种感觉无须言传，靠各自意会，也许是开启悟性的有效方式。在自然的环境中，认识事物，拥有科学常识，气氛自由，方式自主，学习过程自然，孩子们渐渐自信。这不正是打造文化气息，改变没有美感的"野性"，提升气质的好机会吗？

人人爱问学。在观察中发现问题，不急着解释或揭晓答案，因为这正是推荐科普读物的好机会。我们一起阅读的科普书籍有《加古里子自然大图鉴》《万物的由来》《小牛顿》《小诺贝尔发现号》《万物运转的秘密》等，当然还有《吴姐姐讲历史故事》《人类简史》《希利尔讲世界地理》等。"蜜蜂采过许多花，才能酿出蜜来"，如果只读古诗，只背课文，或者只读文学书，就会很狭窄，必须面广量大。推荐阅读的方法很多，在生活中、学习中发现问题，带着问题阅读，自觉阅读更主动。孩子们参与到这个"Clone吧"的打造过程中，都很有感触。他们非常乐意尝试，郭同学买了原木片，在上面画画；宋同学买了纸杯子，在上面画各色的人脸；廖同学捡来卵石，画石头画……这不就是创造的萌芽吗？

（三）植根与扎根，以生长为道

1. 拥有向失败学习的襟怀

桂圆核是我们常吃的桂圆的种子，适合在温热的南方生长，我们打算在"Clone吧"做个小盆景。

第一次：桂圆埋入盆中松软的沙土中，每天洒水。可是两三天后开始有一些黑色的小飞虫飞来飞去。大家都不知道怎么回事，就请教了做桂圆盆景成功的周老师：原来桂圆上不能残留桂圆果肉。

第二次：把残留的桂圆果肉去除得干干净净，小心翼翼埋入土中。照例，一周就应有苗长出，可是我们耐心地浇水整整四周，都没看见一点儿苗的迹象！

大家又都不知原因。我们失望地把桂圆核挖出来，仔细观察，真相大白：尽管桂圆核圆溜溜的，可是也有发芽的一端和长根的一端。去除桂圆肉的一端是长根的，应该朝下埋入土中，这样另一端才能向上发芽，长出苗来。豌豆，浸泡后打算做成一盆豆芽菜，可是最后烂了。原来不能用报纸垫在底下，不透气。植物生长需要水分、温度,还有空气。以后我们考虑改用海绵试试看。

同学们表现出明显的失望之情。我们一起讨论:失败究竟是好事还是坏事?"失败了,要找到原因,那么下次就不会失败了。""对,失败是个无声的老师,她常常把最有价值的礼物送给那些爱探究的同学。"辩证地看待生活中遭遇的挫折,是一种哲学,对于容易浮躁的人来说,更是一味良药,当然也是我们师生都需要的智慧。

2. 感受慢就是快的节律

一盆土豆发芽了,可纯水培太慢,久久不见茎叶长长,大家都心急了,一致同意给它装满一盆水,希望它不负众望,赶紧发芽长叶。结果双休日后,大家一进教室就闻到有股臭味,原来是它底下一块腐烂了。

向日葵种得太早,提前发育,部分成了侏儒型。

赤豆种得太早,会只长藤不结豆。这是长辈的忠告,果然应验。

我们又失败了,这次失败的原因是什么?我们该怎么做?

"我们太急了,急不得。要很有耐心才行。"

"农人的经验也是一本科学书。"

"每种植物都有它自己的生长规律,我们要顺着它的规律种植才对。"

这不正是植物朋友默默告诉我们的哲理?生活中,学习中,很多时候是要讲究"慢"的艺术的!栽培一株植物如此,培养一个人不同样如此吗?

教室的个性空间,以看不见的触须去触摸校园、社会以及生活、学习本身,形成一张生命拔节的物联网。让我们一起创造独有的个性空间,变革教室育人文化,对育人现场进行再生产,多元提升育人价值。我们的"Clone吧"也许是个很好的媒介。教育,即"影响"。所以教育无小事,处处有影响。我们师者,必须留心生活,不忘初心,汲取养料,激发灵感和热情,才能创造良好的外部环境和人文环境以给予孩子最好的影响。一路上,且行,且思,且乐。

第四节 一个教室里的"十二时辰"

子丑寅卯辰巳午未申酉戌亥,黑白轮转,星辰明灭,万物兴替自有时。给生命以时光,给时光以美好。一个个故事便藏在这有序的时光里。十二时辰,时时精彩。

一、晨光里的遇见

晨时的阳光化作细碎的光影,散落在校园的角落。孩子们欢笑着涌入校园。新的一天开始了。交作业、打扫卫生、读书……五六十平方米的教室空间顿时充满精气神。

每个周五的早晨,晨光爸爸准时上线,晨光课程火力开启。爸爸们八仙过海,各显神通,有的撸起袖子制作美食,有的绘声绘色讲述故事,有的图文并茂分享旅途见闻,有的滔滔不绝分析时事要闻……创业故事、产品介绍、生活常识、科学常识、世界杯……每个学期伊始,各班都会根据学生的需求,结合爸爸的特长、兴趣爱好、工作,形成课程菜单,见表2-2。

表 2-2　晨光爸爸课程纲要

六 2 星星索中队晨光爸爸课程纲要

课程名称	六 2 星星索晨光课程		开发人员	部分家长，班主任老师
实施班级	六年级 2 班	总课时	16	课程类型　综合课程
课程目标				1. 通过引导观察生活现象、感受知识在生活中的无处不在，学会发现。 2. 通过家乡的介绍，引导孩子走近家乡，热爱家乡。 3. 通过好书推荐，让孩子走近名著、走近历史，初步感受辩证的思维。 4. 通过介绍爸爸妈妈的创业故事，感受家长创业的艰辛，激发孩子对现有生活的珍爱，懂得付出与回报。 5. 通过介绍世界杯等当前热点，引导孩子关注时事，热爱生活。

课程内容	系列	周次	家长	内容
	生活篇	第二周	天天爸爸	种子的旅行
		第三周	滔滔爸爸	鞋子里的盐
		第四周	小凯爸爸	手机信号
	家乡篇	第五周	涵涵爸爸	认识我的家乡
		第六周	小蒋爸爸	茶文化
		第七周	小张爸爸	方便快捷的自助银行
	导读篇	第八周	小岳爸爸	《三国演义》
		第九周	石头爸爸	《鲁滨逊漂流记》
		第十周	嘉牧爸爸	《假如给我三天光明》
	创业篇	第十一周	新宇爸爸	一副手套的诞生
		第十二周	小阳爸爸	电动汽车
		第十三周	小芮爸爸	锁的秘密
	世界篇	第十四周	家乐爸爸	中美贸易战
		第十五周	苗苗爸爸	真正的富有是什么
		第十六周	小贺爸爸	世界杯

课程实施	课时安排：每周五早上 7:50—8:10。 教学准备：PPT、实验用品等。 过程资料：PPT、照片、录像等。
课程评价	本课程评价当前以鼓励性评价为主，授课家长颁发"课程导师证书"，并在"家长志愿者"积分卡上记 5 分以资鼓励。

记得我们班的一个爸爸在电信公司上班，他给学生讲基站、手机信号传送等原理，还带着我们班学生参演了防电信诈骗的宣传片。四年级的一个爸爸搬来各种锁，给孩子们讲《锁的秘密》，当时我们正好要写作文《介绍一种事物》，于是把他邀请过来。家长群中不乏各种专业人才，每位家长在生活中也有各自擅长的领域。学校将这些资源充分利用起来，每次课程我们都进行全程录像。我们鼓励每一位爸爸都参与进来，因为每一个爸爸都是独特的资源，每一个孩子都会把这一刻当作自己的荣耀时刻。但也有爸爸担心自己没有教学经验，不能从容应战，这时，老师可以和爸爸一起确定主题，协助其备课，让爸爸提前一两周来班级学习，看其他爸爸怎么讲课的。当然更多的孩子愿意主动担任爸爸的小助手。爸爸在上面讲，孩子在下面当助教，台上台下积极互动。每次课程结束，我们会给爸爸颁发课程导师证书，让孩子和爸爸一起合影，孩子的那份自豪与骄傲是无以言表的。

爸爸，你知不知道这么多年来，你一直都没有参加晨光爸爸的活动，每当看到别的同学爸爸来给我们上课，看到他们合影留念时，我十分难过，真希望站在讲台上的是我们父女俩。最近一期，您终于来了，虽然您讲得不如其他家长那么流畅，选的内容也不接近生活，但是当看到同学们给你鼓掌，兴奋的表情时，我知道你是最棒的！特别是今天你说准备了好久，紧张得都忘词了，我感动极了。陪伴虽然是短暂的，但我心里是快乐的。

——选自潘月蔚《爸爸，我想对你说》

晨光爸爸课程带来了鲜活的素材和丰富的课外知识，学生的学习向生活打开。学校将各班的晨光爸爸课程资料整理归类形成弥足珍贵的资源，可以在各班门前的电视机播放，实现共享。

这些独特的晨光里的遇见为孩子们提供了尽可能多样而丰富的生活视角、人生经验和行事智慧，用开放的视野擦亮孩子生命的底色，为想象插上腾飞的翅膀，在小小的教室里，我们也可以胸怀世界。

二、无处不在的学习场

柔柔的白云，湛蓝的天空。微风吹着树叶沙沙响，轻吻着花开的芬芳。教学楼里书声琅琅，孩子们合作探究，开启一场场酣畅淋漓的头脑风暴，追逐着属于自己的梦想。

"被誉为天下'第一奇山'的黄山，以奇松、怪石、云海、温泉'四绝'闻名于世……"这节语文课，孩子们将跟着课本去旅行。

学生的学习并非"零"起点。在接触文本的过程中，因为阅读经验、生活经验等凝成的前理解差异，形成了阅读初感。所以，学生在课前进行了前置性学习，朗读课文、画出思维导图、提出问题……借助技术在分享中相互学习，教师也通过平

台了解了学情，确定了教学起点。（见图 2–9）

课堂上，我们分享了三幅思维导图：

这三幅思维导图是学生投票选出的，很有代表性。图 2–10 呈现了文本表达思路，图 2–11 关注了事物之间的位置关系，图 2–12 聚焦了题目中的关键词，也就是课后问题，初步读出了黄山奇松的两个奇特之处。用思维导图主人的上台分享，取代教师的教，完成了对文本的整体感知。

第1题：你最欣赏谁的思维导图？ [多选题]

选项	小计	比例
1	0	0%
2	0	0%
3	0	0%
4	1	2.56%
5	0	0%
6	0	0%
7	35	89.74%
8	3	7.69%
9	1	2.56%
10	2	5.13%
11	3	7.69%
12	4	10.26%
13	0	0%
14	1	2.56%
15	4	10.26%
16	3	7.69%
17	3	7.69%
18	0	0%
19	5	12.82%
20	11	28.21%
21	2	5.13%
22	31	79.49%
23	37	94.87%
24	12	30.77%
25	0	0%
26	0	0%
27	3	7.69%
28	1	2.56%
29	0	0%
30	3	7.69%
31	1	2.56%
32	0	0%

图 2-9 了解学情

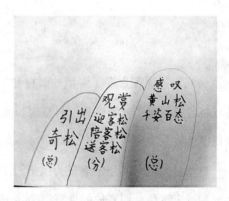

图 2-10 学生作业

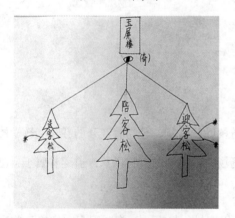

图 2-11 学生作业

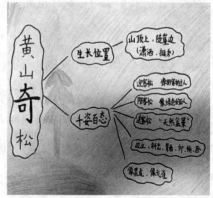

图 2-12 学生作业

有价值的问题，特别是有思维含量的问题才能点燃学生深度学习的兴趣和欲望。教师要做学习活动的“设计者”，用块链式结构，提炼问题的价值，为学生思维的进一步发展搭建脚手架。这篇课文，学生对书上的两幅插图很感兴趣，纷纷猜测：哪一幅是迎客松？哪一幅是陪客松？敏锐地捕捉学生的这一关注点，课堂上设计"辨一辨"学习活动,让学生小组合作,到语言文字中找答案,将学生对插图的好奇心转化成阅读期待。学生抓关键词将文本的理解从复述、解释转向评价、创造,表现出浓厚的探究兴趣。学生通过研读文本得出的结论对不对呢?我们用远程连线的方式,让黄山旅游公司的导游现场给学生介绍迎客松,一方面验证学生的判断,让学生充分感受到细读文本、获得成功的快感,另一方面也向学生渗透"不懂就问、生活中处处有学问"的学习理念。

下课了,书吧、教室、学科角落、走廊,到处都是学习的身影。(见图 2-13)有的迫不及待地和老师交流感受与疑惑,有的及时梳理笔记,更有的三五成群地聚集在涂鸦墙前。原本这是教室门前一块破了的瓷砖,后来老师从淘宝上买来黑色仿真纸质黑板,让学生裁剪出造型,一方面巧妙地遮盖了破绽,另一方面利用其来涂鸦。孩子们喜欢在这里出题,挑战答题赢奖品,连上厕所、喝水都要瞥一眼,走过路过不错过。(见图 2-14)如今,各班门前都有了这样一块神奇的魔力黑板,而且都得到了充分利用,好书推荐、手工作品、问题对对碰……学生在这里表达自己的见解,进行智慧的碰撞,擦出创意的火花,大家一起进步,一起成长。这里,成为一个学习交流的线下平台,为学生成长提供展示的舞台,激发了学生潜藏的巨大的创造力,成了校园一道亮丽的风景,我们看到了学生成长的最美样子。

图 2-13 走廊学习

图 2-14 走廊涂鸦

三、午间温馨汇

"咕咕咕！咕咕咕！"小肚子奏起了进行曲。洗手、排队、诵读着用餐礼向食堂进发。分菜、盛饭、加汤……有条不紊；萝卜、青菜、排骨……科学配餐，营养均衡。学生打开味蕾，感受舌尖上的美味。每天学校都会开展"光盘行动"，根据用餐情况评比"最美餐桌"，获得的奖励是和校长妈妈或老师一起用餐，见图2-15。当然，学生也可以用"星河币"来兑换这样的共同进餐机会。

图 2-15　和校长妈妈一起用餐

两张桌子简单拼接起来，铺上一块漂亮的桌布，摆上精美的饭菜，倒上老师亲手鲜榨的果汁，还有三层果盘装着食堂叔叔阿姨精心制作的小点心，顿时食欲大增。吃着可口的饭菜，聊着课间的趣事，温馨弥散开来。

餐厅，不只是学生吃饭的地方，还是一处德育教育基地。

午后的小憩时光，孩子们在阳光下散步，在草地上打滚，在池塘边看鱼儿嬉戏，在农场驻足，抑或流连书吧。兴致尽了，三三两两回到教室。"我的种子发芽了！"小王惊喜地发现，大家纷纷围观。一颗颗种子就是一个个希望。学校首届学生只有两个平行班，相较于隔壁班，我们班无论学习还是各项活动都落后一截。为鼓舞士气，在接手班级时，我就跟学生们分享了一个绘本故事《小种子》。故事主要讲了一颗特别小的种子坚持不懈长成巨型花，带着这"种子精神"我们走过了两个春夏秋冬。六一节，我为每个孩子准备了一个礼物——一颗种子，希望孩子们精心呵护，让小种子陪伴最后奋斗的艰苦日子，发芽之时便是毕业考试之日。（见图2-16）

图 2-16　种子发芽毕业考试

一年级有个班,在布置教室张贴"宇宙"时少了"木星",被一个爱好科学的孩子发现了,于是开始了"探秘宇宙"的研究,见图 2-17。他们观看关于宇宙的纪录片、用 PPT 讲解关于宇宙太空的基本知识,开展绘本共读,还根据已读绘本发挥想象力,续编故事,创作绘画,分组研究一个星球,并进行项目展示,见图 2-18。小研究员们分工明确,讲解清楚,真正成为教室的主人,成为学习的主人。

图 2-17　探秘宇宙　　　　　　　　图 2-18　研究星球

一间教室应该是有生命力的,是一个可以让孩子们合作探索、共生共长的地方。链接生活,用课程化的眼光来改造环境布置、组织活动、教育学生、处理琐事,具身体验、发现探究,也是一场深度的学习之旅。

四、追风也追梦

　　阳光穿过树荫，洒下斑驳树影。绿茵场上，欢呼声与加油声此起彼伏，一群追风少年在夕阳下邂逅。

　　"接住！"孙清科机智地把球传给了沈陈，这一记犀利的妙传，直接撕开了对方的防线，为首开纪录立下头功。孙清科俨然是球场上的中场大师，掌控着整个局势，把本方球员凝成一股绳。黄冠身为守门员，扑救、出击等动作潇洒自如，完全是国少队门将的标准动作，对方每一次有威胁的射门，都被他稳稳地扑住了，赢得了场边同学们的阵阵叫好声！这两位平时默默无闻的学生，成为全场的焦点，成为班级的大英雄。此刻，正是他们获得存在感，拥有自信阳光的最佳时刻吧！

　　守门达人黄冠弯腰屈腿，身子前倾，双手摊开，就像电视里的守门员那样，拿起球向上一扔，踢出了一个"猛虎式飞踢"，球飞往了对方的老巢。对方队员看着球直飞他们的禁区，脸上都异常紧张，空气仿佛也凝固了一样。对方队员利用我们防守的一个疏忽，使出"无影脚"，很有力的一次射门。但是，黄冠机警地接住了，成功化解了一次危机。瞬间，黄冠在我们心中的形象高大起来，真不愧是我们的王牌守门员！

——张浩然

　　比赛正激烈地进行着。只见孙清科在对方禁区前沿将右脚脚尖微微翘起，把球拦了下来，再迅速抬起，正脚背对准球踢出，球像一枚追踪导弹，穿过一切障碍，直达终点——对方球门。场外一片欢呼声，我们班首开纪录。比赛到了下半场，梅西附体的孙清科全力一击，球简直是光速运行，与空气摩擦出火花，重重地撞进球门，梅开二度。终于，经过一番你来我往的争夺，我们最终登上了冠军的宝座。啦啦队都成了孙清科的铁杆粉丝。比赛的哨音一响，啦啦队员们一拥而上，拥抱这些真英雄。

——叶香璇

活动是最好的观察学生的途径，最终是为了学生的成长。把组织权力交给学生，把活动当作教育契机，从中挖掘各种教育因素，往往会带来意外的惊喜。

有次轮到我们班承担升旗仪式，以什么为主题开展呢？我决定让学生来商定。学生经过热烈的讨论，采用民主投票的方式，最后以《地球心行动》为主题的设想得票最高。活动在快闪中拉开序幕，可谓设计巧妙，形式新颖，其中穿插了音乐剧《森林狂想曲》，舞蹈《小燕子》，创意环保作品制作比赛等，丰富多样，精彩纷呈。前期，学生结合当前环境问题收集资料，调查访问，自觉地以公民意识和时代责任感，发现身边问题并进一步思考如何解决问题。每天下午，他们分组排练，还邀请科学、音乐老师指导。最后，升旗仪式如一幕完整的舞台剧，一个个生动的故事前后连接，以独特的创意、丰富的内涵，赢得了师生的一致好评，更体现了星河娃"善创"的特质。

五、越夜越美好

夕阳西下，夜幕降临，城市的灯光遮盖了漫天的繁星。我们相约空中，开启移动互联下的浪漫约会——"和大人一起读"共读好书活动。根据阅读任务，进行阅读打卡。挑选喜欢的片段，大声读出来，通过"喜马拉雅""为你诵读"等应用录下来，发布到班级群，让声音和美好一起传递。每个人从文章的内容和形式等方面进行点评，分享"听书"感受。一本书读完，我们通过CCtalk（一款直播教学软件）空中课堂展开交流，进行思维碰撞。这样，每月坚持共读2本。每一本共读书都有共读单，学生和家长、老师一起阅读、交流。每读完一本，我们进行"最美共读家庭"和"最美阅读者"评选活动，以促进学生养成良好的阅读习惯，让大家的阅读热情得以持续。

在交错的时空里一起阅读，一起思考，这样的学习方式让每一个学生乐在其中，生生之间的网状互动已经超越师生之间的点状对接，学生的思维能力在悄悄地提升。

电影《小王子》里有一段经典独白:"仪式能让我觉得某一天某一刻与众不同。"灯火阑珊,我们用日记这一仪式记录一天的美好时光,作别今日。轻轻合上日记本,道一声"晚安",做一个香甜的梦,等待黎明的第一缕阳光照亮。

在璀璨星河	在春秋故里
有一个朝气蓬勃的班级	有一所创想未来的学校
那就是我们——	那就是我们——
六(2)星星索	武进区星河实验小学
一个团结向上的集体	一个蓬勃向上的团队
我们有梦,敢追	我们执着,攀登
我们坚信	我们坚信
哪怕再平凡普通	只要能心向璀璨
也可以明亮动人。	终将会拥抱美好。

十二时辰,周而复始。一间小小的教室,却能无限扩容;宽广的现实生活,恰又适当微缩。星实小的生活,每天都很相似;但孩子们的进步,注定了星河娃的每天都不一样。家长、教师、学生,一起共同经历,彼此滋养,在静悄悄地改变着。

第三章　自然生活：身心灵合一的望远镜式学习

人和自然并不是孤立存在的，自然中的万物也不是孤立存在的，气候、环境、地理、植物、动物等等，都有着千丝万缕、密不可分的关联。让生活在这钢铁城市中的我们，走进身边的自然、亲近我们的自然，增加自然知识、把握生态伦理，以万物为师，以自然为友，开启我们的自然而真实的学习连续体。让儿童利用习得的知识和经验、素养学会解决一些真实的问题，亲手参与一个自然生态系统的建设，培养起与自然相处、与他人相处、与社会相处、与自我相处的能力。

第一节　物型课程，做回大自然之子

一、自然法则：学校里的大自然 VS 大自然中的学校

"自然"一词最早出现在老子《道德经》第二十五章："人法地，地法天，天法道，道法自然。"这里的"自然"是指"本源""本性"，"顺其自然"即顺从、遵循事物之本性、本义。因而"自然"包含两层意思：第一，"自然"作为具体的"自然

物"直观具体地呈现；第二，"自然"需从直观具体的"自然物"中抽离出其本性，即"自然性"。二者相融共生，自然蕴藏在自然物之中，自然物必然存在自然性。

（一）做回自然之子：打开学校里的大自然

康德说："在人身上，有许多没有长成的胚芽。我们的职责就是要合理地发挥其自然天赋，以促进这些胚芽的成长，并保证他实现自己的命运。"康德的这段话指明了教育的方向，即发挥个体的自然性。校园里，各种有价值的教学活动都可以在这自然、自在的物型世界里开展，不仅是关于自然和种植，还有团队合作农察、系统思考、学科统整等，这些都可以通过与自然连接成一个更为紧密的学习结构。

1. 做回大自然之子

儿童作为自然之子，他们有着三种不同的角色密码。首先他们是顽童，无论是现实的儿童还是可能的儿童，玩是孩子的天性、游戏是孩子的必需，玩意味着让儿童获得自主、自然的发展；其次是丸童，所谓丸，九花玉露丸、六味地黄丸等等，虽小但蕴含着极其丰富的潜能，具有顽强的生命力以及美丽的外观，意味着他们拥有无限的可能性；再者是完童，让儿童获得智慧的培育、人格的涵养、潜能的激活、创造的呈现，让孩子们获得幸福完整的成长。

2. 召回原生的自然学校

以精美的景观绿化带"围墙"阻隔儿童的脚步；可以远观之不可近触之的"花丛"钝化了儿童的双眸，标本化的植物群让儿童失去了亲吻的机会。久而久之，儿童不仅身体远离自然，心理也逐渐远离，他们对自然物的洞察力、对自然现象的敏感性、对自然事件的探索能力都会逐渐消减。如何发挥优势、规避劣势，召回原生的自然学校，让儿童真正可以拥有亲近自然的空间、时间，做回自然之子呢？

3. 学习自然的存在法则

在这里学校不仅生产知识，更可以生产各种农作物、嫁接各种植物，有着二十四节气的播种、收割等自然生态。这样的校园尽管也是大楼林立，但是方寸之间一定有着儿童的生态种植场以及大自然可以触摸、亲吻的地方，每位参与的学生都必须进行自己的生态菜园操作，或有着动物养殖的任务，或有着农作物的杂交研究等等。当然学校有这样的课堂，也是对当代生活中各种知识与生活脱节的情况的一种反省。在这间神奇的自然学校中，你能学习到很多意想不到的知识。这里的每一处空间，都被最大限度地利用。我们引导孩子们"以万物为师，与自然为友"，在学校的每一处、每一地、每一寸之间去不断找寻自己最感兴趣的主题。当孩子们真正身处其中时，才能体会到这所自然学校的神奇魔力。

（二）与教育连接，大自然中的学校

1. 在儿童心中建一座自然博物馆

自然历史博物馆(Natural History Museum)，是收藏、制作和陈列天文、地质、植物、动物、古生物和人类等方面具有历史意义的标本，供科学研究和文化教育的机构。无论是国内还是世界范围内，这样的自然博物馆教育资源并不匮乏，但普及性还远远不足。原因有二：一是地域差异，北上广丰富的资源让自然历史博物馆资源非常充足，但三四线城市甚至乡村学校，可能只能望馆兴叹；二是无论发达地区、欠发达地区都有自己独特的宝贵的自然资源还未被开发并转化为教育资源。因此无论是有着充足资源的现有自然博物馆还是尚未开垦的原始自然博物群，都尚未成为儿童的自然博物馆。

在儿童心中建一座自然博物馆意味着以自然教育的方式打开。以自然教育的方式打开即是以儿童成长取向为指导，尊重儿童的自然天性，尊重儿童自主成长发展规律和特点，不揠苗助长，不过度教育，不以成人的喜好、成人的方式替代儿童的天性，努力发现儿童之发现，喜欢儿童之喜欢，惊奇儿童之惊奇，真正促进儿童自然地生长。

在儿童心中建一座自然博物馆意味着用日常可行的方式打开。如果要建一座自然博物馆无疑是一项浩大的工程，会让人望而却步，因此我们要建的儿童心中的自然博物馆应该是常态的，即时、即地可以开启的。从身边事物去感触自然，通过自然游戏、科学体验、实地调查、艺术创造等方式去看到不一样的世界，感知自然力量、联结自然智慧。

2. 让儿童手中种一方自然实验田

卢梭的《爱弥儿》对儿童教育的最大贡献是发现儿童，发现儿童的自然本性，尊重并发展儿童的潜能。他强调"我们的教育要在自然的环境中，遵循儿童的自然天性，用自然的方式使儿童成长为自然人"。基于"自然实验田"的物型课程，是以星河实验小学儿童创想城形成的"实验田"理念为指导，以促进儿童自然生长为目标，以"自然教育"为理念，以"实验田"这一自然场域和自然环境为支撑，以学习、游戏、实践场、现实生活等交叉融合的活动为路径，从而促进儿童身心和谐、全面发展的综合性课程。

"自然实验田"有两层含义。一是在我们学校创造儿童"实验田"的基础上，结合"佳农探趣""万亩良田""水稻研究所""石墨烯创新实验室""新能源创新实验馆"等建构我们广义上的实验田，形成幼儿回归自然、联结企业、进入高校等的物型课程新样态；二是意指儿童亲近自然、回归自然、走进现场的情境，儿童在校园任何一角、家庭的实验室里只要带着这种实验田探索的精神进行探究都会形成自己心中的"实验田"。儿童与实验田现场中人、事、物产生连接后，会建立新的经验，最终实现自我观察、探究、合作、发现等的自主性发展目标。儿童的生活过程就是儿童的成长过程，在"自然实验田"里儿童能够并且更需要以成长主体的身份自主地成长，儿童在不断地感知、发现、探索并最终运用成长所需要的"活的学习"。"自然实验田"教育的价值最终是超越自然物本身，达到人的"自然性"与物的"自然性"的融合统一。

二、自然生活：生态伦理 VS 自然疗愈

自然生活，是一种身心灵合一的存在；自然中学习，是一种指向未来的望远

镜式的学习。在这个神秘、神奇的大自然里，我们需要开启儿童的眼眸，用望远镜看到这个世界的未来。无论是四季的变换还是生命的轮回，对大自然奥秘的探究会让儿童感受到生命的神圣与庄重，赋予孩子们对农业、科学、生活、哲学和艺术的体悟，成为核心素养与必备品格高的人。在这个多元文化的社会中有着清晰的价值判断、积极的学习探索，能够主动地应对各种挑战，成为具备关怀和反思的世界公民。

（一）生态伦理：以和谐为链

2020年，当新型冠状病毒席卷全国的时候，你是否在反思人类该如何和自然和谐相处？如何能让这个社会健康存在？如何更好地上好生命的必修课、世界的公民课？我想你一定不愿意为了经济繁荣而生活在一个充满刺鼻气味、有毒的土壤和河流、缺少生物多样性、杂草丛生、垃圾遍地的环境之中吧？

最大限度地自我实现是生态智慧的终极规范，即"普遍共生"或"自我实现"，人类应该"让共生现象最大化"。我们的国家在贯彻落实创新、协调、绿色、开放、共享五大发展理念，环境伦理之父罗尔斯顿说："只有当你捡起自己的垃圾之时，你才是真正站起来的人。"人性与自然性是有着契合度的。

（二）音乐疗愈：以自然为友

与音乐相生。通过模拟自然的声音，还有对自然的触感训练，孩子们自身对大自然有了新的感受，同时也在整个活动过程中释放了自己情绪的压力，开启身心疗愈之旅。自然音乐疗法将"乐与人和"与"天人合一"作为理想境界，父母的陪伴参与能催化主题的意义。

以自然为友。儿童是自然之子，与自然有着天然的联系。自然有着巨大的能量，它能够让最焦虑的儿童平静下来，安抚儿童的愤怒和攻击性，治疗儿童的抑郁，减少肥胖，改善提高儿童的注意力和学习能力，从而让儿童得到最佳的发展。优美旋律可以转化成物质力量而达到调和人体的功效。音乐可以调理脏腑的功能状态，即音乐与脏腑相和。自然与音乐之间，音乐与儿童之间，已经建立友好关系，从而获取"自然物"中的本质属性，并回归"自然物"的美好体验，相互交融契合。

（三）生命智慧：以劳动为桥

在万物生长的田野，我们需要在抵达智育、美育、体育、德育的彼岸间搭建一座桥，那是一座"劳动桥"。劳动教育是"擦亮人生底色"的教育。以物为载体，以劳动为纽带，学活的知识，练生存的技能，悟生命的意义。新时代的劳动教育以劳育为载体，以实践品质的培养为核心，以儿童主动的生动活泼的发展为教育目标，创设多元立体的学习空间，促进学生德智体美和谐发展，实现人的核心素养的形成和全面发展的育人目标。

劳动教育是"浸润着田野芬芳"的教育。以物为媒介，以具身体验为桥梁，让孩子们在劳动中学会自理、亲近自然、体验生活，在新劳动教育中学会生存、积极生活、创造生命，享受劳动创造的幸福。

（四）主题生活：以探究为趣

儿童成长中的各个重要阶段都是其内在生命自然展开的结果，儿童的自然生长就是儿童的"自然性"。儿童是通过直接感知、实际操作和亲身体验的方式来获取经验的。在自然生活中，我们的课程还是学习，以项目化主题为引，以过程为导向，指向儿童在与自然互动过程中的感受、体验、发现和创造。让儿童在主题式、项目化的探究中重新建构正确的知识，相对于自然知识的习得，教师应更加关注儿童在感知、探索自然过程中的情绪情感、表达表征、探究发现，与儿童一起享受与自然相处的过程，从中慢慢培养儿童热爱自然、亲近自然、融入自然的情感。

三、自然学习：身心灵合一的望远镜式学习

一所学校的真实景观会是怎样的呢？它应该把学习（learning）和景观（landscape）进行连接，成为"learnscape（学景）"，把知识（内）与实践（外）联合起来作为"连接学习的景观"的真实学习连续体。而在自然生活中学习，无疑是让儿童的身心灵都打开的学习，是一种能眺望未来的望远镜式的学习。（见图3-1）

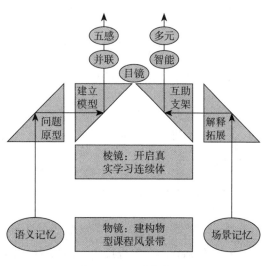

图 3-1 望远镜式学习图

（一）物镜：建构物型的课程风景带

物随心随，境由心生，儿童的全纳性、发展的全人格、成长的全场域，意味着我们在儿童的自然学习中，首先要开启物镜，即符合儿童身心灵发展的物型课程群，形成自然生活的课程风景带。

1. 责任田：低中高渐进的自然生长计划

"星星农场"是校内种植基地，地方不大，却是一方学生喜爱的欢乐天地。让高年级学生参与到星星农场的种植与养护中来，是提升他们劳动品质的绝佳机会。将星星农场进行划分，每班一小块地，这块地种什么、怎么种、如何养护、出产的处理等问题，由班内的各个"行动组"负责，并由组长在整个实践活动结束后，针对组员的劳动品质等方面进行评价，再进行组内互评。从学生的劳动态度、实际操作、劳动成果等方面进行记录与评价，奖励相应奖品，这些奖品仍与劳动密切相关，促进学生能够从自身综合素养提升的视角，"常态化"地开展体验性劳动与创造性劳动。

2. 劳作园：身心灵合一的发现生命计划

自然教育具有实践性，"做中学""学中做"是其常规的教学方式。比如你可以选择星星农学院实践行动。针对低中高年级学生不同的认知、能力与兴趣，设立不同类型的学院。星星农学院实践基地设在"佳农探趣"与"万亩良田"。在这个实践基地，不同季节，孩子们进行不同时令的劳作。春日播种，播下希望的种子；夏日除草，体验管理的艰辛；秋日收获，品尝收获的喜悦；冬雪纷飞，观察生命的坚韧。一年四季耕作，根据自己的耕作，总结出四季时令农活，并通过记录、写话等方式呈现自己劳动。孩子们在快乐的实践活动中，了解自然知识、农作知识，劳动境界在潜移默化中得到提升。

3. 鲁班坊：做学创一体的积极生活计划

我们生活在一个先进技术、人工智能大量存在的社会，一个技术劳动无处不在的社会，处在"互联网+"的社会生态环境之中。因此就需要创新劳动教育的新内容，探索劳动教育的新方式。运用鲁班坊现有材料，课堂上各式小型手持工具和电动工具齐备，完成属于自己的作品。鲁班坊提倡"学中做，做中创"的教育模式，集创新教育、体验教育、项目学习等思想为一体，融合科学、数学、物理、化学、艺术等学科知识，培养学生的想象力、创造力和解决问题的能力。

（二）棱镜：开启真实的学习连续体

我们生存的自然世界是我们思维的产物，不改变我们的思维，就无法改变我们的世界。这就需要我们用到棱镜，开启真实的学习连续体。

1. 以真实的问题为原型

在主题范围内自行发现与主题相关的综合性问题，自行提出解决方案，进而解决问题。要求学生不仅要提高解决真实问题的能力和创造性，同时要养成对人、对世界的态度、情感和价值观。

2. 以模型的建立为引擎

儿童通过在真实情景中将生活问题抽象成研究的问题，得以在这个过程中认识到现实生活中的现实问题。面对实际问题，组织学生采取板演、讲解、对话、挑战、辩论、评价等多种形式展示交流，建立合适的模型，能积累解决问题的策略、活动经验并探索其应用价值。

3. 以同伴的互助为支架

以问题为载体并贯穿整个教与学的过程之中，在实践中不断优化自主学习方法。这种教学方式要求学生亲身体验物型课程的探究活动，让他们积极进行探究和创造性思维活动，使"主体"真正地"主动"起来。学生联系已有的知识、技能、经验，在这个过程中不断相互合作、变换角度、思路进行审视、调整，自我否定、自我修正。

4. 以解释与拓展为旨归

不同的学生采用不同的方法，学习过程围绕问题展开，把现实生活中具体实体内所包含的知识、规律抽象出来，建成相应模型，让儿童在问题、挑战、挫折、取胜中交替体验；在选择、判断、协作、交流的轮换操作中经历，进而发现问题、提出问题、建立模型、解释拓展应用，走向新的学、用知识的过程。

（三）目镜：联通五感并联的魔立方

我们是否有一双看见儿童的眼睛，是否也有能力让每一个儿童看见自己？在2020年的新年寄语中，我给自己的留言是：2020，在星河里看见每一个星河人，努力让每一个星河人能看见自己！那就开启我们的目镜，每个孩子都有着不同的多元智能，但是我们日常的学习往往不能发现、不能发现每一个孩子潜能的存在。各种智能同等重要，人与人的差别，主要在于具有不同的智能组合。在一个领域表现为智能强项，在另一个领域可能表现为智能弱项。

发现不同儿童的多元智能，那就首先让我们打开儿童的五感，为儿童创造在自然环境中进行多感官体验的机会。五感就是形、声、闻、味、触,也就是人的五种感觉器官。在开展"自然生活"的物型课程时,教师应多鼓励儿童用自己的身体感官充分地去感知自然。自然生活的物型课程的实施正需要契合这一点,把儿童当作儿童,解放儿童的双手和大脑,释放儿童的天性,让儿童用自己的方式去触摸周边自然环境、自然生命、自然现象,感知自然的生生不息,体验自然的不可逆转,发展其探究自然本质的能力,萌发热爱自然的情感,提升保护自然的行动力,实现"人性"与"自然性"的和谐统一,促进人和自然万物的生命成长。

第二节 身体教育学观照下的科学运动方式的实践建构

身体是一个人最宝贵的财富,健康的身体是幸福生活的基石,为了孩子将来能够获得幸福的人生,我们的首要任务就是让孩子拥有健康的体魄。让自己的身体和大脑的相互作用力平衡,是我们个人达到身心最佳状态的关键。高度重视身

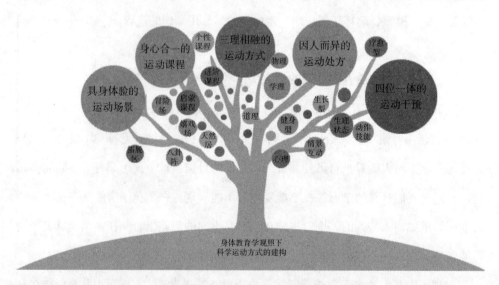

图 3-2 科学运动方式的建构

体、环境和认知的整体协调性原则,其健康知识、运动知识、身体素质、运动技能、生活方式、运动天赋乃至智力和心理都将得到全面的改善与发展,趋向健康并符合国家、社会、家庭和个人的期望。(见图 3-2)

一、物型环境:定制具身体验的运动场景

认知是具身的,而身体又是嵌入环境的,认知、身体和环境组成一个动态的统一体。将"运动"特色融于环境的创设中,积极进行运动环境的创设,让孩子在校园的每一个角落都能进行走、跑、跳、钻等运动练习;重点利用现有自然环境的资源进行童话般运动资源改造,促使儿童积极地参与到运动中来。"环境即课程",把有利于儿童成长的环境因素加以课程化,使运动环境处处可见,无论是在雾霾天还是下雨天孩子们都能有运动的空间,小至走廊摸高,大到户外的小木屋、攀爬挑战营,处处有运动的影子。(见图 3-3)

图 3-3 具身体验的运动场景

(一)冒险场:挑战性运动场景

把一般意义上的田径场的功能重塑,在儿童体育运动过程中适当设置一些问题情境,适度创造与其年龄相适应的"困难",使运动环境具有适宜的挑战性,将重

新设计、打造富有体育特色的物化环境，高效利用现有体育设施、空地、道路、墙面，赋予全新的体育功能，形成立体的挑战性运动功能区域，营造出独特的体育育人环境，便于学生自主接受挑战与练习，使儿童不断地体验到参与运动的快乐，在提高儿童身体运动能力的同时注重儿童各方面能力的均衡发展。

（二）八卦阵：交往式运动场景

"八卦阵"由高低大小不等的攀登架、长短粗细不等的梯子、平衡凳为主材料，借助轮胎、平衡板、小木架等辅助材料，儿童合作建构独具风格的"八卦阵"运动场景，体验运动的快乐，主要发展学生的力量、灵敏度、柔韧性等身体素质。运动情境的建构为儿童提供了多人合作完成共同目标和集体活动的机会，过程中儿童与同伴之间的沟通、协商与合作是完成"八卦阵"必不可缺的条件。

（三）嬉戏坊：游戏化运动场景

广域游戏运动区，通过彩绘、粘贴等方式，卡通化地布置，凸显其体育功能。为了给学生更多的运动、游戏场地，学校将整体设计开发地面和墙面功能，打造学生锻炼、游戏的新空间。游戏启动孩子们的听觉、动觉等，听到口令之后大脑要立刻做出判断，做出游戏要求的动作，这需要能快速启动和控制自己的身体，快速运动。

（四）拓展区：技能类运动场景

在联合器械区域调整器材，建设综合体健拓展区，主要发展学生的力量、灵敏度、柔韧性等身体素质。另外开辟技能拓展区，如：乒乓球练习区、跳跃练习区、攀爬练习区、平衡练习区。孩子们在充满韵律节奏的故事或场景中完成跑、跳、躲避、接、传、投等各种运动动作，让身体和心灵还有思维在运动中发展、合一！

（五）健身房："互联网+"运动场景

一方面在校内运动场添置投影仪和大屏幕，在室外建成电子互动学习区，在教学、训练中利用摄影技术捕捉学生的技术动作，便于纠错和形成正确动作。另一方面开设"嘉嘉健身房"空中运动课堂，由体育教师和学生拍摄教学类和健身类短片，学生离开课堂可以上网观看，有疑惑可以通过留言与体育老师互动交流，家长也可以对孩子学习的体育技能、健身方法有直观的了解，提高亲子锻炼的有效性。

（六）天然居：亲子类运动场景

大自然魔力场，用亲子自然运动恢复儿童自然生命活力。开放式户外运动充分体现运动情景、运动材料的开放性，儿童在开放的运动环境中根据内容自由结伴、自主构建运动情景，在与材料的互动中促进儿童运动能力发展。每项运动的目的，不是体能挑战、耐力挑战，而是让你的内在情感、大脑思维跟着动起来，每项运动都有它的背景、隐喻、智慧和延伸的意义，让我们在生动有趣的运动中，得到全方位的成长。

运动和玩乐，能为我们创造出充足的与环境互动的机会，充分且恰当地调动了视觉、听觉、嗅觉、味觉、触觉等感知觉，这些富有情感色彩、生动形象的具体场景易提高注意力和好奇心，通过身体和环境的互动，实现全面健康的成长。

二、系统联动：建构身心合一的运动课程

物型课程观照下的体育为运动立心、助学生立命、帮学习砺脑、替成长开道，将通过"环境—社会—心理—工程—生物"的系统联动，建构身心合一的运动课程，把被动、强制、补充式的体育转化为学生持久、自觉、主动的行为。学校内部的"顶层设计"、课程建构、实施方略、评价体系等方面加大体育教学改革的力度，打破校园场地局限，接起成链、叠起成梯、生长成林，形成身心灵合一的"丛林"

体育课程体系（见图3-4），并在学生中形成了"我的课间我选择，我的课堂我喜欢，我的项目我做主"的浓厚校园体育氛围。

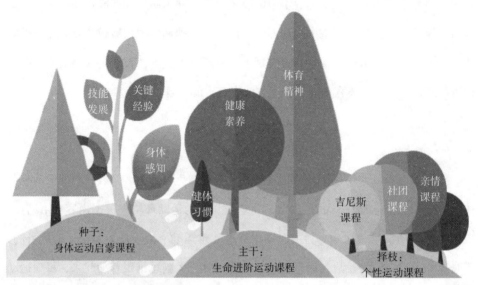

图3-4 身心灵合一的"丛林"体育课程

（一）种子型：身体运动启蒙课程

1. 身体感知运动课程（见表3-1）

低年级，唤醒儿童身体的感知力，认识自己，从与身体的连接开始。通过有计划、有步骤的感知、动作、感觉统合等方面的身体运动训练，有效刺激学生的大脑机能，提高学生感觉的敏锐性与精确性，增强动作的协调性与准确性，为他们的生活和学习奠定基础，整套课程一共是30种不同的基础协调性练习，可以帮助发展中的孩子在不同的年龄阶段，顺应其内在感受、认识和经验空间及自身。

表 3-1 身体感知运动课程

学习重点	主要内容	方法
头部控制活动	1. 头部左右转动 2. 头部上下活动 3. 头部上下左右活动 4. 借助器材和外力的活动	1. 分别在俯卧或仰卧时，依口令将头向左右两边转动 2. 方法同上 3. 俯卧时，抬头并做上下左右活动 4. 借助器材和教师（家长）的活动 ▲ 俯卧在三角垫或其他器材上做抬头动作 ▲ 仰卧被拉起时头部与身体成直线并保持一段时间 ▲ 侧卧被拉起时头部与身体成直线并保持一段时间
发展躺卧运动	1. 仰卧屈腿动作 2. 俯卧撑推动作	1. 仰卧时，左右腿分别做屈伸动作 2. 俯卧时，双（单）手做撑推动作 ▲ 用两前臂撑起头、胸部及上身 ▲ 用两前臂支撑上身，然后轮流伸出左右手触摸或拿玩具 ▲ 用两前臂支撑上身，伸直手肘将身体后推 ▲ 用两前臂支撑上身，屈伸手臂将身体前拉 ▲ 用两前臂支撑上身，向左或右移动 ▲ 用两前臂支撑上身，向左或右直角爬行
发展翻滚动作	1. 侧卧仰卧翻滚 2. 俯卧连续翻滚	1. 由侧卧翻滚至仰卧或俯卧 2. 由仰卧翻滚至侧卧或俯卧 3. 由俯卧翻滚至侧卧或仰卧 4. 由仰卧俯卧连续向左右翻滚
发展上肢自我保护能力	1. 向前保护 2. 向后保护 3. 左右保护	1. 坐在垫上被向前推时能将手向前伸出按垫，避免身体下扑 2. 坐在垫上被向后推时能将手向后伸出按垫，避免身体摔倒 3. 当有来自左或右方的推力时，能用左或右手按垫避免摔倒
发展跑步动作	1. 常规跑步 2. 控制性跑步	1. 依口令进行：▲ 原地跑　▲ 直线跑　▲ 曲线跑 2. 方法同上：▲ 变速跑　▲ 跑步时能控制停止和开始
发展跳跃动作	1. 常规动作 2. 控制性动作	1. 合理运用上肢，依口令进行 ▲ 原地双脚跳　▲ 原地单脚跳　▲ 平地向前后左右跨跳 2. 合理运用上肢 ▲ 垫子双脚上下跳　▲ 垫子单脚上下跳 ▲ 高台双脚并腿下跳　▲ 单脚向前后左右跳 ▲ 双脚跳大蹦床　▲ 单脚跳小蹦床

续表

学习重点	主要内容	方法
掌握平衡技巧	1. 平地练习 2. 平衡木练习 3. 小蹦床练习	1. 注意控制通行距离 ▲ 运用游戏方式，沿着"脚印示意图"前进 ▲ 沿窄直线前进　▲ 沿窄曲线前进 ▲ 将东西放在头上，尽量稳定平衡前进 2. 由低到高，循序渐进 ▲ 在平衡木上练站立、行走、投掷、接球、体操动作 ▲ 在矮平衡木上顶着东西行走（可以单手扶顶着的东西） ▲ 在高平衡木上进行上述内容练习 3. 在小蹦床上做基本动作 ▲ 坐、仰卧、俯卧、跪、站立、转身、行走等
发展攀爬动作	1. 肋木练习 2. 绳网练习	1. 自行上下肋木 2. 在绳网上练习上下动作
掌握踏车技巧	1. 四轮车练习 2. 三轮车练习	1. 坐在车上双脚蹬地使车前行或转弯 2. 踏小三轮车直行或转弯或绕行障碍物

2. 关键经验运动课程（见表3-2）

为了更好地实现强健体魄、养成受益终身的良好运动习惯的教育目的，该课程核心目标指向儿童健康领域的发展，主要涉及平衡协调灵敏、力量耐力、坚持和自主四大关键经验。每一次活动按照班级儿童实际发展水平，选择多个层级的发展目标，尽力实现每位孩子在最近发展区内的成长。

表3-2　关键经验运动课程

行走课程	行走是一种充满诗意、与自然融合、释放身心、凝望风景的运动。可以利用户内外的空间资源，以行走为主要运动元素，在条件允许的情况下，采用学校内行走和学校外行走相结合的方式。其中学校内行走可以充分利用楼梯、环形走廊等，学校外行走则可以充分利用学校附近的社区资源，定期开展。这样的行走活动能够挑战儿童的生理和心理承受力，锻炼其心肺功能，增强耐力和毅力
项目课程	根据班级儿童运动发展的需要和活动实施特点，项目运动主要由教师发起，传承原有的项目运动，选择足球、骑行、定向越野、团队游戏等项目运动，创设一定的运动情境，鼓励儿童在一定的时间内坚持完成一定项目的挑战

续表

游戏课程	在关键经验指引下，自主运动是指儿童自主的运动活动，是儿童基于现有的环境资源进行的创造性的运动挑战以及体能游戏课程。点面结合，有专业的指导，又有课堂的力量普及，还有阶段性课程的延伸。每个孩子都可以通过阶段性课程找到自己喜爱的运动项目

3. 技能发展运动课程

物型课程与体育的融合不仅仅在于场域的建构，而在于在这个物型空间中身体的生长；因此依托设计的物型运动场景，我们不断丰富技能发展运动。

有氧运动项目：慢走、快走、慢跑、滑冰、游泳、骑自行车、打太极拳、跳健身舞、跳绳、做韵律操、球类运动如篮球、足球等等。

生活运动项目：时间——每天累计30分钟以上。强度——适中。这类活动主要包括走路、爬楼梯、骑车上班、园艺活动、家务、逛街、购物等。在这其中最好的是走路、骑车，最好每次能坚持30分钟以上。家务劳动中，擦窗、拖地、洗衣服都能起到不错的运动效果。

伸展运动项目：次数——每周5~7次。时间——6~10个动作，每个持续30秒。强度——伸展至有拉紧感。这类运动主要包括瑜伽、拉筋动作、柔软体操等。

（二）主干型：生命进阶式运动课程

物型课程观照下的体育，旨在开发环境育人、项目育人的课程力量，以物型为载体，通过课程的设计，形成相应的群落，赋予万物以意蕴，真正能立人。因此我们设计了以物型为依托的生命进阶式运动课程。

课程目标：当运动中的生命享受着身体的舒展和精神的自由时，人的成长过程需要的速度、力量、平衡、灵活、柔韧、耐力、创造力、想象力等等都能构建和获得。根据国家课程标准提出的"发展心理与社会适应能力"目标，结合学生实际，提出以"勇敢顽强、敢于挑战、遵守规则、善于合作"作为全体学生体育精神的核心指标，分层制定到各个年龄段，在课程实施中重点落实。

课程内容：各年级学生体质体能测试内容标准每个年龄段有所侧重：低段——体育游戏与健康习惯，1~2 低年级：遵守规则，重视协调性，通过各种运动游戏为今后先打下基础；中段——体育技能与健康心理，3~4 中年级：增加了"保健"单元，在各类运动课程的基础上，还增加了讲义形式的课程；高段——体育精神与健康人格，5~6 高年级：要求一定的纪录挑战。

基础性：全面落实国家课程标准；独特性：制订"3+1"体育学业标准（小篮球、武术、游泳、自选），每个学生小学六年毕业，需掌握至少 4 项体育技能，其中有一项是学生最拿手、最喜欢的项目。

课程实施：系统开发"身体素质课课练"。目前课课练的项目缺乏研究，没有规范，体育组将系统地针对不同的教学内容，根据身体素质练习的最佳发展期理论，按照单元教学的序列，逐课设计并实施身体素质课课练项目，扎实有效地提高学生身体素质。

课程评价：体育组将根据"力量、柔韧、速度、耐力、灵敏"等五项身体素质的最佳发展期，适当参照《国家学生体质健康标准》，设定每个年级的学生体质体能测试内容与标准，引导学生学会检测、学会锻炼。

（三）择枝型：个性选择化运动课程（见表 3-3）

在物型课程的设计中，我们的体育课程是对国家课程的补充，避免其过于统一、宽泛以及系统化，使学校的整个体育教学成为一个灵活的系统，既有国家课程作为骨架支撑，又有具有学校特色的体育课程来进行补充，真正做到以人为本，重在锻炼学生身体素质，培养学生合作、团结、奋进的精神。

表 3-3　个性选择化运动课程

组成部分	表现形式	参与群体
吉尼斯运动课程	趣味运动会： 传统田径项目：跑步、跳高、跳远以及铅球等项目 益智健脑类项目：折纸掷远、魔方、机器人大赛等项目 亲子类项目：亲子绑腿跑、亲子篮球赛等项目 团体类项目：编花篮、其他全班参与的团队游戏等	全校师生
	班级对抗赛：篮球对抗赛、足球对抗赛、乒乓球挑战赛、广播操、健身操团体赛等	全校师生
社团运动课程	包括足球、篮球、冰球、健美操、武术、田径、棒球、板球、网球、游泳、轮滑、围棋、跳绳、跆拳道等十余个社团	全校师生
亲情运动课程	家庭体育锻炼手册： 根据各年龄段学生体育锻炼的标准，制定具体的家庭锻炼内容，培养学生终身体育的意识，养成经常锻炼的习惯，用"体育小贴士"来教授学生和家长体育锻炼的知识和方法，在日积月累中提高其体育素养 体育运动纳入回家作业中。给家长布置作业，每天督促孩子练10分钟。比如跳绳不行，就回家主攻跳绳，有些小胖墩仰卧起坐不行，就要求回家做两组，要日积月累坚持锻炼	全校学生及学生家长
	家校体育与健康沟通平台： 班级QQ群、微信群，并且都有自己的体育教育博客，经常与家长就学生的体育锻炼问题进行沟通，一个立体的家校体育与健康沟通平台已经初步建立	全校体育教师及学生家长
	亲子活动：亲子运动会、亲子自然空间运动、亲子户外体验运动	全校学生及家长

身体教育学的开启，是对物型课程的丰富，让物型课程向形成文化心智和教育意义载体的物象倾斜。以阳光体育为载体，遵照"健康第一"的指导思想，强调实践性特征，突出以儿童生命健康为立场，努力构建较为完整的课程目标体系和发展性的评价方式，重视教学内容的基础性、选择性及教学方法的有效性和多样性，注重激发学生的运动兴趣，增强学生的体能，培养学生的意志品质、合作精神和交往能力等，为学生终身参加体育锻炼奠定基础，促进学生健康、全面发展。

三、量体而行：创构三理相融的运动方式

物型课程所彰显的就是一个科学的整体，从这时起积极参加体育锻炼，采用科学的运动方式，加上合理的营养，充足的睡眠，就可使儿童的身体得到良好的平衡的发展。运动课程能适切不同的孩子、寻找到合适的运动方式，把握物型课程的三理——运动的学理、物理与原理，建构并体现物型课程中因地而异、因人而异、因时而异的运动方式意蕴。(见图3-5)

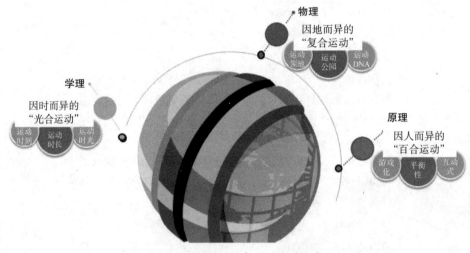

图3-5 创构三理相融的运动方式

（一）学理：因时而异的"光合运动"

1. 有节奏的运动时刻：运动时段的选择（见表3-4）

不要空腹运动，避免发生低血糖休克；饭后不宜马上剧烈运动，最好能间隔1小时；锻炼最好在睡前1~2小时结束，以免影响睡眠；在城镇里，相对早上而言，下午或傍晚运动空气质量好一点，适宜进行锻炼；人体活动受"生物钟"控制，按"生物钟"规律来安排运动时间，对健康更有利。

表 3-4 运动时段的选择

时刻	适宜的运动方式	原因
6:00—9:00	跑步、散步、颈部练习、肩部练习、腰部练习、压腿、踢腿、爬楼梯等	人体体温较低,关节和肌肉最为僵硬,心率和身体被唤醒的程度此时也最低,所以最宜做一些强度较小又需有耐力和稳定性的运动
15:00—17:00	网球、排球、羽毛球、乒乓球和消耗脂肪的有氧运动	体温上升,肌肉的力量和弹性开始达到顶点。下午3:00左右呼吸通道也最为松弛(此时肾上腺素分泌最为旺盛),因而呼吸通畅,这意味着你能吸入更多的氧气,而氧气能增加肺活量,帮助心脏更有效地工作
18:00—20:00	游泳、体操、疾跑、瑜伽、芭蕾、伸展运动或有氧运动	此时间段体温最高,因而肌肉最为柔韧,同时肾上腺素的分泌也达到了顶点,艰苦持久的运动因而变得轻而易举,这将有助于你更快地适应这些运动

2. 有节律的运动时长:运动时间的确定

所有的锻炼都做一遍是不可能的,也没有必要。交叉进行即可,每天可在早上和下午各锻炼半小时左右。运动后应该有 5~10 分钟的放松和整理活动,通过较小强度的运动,慢慢地使身体恢复到安静状态,通常以慢跑、走、拉伸等方式来进行。

3. 有节气的运动时光:运动惯性的习得

灵敏性是指人体迅速改变体位、转换动作、变换身体姿势和方向的能力。灵敏性与人体对空间感觉和时间感觉的能力有关,也与速度和力量素质的发展有关。哪些运动适合青少年广泛参与?调查中,排名第一的是"球类运动"(79.1%),排在第二位的是"跑步"(74.7%),排在第三位的是"游泳"(60.2%)。不适宜的运动项目是拔河、举重、掰手腕。

冬季耐寒训练,用"完走证书"见证成长。"仁勇少年跑向世界"主题锻炼活动,每年"冬季耐寒训练",全体孩子利用早晨到学校的时间或者课余时间,去操场上跑步训练耐力。而冬季耐力跑的距离长短,是根据年级不同进行划分的:400

米一圈的操场，1~2低年级绕操场跑2圈；3~4年级要求跑4圈；5~6年级则要求努力达到5圈。

夏季游泳训练，用"会飞的鱼"通行未来。开展"游泳进课堂"展示活动，体验并参与基本功训练、水上趣味活动、防溺水等课程。经过14个课时的学习，100%的学生能掌握蛙泳的基本技术，完成15米蛙泳考核；98%的学生能在不借助任何辅助器材的情况下完成25米蛙泳的考核。

（二）物理：因地而异的"复合运动"

儿童要想锻炼好身体，必须掌握科学的方法和正确的原则。物型课程倡导合理把握物理空间，根据人体生理的基本规律和年龄、性别、体质状况等具体情况和客观条件，选择合适的项目，并在一定原则指导下，合理安排运动量，有计划地进行体育锻炼。

1. 大课间的运动领地

认真做课间操，课间10分钟应到室外运动一下；大课间30分钟各年级按计划进行活动，保证健康小学生每天运动时间不少于1小时。课间操安排在每天学习时间的中间进行，是对人体各系统、各器官的一次调节。通过课间操，可运动同学们的肌肉、关节，增加肢体血流量，使人体的血流重新分配，并能放松大脑神经，调节人体大脑皮层的紧张度，调整身体姿势、减轻久坐而引起的身体疲劳。

2. 家庭里的运动公园

每周与家人一同参加运动至少1次，开启家庭里的运动公园这一物型空间。同家人一起参加运动，既锻炼了身体，又加深了亲情。可以选择与家人一起参与的有氧运动有步行（散步、快走）、慢跑、打球、游泳、爬山、骑自行车、健身操、太极拳等。

3. 每个人的运动DNA（脱氧核糖核酸）

选择适合自己的运动项目并持之以恒。养成运动的习惯就如同吃饭、睡觉一样重要，不仅能提高身体素质，并且能够预防疾病的发生。要根据自身的身体状况、爱好、居住地的环境、体育设施、作息时间、各自的家庭情况等选择一个适合的、自己感兴趣的运动项目并坚持下来。锻炼身体要有连续性和系统性，只有经常参加体育锻炼，才能不断有效地增强体质。物型课程的要义在于以物唤醒脑，人的大脑中有大量的神经突触，必须通过固定形式的重复练习对这些突触连续进行某种刺激，才能在大脑中形成一整套固定形式的反应，即动力定型。动力定型建立后，运动者就能习惯性地、熟练地完成一整套练习。如果不能坚持练习，已形成的条件反射就因不能及时得到强化而慢慢消退，动作记忆就不牢固。只要选择好适合自己的运动项目，长期坚持，循序渐进，持之以恒，就一定能够达到强身健体、防治疾病、增强脑力体力、提高学习效率的目的。

（三）原理：因人而异的"百合运动"

斯金纳说：人有四个形体，第一个是身体，同于矿物质世界；第二个是生命体，与身体相融合；第三个形体——星芒体，掌管直觉、冲力、喜好、欲望及变化无常的感觉与想法；最高的形体——自我意识体，掌管人的自我，这就是为什么我们优于世上其他的生命体，它赋予我们好奇心，又有自我知觉的优秀能力。这四种形体是组成人的基本要素，这和我们理解人体的物型结构是一脉相承的。

1. 物质体：技能性运动

运动健身基本原理——以人体解剖结构和生理阈值为基准的均衡性运动刺激，动态平衡、安全第一（达阈值）。

2. 生命体：游戏式运动

"运动造就生命"，而体育学就应当是"运动生命科学"。每一个游戏的第一步都是给孩子描述一个充满想象力的世界，并且赋予孩子们各自的角色，他们可能是会魔法的小精灵，可能是被巨人捕获的小羚羊，可能是大象或鲨鱼，也可能是部落里的长老等。

3. 星芒体：平衡性运动

通过身体的运动，探索人体与空间能量的关系，帮助孩子的生命体和星芒体在身体中建构与平衡发展。协助成人通过身体在运动中的自我觉知，建立与高级自我的联系，发展身、心、灵的平衡。

4. 自我体：冥想式运动

这是在人智学理论基础上发展起来的，在华德福学校中高年级普遍运用的运动课程。

因此物型课程观照下的运动方式的设计中，通过"自我"与更大的宇宙空间去连接，通过四元运动，我们照见自己！

第三节　树屋课程：与德国老师一起做工程

当今时代，大人和小孩子都被电子化了。我们的感觉能力随着科技进步而日渐衰退。很多孩子迷失在手机、平板电脑的方寸之间，把自己束缚在"水泥森林"里，忘记了自然才是更广阔的世界通道。孩子们需要自然来开发他们的感觉器官、唤醒他们的感受力、创造力。星河实验小学造物、创物、美物、化物，借助树屋项目来推进学校"物型课程"的项目化实施，促进儿童的身心灵发展。

一、追根究底：与大自然的刹那间分离

自然缺失症，是由美国理查德·洛夫（Richard Louv）提出来的一种现代城市孩子与大自然完全割裂的现象。听起来令人紧张，但又确实存在，造成该现象的原因有：

（一）城市化。全面奔向小康时代已经到来。农民收入微薄，大城市资源聚集。越来越多的人口涌向城市。

（二）飞速化。习主席说"科技兴则民族强，科技强则国家强。"国家发展高精尖产品，科技普及百姓，集中体现在：

1. 各类电子产品快速市场化

从电话到 BP 机，从大哥大到手机，从触摸屏到折叠式，只要你能想到，科技都能为你实现。电子产品快速崛起，幼儿电子手表，各类 APP 等。多彩的画面，动听的声音，互动的游戏，让孩子欲罢不能。朴素的、简单的、本真的自然世界，孩子缺失兴趣，更缺少人"引路人"。

2. 自然环境不同程度被破坏

"不管白猫还是黑猫，会抓老鼠就是好猫。""谁污染谁治理。""绿水青山就是金山银山。"中国发展历程告诉我们，经济唯我独尊的年代转向环保年代。在过去的几十年中，经济发展了，环境被污染了。气候反常，春秋特别短暂，天空雾霾，流感肆虐等，让家长和老师们对于走进自然有所畏惧、抗拒。

二、树屋课程：与德国老师一起做工程

国内外研究表明，大自然对于孩子的发展有着不可估量的意义与价值，亲近自然也是孩子的天性，孩子能从大自然中获得巨大的精神愉悦和良好的情感体验。林间的小孩是最幸福的孩子。苏霍姆林斯基说："当知识和积极的活动紧密联系在一起的时候，学习才能成为学生的精神生活的一部分。"为此，"物型课程"之树屋项目，邀请德国老师一起做工程，以建造之名，联国际之线，系自然之脉，觅物型之魂，得树屋之神。（见表 3-5）

表 3-5 树屋项目课程纲要

单元	专题	主要内容及要求	课时
第一单元 走进物	团队游戏：名字叠罗汉	1. 名字叠罗汉游戏，类似于团建的破冰游戏，帮助孩子们相互认识对方，形成团队意识 2. 有物：阅读绘本《很高很高的树屋》，对树屋形成直观的印象，脑中有物可参照 3. 寻物：思考为什么要来参加此次树屋活动，让孩子明白此次课程的意义，发展审辨思维 4. 创物：绘制树屋，孩子创新，以多种形式展现自己理想的树屋，培养创新思维 5. 精物：所有孩子参与投票选举，选出最受欢迎的前三名树屋，根据投票排名，票数多者胜，进一步增强孩子的自主意识	6课时
	绘本《很高很高的树屋》		
	叩问初心：为什么参加此次活动		
	绘制心中的理想树屋		
	展评，投票，选前三		
	小组合作，根据图纸施工样板屋		
第二单元 创造物	创作自然名牌	1. 利用自然界的树木切片，让孩子拥有自己的自然名牌，亲近自然 2. 对照图纸开始施工，量木头、锯木头、钻木头、安装树屋地板、围栏、美化围栏、大梁等系列工作展开，把劳动教育融入物型课程	16课时
	对照图纸进行真正树屋的创作		
第三单元 欣赏物	树屋成型	1. 完成树屋扫尾工作，进行树屋体验，体验劳动最快乐 2. 颁发证书，形成课程闭环	6课时

备注：在整个课程的推进过程中，评选每日之星，不断肯定和激励孩子向前发展。

在课程纲要的指导下，我们顺利开展树屋项目，在树屋这个物件的指引下，不断培养孩子的审辨思维、创新精神、实践能力、沟通与表达能力以及团队协作。

（一）"十年树木，百年树人"的审辨思维

布鲁姆提出6个教育目标，反映了人类思考和处理信息的路径，其中三个较高层次能力（分析、综合和评价）经常被认为是审辨思维的反映，是应用较早的审辨思维理论模型。

"人人都是领导者"。为了激发孩子潜能，对创想树屋进行展评、投票，根据后续需要选出三个卓越作品，其余评为优秀作品。在可视化"物"的呈现下，在这投票评选的过程中，孩子内心在不断甄别、观察、点评，形成自己的观点和审美等。

（二）"独木不成林"的团队工匠

德国产品质量为什么会闻名于世界？这主要归功于德国的"工匠精神"。为增进国际理解外加了解德国工匠精神，我们决定邀请德国老师来同孩子们一起做工。无论是数据的测量还是角度的测算，都需要孩子们高精度地实施，这又何尝不是"工匠精神"的雏形？

孩子们的世界，对于成人来说，幼稚却又乐趣无穷。有时候只是想挑战一下，为什么明明那么简单的东西，但对于那一双小手来说，却好似登天之难一般；有时候就只是想要一起去参与，看似简单的一件事，做起来却也要花费一番工夫。树屋项目，会带领孩子们实现树屋梦。学习木工基础知识、认知体验、木作实践，不是只享受树木的荫凉，而是自己动手，自己思考，自己流汗。实践中，有的团队思考如何省木料，有的团队商量上什么颜色好看，有的团队提醒队员上色时注意不要把衣服弄脏，有的团队把锯木头手法传授。锯木阶段，如何让木头锯得平整而且省力？如何更高效地工作？遇到不期而遇的困难，如何去克服？"纸上得来终觉浅，绝知此事要躬行。"推进过程中，一系列小问题会不断产生，在这过程中，孩子们没有气馁，而是坚信"办法总比困难多"，每敲下一枚钉子，每拉动一次锯子，每流下一滴汗水，每出现一次笑脸，都是因为他们想要完成心中的梦想，因为他们心中有个美好的"树屋"。

当天，学员星河实验小学三5班的贺浚哲自觉记录下"工匠时刻"：

老师们搬来一大箱工具，有固定夹、小型锯子、大剪刀、护目镜……真是琳琅满目呀！老师一声令下，全班立马如同开水沸腾，有的拿起了锋利无比的锯子，有

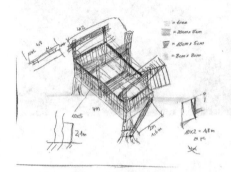

的戴起了手套和护目镜整装待发，还有的已经迫不及待地跑出门外收集材料……各小组有序分工后，开始热火朝天地搭建树屋模型。每一个人都情绪高涨，沉浸其中。三小时后，我们跑到门外一瞧，哇哦，Nico老师（德国建筑学老师）已经在真正的大树干上做出了一个树屋的底盘了呢！我们惊叹不已。

今天的体验让我既感受到做树屋的乐趣，也感受到农民工的辛苦。

通过"热熔胶小王子""和顶级设计师的作品媲美了"等评价可见孩子对于这个项目的热情，也说明他们把工匠精神发挥到了极致。

（三）"向阳花木易为春"的沟通与表达

"近水楼台先得月，向阳花木易为春。"在树屋项目平台上，孩子们唤醒五感，获得了新的发展和认知。视觉：审美上，孩子们对树屋进行装饰，有利用废物桶罐进行画圆的，有刷颜色的，有绘制图案的，总体美观大方，而不是难看或低俗。嗅觉：鼻子也很重要，可爱的吴厚睿为了能让树屋更好闻，更芬芳，更富有魅力，从家里带了精油来给树屋"增味"，让树屋芳香四溢。味觉：树木的香味、汗水的味道、同伴的气味，都会让树屋变得更有意义。听觉：侧重强调语言的沟通与表达。

团队合作时,难免会有沟通与商量,怎样的语言才能让人愉快地接受?如何说才能让对方接受我的建议?我怎么说,对方才能明白我的意思?孩子在与同伴的交流中,不断提升自己的沟通与表达能力,练就"轻声如春风,细语似清荷"之感。触觉:树屋,如果只是方方正正的,那么,想进去观看的人会很少,需要有精致的装饰品,才能夺人眼球。孩子们在制作休闲间隙,觉察、觉知、寻找、改变……不断利用手头现有物品进行改造、再改造,精益求精,使其趋于完美。

(四)"但见树木,更见森林"的蓬勃生长

"这是我们寒假唯一不用学习的活动","小工匠"蒋童衍和孙怡然说。在项目制学习中,自我导向性学习是孩子的收获之一,导师的暂缓评论和鼓励试错,给了孩子们大胆实践,尝试去发现问题并解决问题的机会。适应未来的能力,树屋项目制物型课程学习,能有效赋予。

1. 解决问题的能力

为了保证树屋能正常使用,不被风化,不被雨打,需要刷上防水漆。为了树屋美观，孩子们又涂上了色彩。在涂色涂漆的过程中，孩子们比较尽兴，难免会弄到衣服上。正值羽绒服季节，一抹色彩毁了一件羽绒服，有的孩子很体谅父母，很珍爱自己的美衣，于是想出了新的主意：带一次性雨衣，在刷漆、涂色的时候就穿上，这样，耐脏，又不影响自己刷漆。不得不赞叹：实践出真知。

2. 自信大方的能力

参与这期树屋课程的学生小的才一年级，大的六年级。对大的、小的孩子来说，同堂学习，朋辈相处，都是挑战。第一天，还处于害羞状态。但是，随着活动的深入开展，原本比较内向的孩子也交到了朋友，并且，高年级的孩子学会了照顾低年级的孩子，低年级的孩子也懂得了相互谦让。

3. 强身健体的能力

在物型课程树屋项目中，孩子大大释放了天性，找到了本真的自我。

4. 美好曙光的能力

最后一天，做完"树屋"扫尾工作，孩子们依依不舍，带队老师写下这样一段话："感谢孩子们的喜欢，当他们关心下一次是什么时候带他们玩，还是不是我们这几个老师的时候，我内心真的被触碰到了，一段美好的相遇，想念孩子们，正沉浸在和孩子们分别的伤感中，要缓两天。"老师用情带领孩子朝向美好。未来在学校的每一天，只要看到"树屋"，孩子们定会想起这段美好。

根据多元智能的教学模型，将多元智能领域的观察力训练、数学逻辑训练、语言表达训练、空间思维训练、人际交往训练、自我察觉训练、艺术与创造力训练、身体运动训练等多个方面结合起来，在这次树屋的课程里对孩子们进行全方位的能力提升。我们说物型课程下的"树屋项目"，不仅仅是一个活动，它更是一门综合能力提升的课程。

第四章 公共生活：多感官参与的体验式学习

陶行知先生说："过什么样的生活，就接受什么样的教育。"今日的学生，就是将来的公民。在学校里让学生过一种公共生活，在公共空间里相互联系、相互影响。然而，学校公共生活不是社会公共生活的机械照搬，有其特殊性，应当过以培养学生公共性为目标的教育公共生活，源于师生共同建构对话、交流、合作的公共生活。学生需要老师课堂的知识传授，同时也需要公共生活的滋养。学生只有在公共生活中，运用多感官参与的体验式学习的方法，才能生成核心的公共素养。在星河的儿童创想城里，启其蒙而引其趣：一次次参与、合作、模拟，让学生学会了交往，学会了生活，学会了管理，对职业和岗位的认知有了体验和认识。

第一节 和儿童一起用多感官参与生活

一个人的成长，其实质就是个体由自然人向社会人转化的过程。儿童日常的生活来自特别的物型空间：公共生活，儿童需要在现代共同生活中创建一种新的公共群体感。对于儿童而言，学校公共生活不仅仅局限在班级之内，还在校园公共空间,同时还要把学生的视野从校园拓展到社会。

一、境由心生:抵达心灵的物型深处

(一)公共生活的出场,为物型教育注入新质

蔡元培先生说:"教育是帮助被教育的人,给他能发展自己的能力,完成他的人格,于人类文化上能尽一份子责任。"学生只有参与到公共生活中,才能增强行为能力和公共参与能力。倘若没有公共生活的经历与参与,只有公共生活的理论学习,将无法体会到公共生活的真谛。怎样能够让校园里的公共生活变得精彩纷呈,让师生语言交流活动成为多感官参与的体验式学习?需要我们不断去思考和探究。

1. 好的公共生活,需要师生的主动建构

庄子云:"天地有大美而不言,四时有明法而不议,万物有成理而不说。"万物之间的相生、相连在中国有着深厚而久远的文化基础。作为教师,需要对学生进行积极引导,提出参与、知识、能力方面的要求,给学生创造机会,孜孜以求地点亮教育之光,在有形亦无形的教育土壤中埋下纯粹的基因,对每一个孩子给予适性的教育和个性化的帮助。每一个孩子都在这样的公共空间中,与万事万物发生关联,积极主动参与公共生活,形成和谐的生态关系,这样的公共生活,是需要师生相互交叠,不断自觉主动共同地建构的。

2. 美的教育样态,遇见学生的朝气蓬勃

在星河校园里,这座创想城堡塑造了星河娃的独特,温暖了学生的记忆、实现了学生的梦想。在这里,我们遇见好奇的儿童不断提出自己懵懂的问题,总有十万个为什么等着你;在这里,我们遇见充满想象力的孩子,他们的天马行空总能让你出乎意料;在这里,我们遇见不断创想的孩子,他们创新和创造,改变和改善着这个世界……

3. 心的深刻寻绎，赋能儿童的自我生长

从儿童的成长维度来看，学生与自然、与社会、与自我三个方面构建了儿童发展的广阔空间，从认知、人际、自省三个角度入手儿童发展的核心素养。让学校成为"立体的教科书"，在校园里播撒数百颗种子直至生根、发芽、开花、结果，大自然的博物馆期待每个孩子都能在学校找到自己最心爱的角落。我们创造了角落课程：超轻黏土DIY、蚂蚁工坊、昆虫小部落、火力YOYO、棉花糖萌萌哒、衍纸好时光、魔法小学堂、枪友会、创意手机壳、美食屋、美丽魔法师等是纯"童"打造的原创课程，形成朋辈交往空间以及一园两馆三港四空间的创想环境。我们还与企业、农场、大学、事业单位等签订协议，使之成为学校的课程基地，每月都有半天以上的野外课程，建立实验室与试验地，通过物联网与传感技术进行小课题研究。让学校适应儿童、相信儿童、理解儿童，让儿童不断地发现自我、成就自我！

（二）置身情境地感触，唤醒心中的内动力

1. 置身物型情境的孩子沐浴心筑未来的阳光

在星河的创想苹果园里，孩子们可以自行构建想要的学习生活，和朋辈一起创造美好的未来。星星种植，孩子们绽放自由的童心，聚首探究自然的神奇，在合作探究中体验生命的萌动，聆听生命的拔节，呵护生命的成长，收获生命的喜悦。这里有朋辈之间的相邀、角落课程的会聚、项目学习的纷呈、创想无界的期待。星河校园里的数字体验馆拥有魔力衣橱、时空对话机、数字厨房、环球影院等，时空胶囊留言墙更可以给未来的自己留言，孩子们甚至可以在此进行未来城市规划。这里可以实现与古代智者的对话，可以探索人体科学、力学、声学，可以研究石头、地球、3D打印、宇宙奇观……

2. 置身物型情境的儿童释放剧场表演的天性

"生活即舞台。"在星河拥有一个可以延伸的创想剧场，让学生个性闪亮登场：星河少年说、经典课本剧表演、午间剧场、唱响红歌、爱的节拍公益拍卖活动、舒展个性的童话剧场……每个剧目以学生主体身份建构各自的精彩样式，进行多重角

色体验，弥补传统教育方式的缺失，培养同理心，学会换位思考，提前培养儿童适应社会的能力。经典课本剧对小学低年级儿童的发展具有重要的意义，课本内容的再现和表演，有助于儿童更好地理解课本内容，给有兴趣特长的儿童提供充分展现的机会，从而实现更好的发展。在创意发挥中丰富想象力，提高创造力，每个孩子都是银河中最闪亮的星星！开放剧场舞台，展示新星力量，让儿童用身体在"做"中学，在活动中进行合作性、体验性和探究性的学习。舞台属于所有的儿童，文化、审美的物型设计传递着星河的价值观与教育内涵，这是卓有成效的教育探索。

二、感官体验：构建适切的物型之体

"世事洞明皆学问。"感官体验式学习的内涵因学习的时代要求而变化，但直接经验与反思是其不变特征，通过身体参与，从实践中提取知识。多感官参与的体验式学习、情景式学习、实践化学习，需要合适的生长土壤，构建适切的物型体系。

（一）构建适切的物型旨归，以创想为核心

老师尊重学生的主体地位，让学生自主探究、自由表达，发挥创想力。老师采用丰富多彩的活动方式，注重让学生多感官参与公共生活。力求多元而不失活泼，营造主动积极参与的氛围，老师循序渐进地引导学生眼看、耳听、手动相结合，做到心领神会，可以运用解说导览、自由参观、演示训练、角色扮演、专题讲座、有奖问答、操作实践等多种形式主动学习，老师把授课式和体验式学习有机融合，通过多感官参与赋予学生愉悦的学习体验和广阔的创想空间。

（二）构建适切的物型之桥，以实践为焦点

用物型课程的理念来重构公共生活，你会发现学校围墙也是有着灵魂的飘带的，你会用心去把走廊变成知识的长卷，会把园子变成风景这边独好。多感官参与

的体验式学习，不能仅仅沦为"眼睛课""耳朵课"和"说笑课"。当儿童走进这样的空间，一定要能发现自己与这些"物"相呼吸，不仅仅只是旁观者，而是在身边的万物之间进行体验、探究和互动。真正的学习发自内心、源自兴趣、产自合作，深度的公共区域的交往、合作、分享，一定有积极实践的策略。每一年假期，我们学校挑选专业的老师带队，为学生提供有效的学习指导，开展去芬兰、日本等地的研学旅行，开展上海冬令营等活动，到博物馆、图书馆、田间地头、工厂车间、乡村、社区等开展丰富多彩的社会实践活动，学生有了主动参与实践的经验。

（三）构建适切的物型之景，以体验为关键

我们的教育要让学习不只在课本上发生，而是有更具体的体验。轻负担高质量，老师帮助学生全方位地发展。学生亲身经历自主探索、体验问题、发现问题、解决问题的过程，通过多感官参与的体验实践操作与合作交流，获得基础知识和基本技能，情感、态度、思维实现更好的碰撞与创新。星河实验小学的学生食堂在负一楼，第一次孩子来用餐的时候，问老师："老师，我们为什么要在地下室吃饭？"孩子们会喜欢在这样的环境中吃饭吗？于是一场征集开启了，孩子们在调查问卷中表示期待能在森林里吃饭、在主题餐厅用餐、在童话世界里相遇，于是一场"爱丽丝主题餐厅"改造行动开启了。这是开启孩子们五种感官的过程，独特的城堡、仙境般的场景、营养美食的课程，儿童们全身心、全员参与，孩子们在这样的改造、设计和变形的体验中联结自我，以可用感官接触的媒质为道具、以学生为主体，通过实践体验让学生印象深刻。

三、情境灵动：多感官参与的体验式学习

罗杰斯认为，学习有认知学习和体验式学习两种基本形式。体验式学习（Experiential Learning）是指通过具体的实践、积极地参与来认识世界、发现周围

事物，每一个人都应该成为学习的主角。脑科学研究表明，每一个人的感官如果尽可能多地被调动起来，更多的神经细胞会得到充分的刺激，促进相互之间的友好联结。在物型课程中采用多感官参与的体验式学习，通过各种方式刺激学生多个感官，通过创设良好的教学情境，有效调动学生的视觉、听觉、味觉、嗅觉、触觉，帮助儿童打开自己的身心灵去吸收、去体验、去感受。而每个儿童都有自己相对偏好的感官通道，老师充分调动学生的多重感官，引导学生发挥个体的主观能动性，在个体差异性存在的前提下获得充分认知和发展。

在公共生活中打开物型课程，我们要做的就是激发每个儿童产生体验、发现、实践的兴趣，愿意全身心地投入其中，亲身经历并主动建构。多感官参与的体验式学习会给学生带来全新的感觉和刺激，加深学生的记忆和理解，体验式学习成为一种颇受重视的学习方式。

（一）物型课程体验式学习有四个突出特征

个性化的参与和介入、学习动机的内发、学生自我评价对学生产生渗透性影响，是物型课程体验式学习的突出特征。作为公共生活的物型空间，逐渐会成为儿童体验的田野。在这样的物型空间，不仅仅局限在知识的累积，还有体会审美的匠心、人文的情怀，这些都会给儿童留下情感的烙印、情节的记忆、情绪的密码。体验式学习会在知识与经验之间相互转化，在体验与创造之间不断升级。包括四级阶梯（见表4-1）：

表4-1 四级阶梯

步骤	多感官参与实践的学习策略
实地的体验	案例学习、实地考察、亲身体验、模拟演示
观察和思考	分组讨论、集体讨论、指定观察者
抽象与归纳	多感官参与实践的经验分享和反思
积极的试验	试验室操作、工作体验、实践应用

1. 亲身体验

儿童实时、实地、实景参与到物型课程的体验中，儿童有着明确的目标、明确的方向、明确的线路，采用积极主动、相互合作的方式在具体实境中研究问题、获得知识、产生体会。

2. 亲历实践

丰富而有主题的物型课程为儿童的学习、参与实践提供多个角度、多个思路和多个渠道。老师积极赋能于儿童，调动儿童的积极性和创造性，发展儿童的自我意识和相互交往的能力。

3. 亲构模型

在物型课程中的体验式学习中，通过物与人的交汇、物与物的相遇，不断抽象出合乎逻辑的模型与策略，并能解释拓展运用到新的情境中，解决新的问题。

4. 亲做检验

模型和策略是否具有普适化的意义，会在体验新的相似情境中去验证，在实践中保持一种发展的眼光和态度，形成相应的模型群和策略群。

当前，老师应更多地使用积极的、开放的教学方法，体验式学习的提出顺应了这一时代发展趋势。这种先于学识的体验式学习方式，在课堂中应用时与老师互动使课堂生动、活跃及具有挑战性，学生全程也都是积极主动地参与。

亚里士多德指出："对于那些必须会做的事情来说，在能做之前，我们必须通过做来学习它。"在万物关联的物型空间，提供充分的多元的植物、动物，让儿童进行长期的观察、记录、实践、操作、改进，不断提升他们的实践经验。老师应当以儿童的经验为基点，儿童天生就是实践家，做中学、学中思、思中创，儿童的学习经验始终发生在具体的物型场景中，不断丰富经验，通过实践从经验中学习。并且在这个过程中不断反思、调整、完善，丰富自己的知识、情感、能力等，把握实际操作、结果反思、修正行动三个环节的循环性。

（二）物型课程体验式学习的核心

体验式学习的内容、方式，获得的知识、技能，都来源于真实生活，能够适切地服务于现实生活。当前，学校教育中的体验式学习应以构筑经验和反思学习两个环节为核心。老师以体验为基础的教学，真正实现学生能够多感官参与的体验式学习。多感官参与需要眼、手、口、脑多个感官的协调参与，老师充分调动学生的视觉、听觉、触觉等多感官，让学生在看、听、做中寻找关键信息所在，让学生在思想、情感上产生移情和创造。在星河校园里，通过环境熏陶、课程引领、家庭护航、自治管理，学生自由徜徉在这所没有"围墙"的创想学校，在实践中学会创想、学会合作、学会表达、学会交往，养成端行、好学、健美、乐创的独特气质。

1. 真实情境构筑经验

老师构筑学生的真实体验，包括现实的自然和社会情境，如科学自然环境、职业岗位场景、人际交往沟通和家庭生活情境等，这些都是可以获得的真实体验。在星河校园，我们建有创想银行，拥有星河币满50元的同学即可在创想银行开户。创想银行按照存储金额、存储时间设置了不同的利率和存储方式，户主们可根据自己的需要酌情储存。储蓄业务的上线不仅解决了星河币的保管、储存问题，更为星河娃们的"理财"提供了新选择。创想银行户主们普遍具有较强的储蓄意识，他们在学习生活中，有较好的自控能力，同时也能积极参与各级各类活动和比赛并取得优异的成绩。虽然有些同学还没能在星河创想银行开户，但他们用星河币在星巴克广场合理消费，兑换属于自己的那份快乐与满足。学生能合理支配自己拥有的财富，在储蓄与消费之间找到适合自己的平衡，体验银行交易的真实情境。我们学校还开设了财商素养教育课程，从小培养和提升孩子们的财商意识。

2. 日省月修学习反思

在物境中的体验式学习一定是儿童在身体、情感、知识、感官相互交织，在充分的实践与反思的基础上建构的。老师如果忽视了学生的主体地位，没有进行有效互动和个性化实践，那么就会出现学生的身体看似都在课堂上，但心不在课堂上的情况。老师引导发现式教学，创设真实情境，真正激活学生的身体感官，探索有利于将学生的读、写、听、做等多感官调动起来的方法。让学生身心协调地主动参与学习，让多感官参与的体验式学习真正发生。

在物型场景的体验式学习中，我们可以采用一定的思维框架引导学生进行讨论与反思，针对"体验了什么""经历着什么""得到了什么""为什么这样""如果从不同的角度会怎样"等问题进行交流，让学生充分表达自己的实践经验和感受体会。老师引导学生对亲身实践经历作个性化的回顾和分析，包括对经验的概括、归纳与提升、对学习过程与结果的评价。引导学生描述从经验中学到了什么，并对自身表现、收获、不足进行评价和反思。可以按照艾勒和吉利斯的4C反思模式进行：

连续（Continuous）反思：在每一次物型探究的经验习得的之前、之中、之后采用反思的连续体，激活自己的元认知，形成自我的知识体。

关联（Connected）反思：能把学习目标与物型体验的经验联结起来，能把抽象的知识与鲜活的经验进行联系。

挑战性（Challenging）反思：能在更大的框架中采用多角度、批判性思维审视自己，提出新的假设与新的模式。

情境化（Contextualized）反思：在物型场景中思辨自己的策略是否与实际的情境相匹配，是否就有真实的意义和价值。

第二节 我们的约会：一场自制乐器的音乐会

从一个数学实验到一场音乐剧，学科之间能不能玩跨界？用声音做实验，用舞蹈写日记，是怎样一种学习方式？

这就是艺术创想带来的魔法学堂。

教育是心灵的教育，而非理性知识和认识的堆积，儿童的体验式公共生活如何才能落地生根？这可能是很多老师的困惑。如何调动每个星河娃多感官参与体验式学习？让每个孩子有前进的方向，老师和家长就像长大的儿童一样融入其中，一起去追寻真实的自己，守望真正的成长。"手脑合一"就是改变当前教育形式化、冷硬化生态的好方法，多种感官并用，通过"做中学"提升创造力。让学习以有趣的生活形态的方式呈现，以独特文化、艺术魅力吸引学生迷恋学习。不断提炼学科之美，以学科之美丰润学生心灵。如德育的道德之美，语文的文道之美，数学的思维之美，音乐的韵律之美，美术的形意之美等，最终形成体现物型课程的教学生态之美。教育的本义是引导儿童走向真善美，公共生活作为儿童日常生活的典型化，营造基于生活又超越生活、带有终极追求意义的美的世界，创设适合儿童的审美情境，促进儿童的精神成长。基于这样的理念，我们星河实验小学四（5）班的孩子们开启了一场自制乐器的音乐会。

一、万物皆乐：一次乐器 DIY 的艺术启蒙

什么是音乐？是在妈妈肚子里听到的钢琴曲？抑或公园里的鸟儿鸣叫？音乐对于孩子意味着什么？音乐对他们智力的开发、手脑的配合、美的追求，还有修养的提高，都具有其他学科无法比拟的益处。这个世界用"自然的音乐"向儿童问好，当他们渐渐长大，开始渴望做出回应的时候，他们能够做什么？我们又能够为他们做什么？给孩子创造音乐的氛围和环境，并不一定要花费巨资去购买乐器或是上音乐课程，在日常生活中，利用身边的一些环保材料就完全可以自制乐器，让孩子享受音乐的快乐。

（一）自我定义：激发儿童天马行空的音乐创想力

自制的、没有固定音高的节奏乐器可以用无穷广泛的材料进行制作，能产生

各种各样独特的声音，这会让孩子非常着迷，极大地激发他们发现声音和创造音乐的兴趣。"音乐是心灵状态最伟大的绘画家"。（安勃罗斯语）它不仅以独特的艺术魅力和审美特征给人们的精神生活提供美的享受，而且对改造人们的审美结构，提高人的审美能力和整体素质具有重要作用。据此，自制乐器，依据音乐艺术的审美特点，使儿童获得与天马行空的音乐作品的情绪相一致的内心体验，产生情感上的共鸣，以帮助儿童勾画出与音乐情绪相吻合的心境。小学阶段，在以儿童为主体的音乐教学中，独特的自制乐器把儿童带入一个真善美的艺术天地，使他们接受审美的熏陶，激发其情感，培养高尚的情操和审美情趣，完善人格的构建和整体素质的提高。

通过亲手制作乐器，孩子们自然而然就了解了乐器发声的原理，比如鼓、锣等打击乐器因受到打击时发生振动而产生声音；吉他等弦乐器通过弦的振动发声，通常有一个共鸣箱来使声音更洪亮；箫等管乐器包含一段空气柱，因吹奏时空气柱振动发声……了解发声原理是音乐创造与表达的基础，而已经是成品的乐器，完全无法让孩子们了解这些。孩子通过DIY乐器，可以真正成为音乐的主人。

（二）自由表达：唤醒儿童不拘一格的艺术创造力

DIY乐器的目的并不是为了让孩子成为一名音乐人，而是通过亲手创造这个过程，营造"我在唱我的歌、我在拍我的节奏、我在欣赏我的音乐"这样一种氛围，帮助孩子学会用音乐表达自己。

你看，谁说美妙的音乐只能由昂贵的专业级乐器才能演奏？用生活中的一些废弃材料，也能做出孩子爱不释手的乐器。在正式举办"我们的约会"创想说明发布会后，孩子们就努力去设计推介自己的微观物型文化：海报、服饰、标志、工具等，各显其能，缤纷多彩！

1. 小沙锤

陶轩羽、张致远等同学在塑料瓶里放入豆子、谷粒等内容物，使之成为他们手

中舞动的小沙锤，鲜明的节奏让他们情绪激动，感觉愉快，和着音乐的节奏尽情体验快乐。（见图4-1，图4-2）

图 4-1　塑料瓶　　　　　　　　　　　图 4-2　小沙锤

2. 玻璃瓶乐队

积攒一定量的空玻璃瓶，清脆的声音就会响起，这是孩子们所能感受到的最简单也最原始的音乐。充满创造力的苏畅搬出家里闲置的晾衣架，将大大小小的透明玻璃瓶注入彩色颜料水，高低错落地挂在晾衣竿上，利用玻璃瓶中的水量来区分出不同的音符，奏出天籁般美妙的乐音。（见图4-3）

3. 风铃

朱葛轩、曹宇杰用小糖浆瓶做成精美的风铃，表演时均匀地左右摇摆，清脆

图 4-3　玻璃瓶乐队　　　　　　　　　图 4-4　风铃

的铃音回荡在教室里。(见图4-4)

4. 金属桶乐器

贾沛逸、袁宇彤等又想到一个废物利用的好办法,他们将空的奶粉筒用气球罩住开口处,再用橡皮筋做固定,小鼓槌用小木棍加上软木塞制作而成,快乐的小鼓就敲起来了!陶诗羽把小鼓斜挎着,就成了她可随身携带的腰鼓了。大大小小的金属桶,经过精致的外表装饰,俨然化身成为大家手中敲动的乐器。孩子们还会凑在一起,仔细辨认不同高度不同材质的桶所发出的声音,你知道这里面会有什么差别吗?

"让儿童适应学校"是现今大多数学校的教育逻辑,但我们却在探索如何让学校尽可能满足不同学生的发展需求,努力"让学校适应儿童"。其实感受音乐的乐趣并不一定只能依靠昂贵的乐器和高雅的音乐厅,这些在生活中随手制作的小乐器,就能让孩子们零距离感受音乐世界的美妙,他们此刻就是一个内心丰盈的个体、积极行动的公民,让学生不仅"在场",而且"出场",给了学生更多的表现机会。(见图4-5)

孙宁说:"曾老师带领我们开展的'耳朵的约会'真有趣,无论是前期的乐器、服饰DIY,还是后期的排练汇报演出,都令我们万分着迷。我们真切地体验到了音乐的节拍,也感受到团队协作配合的成就感,看着大家纷纷为我们鼓掌,我真自豪

图4-5 铁桶乐器

图4-6 汇报演出

呀!"陈欣楠妈妈这样说:"在陪伴楠楠自制服装和乐器的过程中,她主动积极挑选和乐器相搭配的礼服,主体性得以激活。和家长之间的合作、探究展开了,孩子的认知和情感融为一体,成长通道向四面八方打开,公共生活得以建构并且不断优化,在整个过程中我看到了每一个孩子呈现的蓬勃样态,感受到了他们的成长。"(见图4-6)

二、物型我秀:一场朝气蓬勃的《耳朵的约会》

在课程建构中,我们从艺术性、生活性、科学性等维度进行设计,形成了人文、科学、艺术创想三个课程维度,于是,一部全新的音乐剧《耳朵的约会》诞生了。孩子们以最简单的物品创造出最不平凡的节奏与能量,开创了完全不同于传统的音乐形态。我们在教室中研究,如同在花园里徜徉,对儿童和老师来说都是一项有创造性的工作。有用废弃易拉罐、奶粉罐做成架子鼓的;有用油漆桶、塑料泡沫做成手鼓的,经过装饰,你还能认出它们吗?用塑料瓶装入小米或细细的沙子制成沙锤,随着音乐的节拍上下晃动,声音整齐、动听。孩子们用声音做实验,用舞蹈写日记,这场跨界融合的音乐剧,为热爱创作的学生提供了一个自我展示的平台;中庭会演,为孩子们提供一个释放个性的舞台,为立志进修音乐的学生打开了一扇通往星空的窗户。每个儿童具身探索在科学的天地间、审美的空间里,每一个儿童具有勇于探究的精神。

星巴克广场上演着的令人惊奇的《耳朵的约会》,即兴动感的演奏风格、精彩震撼的音乐舞蹈,吸引了一批又一批前来观看的星河娃老师们,大家情不自禁地跟着《大梦想家》的节拍舞动双手,现场掌声不断。这种前所未有的演出形态获得了大家的喜爱,成为校园里一道最靓丽的风景线。在这场《耳朵的约会》中,孩子们就是主角,他们人人走上多元表现的舞台,将自制服装穿着要领融合到多种乐器演艺形式中,人人都得到锻炼和成长。孩子们在活动中感受礼仪之美、生活之美,提升了感受生活、创造美好的能力。我们用公共生活教育观照了儿童的成长,生活场域因而具有了丰富独到的教育意蕴，按照主动发展、完整发展、充分发展、个性发展的理想向度重建，孕育出许多美好的希望。

开发丰富而有美感的课程体验，既落实了国家课程的实施，提高了教学效能，也为不同潜质、不同水平学生的发展提供个性化学习的选择和帮助，促进学生全面而有个性的发展。加强校本课程开发，为学生提供丰富的学习素材和多样化的学习条件，形成学生实践创新的有效路径。培养创新精神和实践能力是素质教育的重要内容，是人才成长的关键举措，也是实践学科文化的重要路径。通过加强体验性教学，加强学生对课程的感知感悟，在实践学习中提升认知能力，在实际动手中不断创造创新。一场自制乐器、服装的音乐会让每一位儿童"出场"，他们在情境中全方位地表现自我，无论是创造力还是艺术表现力都得到较多的锻炼与展示。（见图4-7）

图4-7　音乐会

三、审美生成：一次"物我两忘"的音乐意象

何为意境呢？意境，是指艺术作品呈现的那种情景交融、虚实相生、活跃着生命律动的韵味无穷的诗意空间。这是一种诗意和美感，带给人一种精神的愉悦和满足。物型课程调适激发孩子的好奇心，打开世界，而不是把他们压缩到一个小房间里。学校的开阔的物型广场应当是诗意的天地、个性的世界、心性的感应所。空间文化是课堂的延续、补充、拓展。我们学校还希望能在物型课程的建构中拓展学生学习的空间和渠道，丰富学习的载体，强调实践性、体验性，力求让学生各方面素质的发展能科学有机地融合在全过程。

（一）创作中呈现音乐形象

由于艺术都是用形象来表现思想和情感并反映生活与现实的，因此，艺术和美都是感性的，而儿童自制乐器的过程，艺术使用的形象并不是外界客观事物的原型，而是乐器这一独特的物型原型在人的心灵中留下的感觉表象或记忆表象。审美的感受是由感知、想象、情感、思维等要素相互融合的心理过程。而自制的乐器彰显的是"情感的艺术"，其音响与特定的内在情感具有不可割裂的联系，强烈地作用于人的情感领域，使人心驰神往、如醉如痴；使人陶冶情操、净化心灵。

（二）品赏中产生心理想象

通过自制的乐器创编出来的曲子，是一种自由的、自在的表达。音乐是听觉的艺术，它以声音信号为中介，直接刺激审美主体的听觉感官，唤起审美主体的联想和想象，使审美主体得到赏心怡神的美的享受。其声音信号刺激的次数越多，想象越丰富，对音乐意象的认识和理解越深刻、越完美。因此，音乐艺术也是参与艺术，其艺术境界需要审美主体通过听觉的感知，融入主观情感和思想活动，才能真正领略。同时音乐艺术也是宽泛的艺术，它不受视觉的限定，全凭听觉的感知去展开想象的翅膀，在美的立体空间中尽情地翱翔。

（三）创赏中诞生审美意象

在自制、自编、自创、自赏的过程中，抓住儿童的年龄特点，有效地运用联觉，从情感着手，调动好儿童的各种感官，在听听、想想、议议、唱唱、比比、动动、画画、演演的过程中，使全体儿童融入乐曲的意境，积极主动地参与到欣赏活动中去。由于意象是人脑通过想象创造出来的新形象，这个新形象在心理学中就叫"想象表象"，在美学和艺术学中就叫意象。音乐艺术是以时间为存在方式的艺术。在声音流动过程中，表现其起伏不平、丰润多彩、从部分到整体的音乐意象。它不像绘画艺术那样，直接再现生活情景，以整体的形式和意象进入人们的视觉。

根据物型课程体验式学习的需要,我们应该积极变革教学组织形式,改变以讲授为主的教学方式,加强教学中的活动设计,把多感官体验的公共生活融合到教学活动中,创设多元互动情境化的体验,让儿童身心脑灵合一,让每一个学生都能在活动中进行合作性学习、探究性学习和体验性学习。基于学生的现实性,并着眼于学生的可能性而展开,体现学生"最近发展区"的要求,不是简单重复一些愉快的体验,而是让学生能够通过自己的努力攻克难关,品尝成功的喜悦。

我们的公共生活因为儿童体验式学习生态真正立体鲜活起来,有温度,有故事,有生长。通过建"场域",在"场遇",成"场育",在产生心流涟漪的美好遇见中,我们都看见了诗和远方。

第三节 我们的节日:
双胞胎日、门票周、电影日、帽子周、小丑周……

在场学习强调在学习过程中身体与大脑的协同参与以及与环境的交互作用,是对传统离身学习的颠覆和突破。倡导运用物型环境将研究性学习和体验有机结合,重视情感体验和思维品质培养,这正是学习方式在创设的物型环境中的体现和探索。因此,通过充分挖掘在场学习的研究来进行学校活动的设计,对于转变学习方式、落实课程目标、实现深度学习具有积极意义。

常州市武进区星河实验小学先后设计了各种体验周、体验日,如双胞胎日、门票周、电影日、帽子周、小丑周……通过设计基于在场学习视角的小丑节案例,探索在场学习物型课程的模式,以期促进课程的有效、深入开展。

一、设计在场：物型情境下的体验周（日）模式构建

通过身体与环境的持续互动，外界的物理刺激引发了学习者的身体感知，并经由感知、记忆、思维等认知过程引发大脑的心理反应，学生对认知过程及其结果进行主动反思后，再通过身体产生特定行为作用于外界环境。由此可见，在场学习是一种"学习中行动—行动中反思—反思中实践—实践中建构"的螺旋式上升过程。

在具身认知理论指导下，在场学习是学习者在具体的社会实践活动中，通过身体与环境的交互而产生心理与情感的变化，进而引导学习者身体产生反应的一种新型学习方式。（见图4-8）

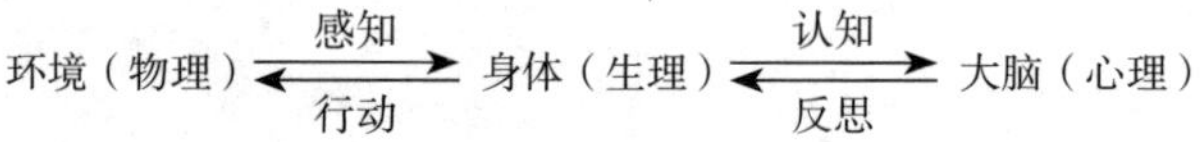

$$环境（物理）\xrightleftharpoons[行动]{感知} 身体（生理）\xrightleftharpoons[反思]{认知} 大脑（心理）$$

图4-8 具身认知

体验周倡导学生走进真实的环境，在实践中体验和感悟，从而获得知识和经验。本小节探索在场学习，将具身学习理论用于指导体验周活动，构建体验周活动模式。

具身思维。学习过程发生于一定的文化环境中，从环境的嵌入性、认知的情境性和涉身性出发，在活动的准备阶段，教师分析学生所处的具身环境，根据环境特点拟定情境主题并设计活动目标，使其具备活动中基本的身体条件和活动意识。

设计思维。设计体验周活动具有体验性和生成性。体验性表现为身体与环境的持续交互作用，由于学习环境具有复杂性和开放性，学习者的认知不断发生冲突与重构，从而推动学习目标的动态生成。此外，实践还具有反思性。反思是对直觉行动的理性思考，有利于促进学习主体认知的意义建构。体验周中，教师引导学生进行充分的感知体验，鼓励其积极思考、主动提出问题，并为学生提供及时反思的机会和工具。

平台思维。体验周倡导学习者通过表达和交流外显自己的学习体验，在与他人

共享经验的过程中完成认知内化。因此，体验周的最后阶段师生对学习成果进行总结和评价，以促进活动中教与学的改善，达成最优具身学习效果。

二、学习在场：物型课程中"我们的日"范式建构

附：基于在场学习视角的"小丑周"案例设计

【活动背景】

"认识人民币"是源于生活、应用于生活的课程，我们将此课程与国际理解教育的"小丑文化"相结合，以培养孩子的好奇心、想象力和创造力为导向，以COCOCITY的商场平台为物型环境载体，走出教室，走出学校，转变教与学的方式，努力为孩子提供更加自主、更有个性的活动环境，开展户外体验的主题活动课程。"小丑周"旨在让孩子感知小丑文化的内涵，运用自己赚取的钱币进行消费，让孩子能懂得元角之间的进率，养成一定的消费观念，进一步培养财商。

【活动目标】

1. 通过活动认识人民币，了解元、角、分之间的关系。

2. 通过模拟购物、参与活动，使孩子体会人民币在社会生活中的功能和作用，感悟人民币与现实生活的联系。

3. 了解小丑文化，通过丰富的活动，扩大孩子的民族文化视野，提升孩子的学科和人文素养。

4. 通过活动使孩子从小懂得合理使用零花钱，并懂得爱护人民币。

【准备工作】

老师：确定主题

孩子：

1. 每位孩子在老师指导下完成各类需要出售的作品。

2. 每位孩子通过学习、平时表现赚取人民币。

3. 训练活动内容，游园规则说明、礼仪教育。

4. 每位孩子了解小丑文化。

【活动过程】

1."我想我秀"

孩子思考认识人民币的方法，进行小组讨论，并在班级范围内与其他小组的孩子分享经验。

2."你说我猜"

通过趣味游戏及竞赛游戏，使孩子能够在短时间内对人民币有所认知，强化对不同面值人民币的视觉认识。

3."最强大脑"

以竞赛的方式让孩子自由回答问题。

设置题型如下：

22角等于（　　）元（　　）角；

一本书3元，我要买两本，共（　　）元；

我有2元钱，买了一支笔花了1元3角，还剩下（　　）角；

……

人民币的兑换与应用以竞赛的方式开展，题目更具有针对性，聚焦于元与角的换算，能够让孩子在竞赛中练习关于人民币换算的题目，提升孩子换算练习的兴趣。

（一）嵌入式体验，赚取"乐学币"

小朋友在学校主要进行学习活动，而对他们来说，持续过多的学习往往会使他们感到枯燥和乏味。他们需要在文化环境中熟悉和实践学到的知识，需要在感性的世界里释放自我，从而提升理性的思考能力。通过赚取乐学币让小朋友们在丰富多彩的生活中学习，激发小朋友内在的学习动力，为小朋友思想品德的成长提供生活经验的积累，促使小朋友在班级活动中健康成长。

1. 统一性原则

在活动中,班主任把班级乐学币激励机制分享给各任课老师,统一评价方式,这样做不仅给任课老师带来方便,也是在关注小朋友的全面发展。老师采用统一的评价细则,让小朋友赚取乐学币。评价细则如下:(见表 4-2)

表 4-2 乐学币评价表

乐学币评价细则(奖罚分明)			
	习惯	奖(学币数)	罚(学币数)
听课习惯	课前提前准备好学习用品	1	2
	善于思考、积极发言	1	
	能保持注意力集中	1	2
	会做课堂笔记	1	
作业习惯	及时上交作业	1	2
	书写工整、卷面整洁	1	2
	及时改正错题	1	2
	经常使用错题本	1	1
	阅读	1	1
	预习、背诵	1	1
生活习惯	收拾好书桌和书包	1	2
	坚持每天锻炼身体	1	
	讲卫生	1	2
身心健康	诚信与宽容、为他人着想	具体情况具体分析	
	自我调节情绪	……	
	做操有精神	……	
	运动会挑战自我、勇于拼搏	……	
其他	单元测验95分以上	5	
	学习能力竞赛十佳少年	20	
	进步奖	10	
	师徒互帮互助	1、5、10、20	根据具体情况相应扣除
	会合理利用时间	2	

2. 整体性原则

活动坚持月底人人有收获。老师的出发点是整体发展,不能让任何一个小朋友掉队。坚持再这样的原则:用放大镜看小朋友的优点,用缩小镜看小朋友的缺点。让小朋友体会到老师的欣赏和关心,坚持先感化再转化。

经过两三个礼拜的体验,小朋友们各个成为"小富翁",同时也帮助他们认识了人民币,学会了元角分之间的转换,见图4-9。

图 4-9 认识人民币

(二)网络化学习,感知小丑文化

立足国际视角,文化共享。构筑学科渗透、专题课程、主题活动"三位一体"的"国际理解教育"课程架构,在引导小朋友主动探索学科领域"国际理解"内涵的相关实践中,达成民族精神、规则礼仪、科学素质、人文素养的课程培养目标。在国际教育视域下打造的"小丑乐悠游"体验活动课程,为促使小朋友们对小丑有进一步的认识与了解,在学园课中,老师们带着小朋友从小丑起源历史文化到小丑五官服饰特点,经历了一次国与国时间空间上的文化穿越。在美术课中,小朋友们捏小丑彩泥,画小丑面具娃娃,更和爸爸妈妈一起制作小丑娃娃。通过丰富的课程活动,扩大了小朋友的民族文化视野,提升了小朋友的学科和人文素养。我们进行了以下小丑文化的学习:

1. 小丑历史

小丑原是古时欧洲宫廷的重要角色。他们得负责令君王一笑忘却千斤国事，还得负责提醒他们不忘使命重拾职责。英国国王亨利八世殿前的威尔萨默斯和亨利八世的女儿伊丽莎白一世身边的塔尔顿，都是欧洲家喻户晓的小丑。然而伴君如伴虎，小丑的职责虽只是逗乐，但必须有过人的巧舌和机智，一旦失败，要面对的不仅是耻辱，甚至是死亡。

2. 小丑分类

据介绍，小丑分3类：白脸小丑以特技表演取胜；诙谐小丑特点是行为滑稽；性格小丑以孩童般单纯的思维面对世界，著名的默片演员卓别林就是典型代表。不过今天的小丑可不用担心被砍头，欧洲各国政府也很支持小丑艺术。

3. 小丑表演

小丑表演分为许多种，例如一些小丑的特长是腹语和演哑剧，而另外一些小丑则擅长弹奏乐器或者跳舞。小丑的表演不仅仅是思想的反映，而且还有哲学内涵。

4. 小丑妆容

在美国，小丑似乎是一个自发的职业。他们只需要弄破一些气球、把脸画花、戴上些五颜六色的假发，人们就会被逗乐了。

（三）情境式实践：乐学币遇见小丑节

打造思维模式，培养财商。随着经济的飞速发展，财商教育越来越受到全社会的重视。财商、智商与情商已经被教育学家列为"三商教育"。现阶段，一年级的小朋友们正在学习"认识元角分"，在活动现场有小丑商店、小丑表演、小丑游戏、小丑照相馆、人体彩绘、魔法药水等一系列丰富的游戏体验项目。小朋友们亲手制作各色手工艺品，设计各种好玩的游戏，从确定市场商品、取摊位名、设计广告、宣传促销，到现场管理经营，这一系列的过程小朋友都参与其中。下面，且随着"小丑周"系列课程，来了解小丑乐悠游的打开方式吧。

【制造商品】班班爱创造

每周五的学园课时间，老师们就根据小朋友的活动内容忙活开了。卡梅拉中队每位小朋友成了会表演的小丑；大脚丫中队每个人成为魔法师，练起了神奇魔法秀；豆豆中队玩转趣味魔力球；玛德琳中队研制泡泡；斑斑虎中队画起了人体彩绘；彼得兔中队制作手工艺品，准备套圈圈；小王子中队研究起了鸡尾酒，还调制魔法药剂……在老师和小朋友们以及家长们的共同努力下，做到了班班有主题，班班不重样，见图4-10。

图4-10 班班爱创造

【游园活动】小丑乐悠游

1. 摆摊

小丑节当天，班级里需要摆个摊，小朋友和家长在一两个星期里就一起构思，在当天早早地去了商场摆放，见图4-11。

图 4-11 摆摊

2. 看秀

小朋友们看了一场小丑秀,变个傻傻的魔术,吹个长长的气球,耍个酷酷的杂技。引得全场都兴奋起来,鼓掌、欢呼、呐喊、惊叫,笑声不断,见图 4-12。

图 4-12 小丑秀

3. 体验、购物

活动启动:各班派一名小小朋友打扮成小丑,进行现场的宣传,"银行行长"发言。

过程:小朋友根据课程单进行游戏,填写相应表格。

每个小朋友都需要有展示与游戏的经历,将小朋友分为 N 组,一名老师或者义工带领一组,做好分工,如收银员、表演者、推销者、拉拢人气员等,每 15 分钟换一批。

礼仪要求：不大声喧哗（违者罚款1元）

不奔跑

有序排队

安静等待

（见表4-3）

表4-3 班级展示内容

班级	名称	规则
一（1）	会表演的小丑	规则：1. 小丑抛球球，两球抛接3次不掉地，即可获得奖品 2. 小丑模仿秀，模仿小丑做滑稽动作，逗笑观众，即可获得奖品 3. 小丑长鼻子，顶着气球走3米不掉落，即可获得奖品 价目表：每个项目5元
一（2）	"神奇魔法秀"	规则：和魔法小丑学习魔术表演（10元/次），登台表演获得观众掌声者，可参与抽奖活动（设惊喜奖和参与奖）
一（3）	玩转趣味魔力球	1. 5元一次5只球 2. 站在一米围栏外投球进桶，5只全中可得一次免费抽奖机会 3. 投中3只球可2元抽奖一次
一（4）	奇趣泡泡屋	1. 魔幻泡泡秀5元一次 2. 多样的泡泡（不同形状器具吹泡泡）5元一次 3. 泡泡的聚会（合作竞赛项目，两人参与5元） （参与以上任意一项赠送神奇泡泡水一份，单买2元一份）
一（5）	人体彩绘	10元区　15元区
一（6）	小丑商店	5元区　10元区
一（7）	小丑照相馆	规则：只要5元就可以随心所欲拍出最酷的自己
一（8）	小丑套圈圈	规则：站在一米线以外扔圈圈，套中奖品即可领走 价目表：5元五个圈，满10元多送一个圈
一（9）	气球妙妙屋	1. 造型气球（小狗等）5元一只 2. 运气碰碰球（用气球里的纸条兑小奖品）5元一次
一（10）	魔法药剂屋	1. 纯色饮料5元一杯 2. 混色饮料10元一杯

小朋友们在收获满满的日子，尽情花着自己挣来的钱。很多小朋友的袋子里都装得满满的，一下子买个四五袋酸奶，或者去画了个小花脸。也有的小朋友居然还不舍得，只花了10元，买了一瓶魔法药水，见图4-13。

图4-13 消费体验

4. 盘点、总结

各中队将所赚取的钱币存入银行，当场数出金额，评选"星河赢利王"1个，"星河商业奖"3个，"星河人气奖"3个，"星河表现奖"3个，颁奖。

各小朋友根据课程单算一算自己花掉了多少钱，看看哪里做得好，哪里做得还不够，整理出一份总结报告可以作为其他小组的行动指南。（见图4-14）

图4-14 盘点课程单

【心得交流】

分享家长和小朋友语录：

"每当小朋友手捧着自己靠平时优秀表现获取的乐学币，用最期盼的眼神等候着小丑乐悠游活动的时候，那种兴奋和幸福也只有我们小朋友能够体会到。这个活动就是属于我们的一次盛大的节日，我们能够充分地体会用自己辛勤的付出而获得回

图4-15 小丑节奖状

报的满足感，同样也能体会到老师们和家长们对我们学习的认可和用心的付出。"
（见图 4-15）

——一（8）向怿夫

"个个小朋友收获满满，那种喜悦可能超过我们大人们拿到年终奖的喜悦程度，因为那是他们通过自己的努力和自己再一次运用智慧后兑换而来的丰硕劳动成果……"

——一（5）戴佳桦家长

"咱们举行'小丑乐悠游'活动的时候，小朋友们就如同享受着一次盛大的节日一样，每个小朋友脸上都洋溢着幸福，而这时协助举办活动的每一组的家长们也能真切感受到小朋友们那种幸福和成长的味道。在家长们的精心准备下和小朋友们的热情参与中小丑乐悠游就这样完美地进行着，其实每个小朋友都是一个优秀的个体，关键在于如何激发他们内在的潜力，只要有了正确的方法和用心的培育，每棵树苗都能成长为参天大树。在咱们班，小朋友有乐学币伴随成长，我们家长就能感受到每个小朋友成长的力量。你会真切地体会到不论是哪种小朋友，乖巧的，调皮的，听话的或是有个性的，都会随时爆发小宇宙，随时出现让家长们意想不到的进步和成长。如果说小朋友们的成长是一个自然的过程的话，那么'乐学币'就好比给予小朋友们成长过程更多的阳光、空气和水分，让他们更高、更快、更强地成长起来。"

——一（1）王世玄家长

"活动挺有意思的，小朋友可以走出课堂来锻炼一下。把课程融入生活中这样的一个形式，会比课堂上老师的讲解更容易被了解和接受。"

——一（4）廖浩瀚家长

【老师的话】

1. 激发小朋友的求知兴趣，促使其把外界的刺激内化为个人的自觉行动，促进小朋友良好习惯的形成小朋友这样描述：

老师发明的这样秘密武器，不是只有学习成绩好就能获得的，而是要在每个方面都尽可能努力做到更好，全面发展才能通过各种方法获得乐学币。

每天早晨准时到校，安静地在教室专心阅读，老师就会奖励乐学币，大家都会被这种良好的阅读氛围所感染，慢慢养成阅读的好习惯。

上课时专心听课，积极发言，这样老师又会给积极发言的同学奖乐学币，我们慢慢还养成了认真听讲和积极发言的好习惯。

每天课间休息时，如果有同学遇到困难时，老师同样会奖励乐学币给那些主动去帮忙的同学，大家慢慢又养成了助人为乐的好习惯。

每天阳光体育后，老师布置了作业，很多小朋友都会争取用最短时间将作业做到最好来获得乐学币，这样我们又养成了自觉主动完成作业的好习惯。

2. 收获了越来越多的除学习外更有价值和意义的东西——感恩与分享

分享活动现场小故事：

就在小朋友们都非常踊跃参加活动的时候，发生了一件让老师和家长们都为之特别感动的事！小欣得知身边的小念非常想买一个发夹送给妈妈，但自己又因为学币不够而万分着急的时候，小欣慷慨解囊，把自己的学币给了小念帮她买到了发夹来送给妈妈，当时小念同学激动的心情溢于言表！这么小就已经懂得无私地拿出自己的东西与同学分享，这样得到的快乐就变成双倍甚至是更多的，将本来只属于自己的快乐同时带给了身边的同学，便将快乐变成无限大！这也印证了一句话："孩子是父母最好的老师，家长在陪伴孩子一起成长时，自己也学到更多更具价值的东西。"大家感受到小朋友们那颗懂得感恩的心以及乐于分享的情。

3. 为小朋友思想品德的成长提供了生活经验的积累，培养财商意识

小小售货员、小小推销员、小小理财师……小朋友们在活动中亲身接触各种人、经历各种事，从而获得生活经验的积累以及增强对事物的判断能力。小朋友们也逐渐懂得了：做自己该做的，才能得到自己所期望的。

教育小朋友的同时也是和小朋友一起成长的过程，这过程中有烦恼、有疲惫，但更多的是小朋友们的成长给我们带来的幸福、感动和满足，一如这有魔力的乐学币永远在我们心头飞扬。

三、策略在场：物型体验中"元认知"的过程连接

（一）引导在场体验，启发目标生成

学生与学习环境通过在场实现融合，强调学习者在学习环境建立的综合空间中，身体和心理的共同参与。"小丑周"中场域由位于学校百米外的课程基地COCOCITY构成，商场提供小丑舞台、购置平台，既有助于学生整体感知小丑文化，也串联了丰富的人文社会环境，利于学生对小丑文化以及人民币的使用进行充分感知，获得"在场"体验。教师指导学生购买记录表格开展活动，加强认知活动的目的性，提高学习体验效率。

在场学习不仅是一个感知体验过程，还是一个目标生成过程，学生和教师在与环境的持续互动中不断修改和建构目标。为引发活动目标的动态生成，教师不仅要做好问题预设，还要善于捕捉问题生成点，通过交流讨论引发学生持续的思维活动，如"自己获得了20元时，面对琳琅满目的商品应该如何合理消费""这么多活动都想参与，如何合理做好时间安排"等问题。

（二）重视及时反思，强化认知过程

整个体验活动中反思应具有及时性，反思与行动持续作用，能不断促进学习者认知的发展。反思是结构化的，即通过一系列问题或特定的情境等促进学生深入、系统地内省，因此反思工具不仅要有助于外显学习者的思维，将其结构化思考、理解性记忆和自由式联想可视化，还要有助于描述学习者的经验，再现其所见所闻、行动过程和学习结果。从反思的及时性和结构性出发，以体验周课程目标与具身评

价要点为评价项目，结合评价内容与反思记录，笔者设计了个人反思评价表，学生需在每一主题活动结束后根据实际表现填写，作为自评结果。（见表 4-4）

表 4-4 个人反思评价表

填表日期：　　　　学生姓名：

评价项目		评价			反思记录 我需要努力的地方
		总是能做到	有时能做到	较难做到	
实践内化	能通过努力赚取乐学币				
	能够积极主动思考，改正缺点				
	运用学科知识认识人民币				
价值认同	能理解、尊重小丑文化				
责任担当	积极完成小组任务，勇担重任				
	能与组员有效沟通并达成共识				
	有团队意识，能维护集体利益				
身心健康	能遵守规则，不喧哗不吵闹				
	主动创新作品，善创乐创				

注：每项评价内容满分为 3 分，总分 27 分，学生根据实际情况做出评价，其中"总是能做到"赋 3 分，"有时能做到"赋 2 分，"较难做到"赋 1 分。

（三）组织经验共享，活动总结评价

在活动中，学生既是学习主体，也是物型环境中的重要构成部分，学习者间的互动过程能够促进有意义学习的发生。因此，学生在完成认知的内部建构后，需将自己的活动经验在班级内进行展示交流，共享学习体验。活动结束后，各学习小组整理活动资料、撰写研学报告，并在班级展示学习成果，进行活动评价。活动评价由个人自评、组内互评与教师评价组成，自评和互评为形成性评价，自评侧重个人的学习体验过程，互评侧重个人在小组活动中的参与度和贡献度，教师评价为总结性评价。

(四)利用物型环境,提升学生在活动中的体验感

与传统学习活动相比,在场学习更关注学习者的活动状态及身心投入程度,因此在设计活动项目时,要注意提升学生在活动中的体验感,使学生将真实情境中的外显行为与感知体验内化为个人认识,进而促进认知的发展。提高学生体验感的途径有:精心创设物型环境,提高学生的探究欲与好奇心,从而调动学习的积极性;开展合作学习,学生在团体中参与研究性学习,不仅能提高活动的参与度,还能增强学习的成就感与集体荣誉感。

(五)借助物型环境,为教学目标的生成创造条件

在场学习的目标是学习者和教师在与物型环境的互动中持续、动态生成的。因此,在活动中,教师应在预设一定活动的基础上为学生生成并解决问题创造条件,如营造平等、和谐的活动氛围,便于师生双方在互动交流中实现生成式学习;为学生预留充足的体验交互时间以促进意义生成,鼓励并引导学生关注物型环境中的体验感。

在"物型课程"理念下,以学科教学为基线,以物型环境为载体,基于"核心素养"的联结,儿童在学校中的一切经历都是课程。我们的课程目标就是培养具有规则礼仪、科学素质、人文涵养、国际竞争力的"世界小公民"。

第四节 一家开在星河里的果果银行

2018年有一部现实主义题材的电影——《我不是药神》票房过亿,收获了几乎零差评的豆瓣高分。于是乎,网友模仿编写了一个《我不是教神》的剧本,在"今日头条"一经刊登,便收获上千条留言、数万点赞。该剧本所描述的内容皆出自教师日常,真实地反映了教师的职业困顿,家校的尴尬处境,师生的紧张关系。

那么，是什么在阻碍师生间亲密关系的建立？是升学的压力，是单元楼的封闭，是现代人的快节奏生活……这些无法回避的真实的、客观的阻隔，让老师和学生忙于应试，且很少能在生活中见到彼此的样子，便也不会在校园之外的场所发生什么故事，产生除尊师重道之外的其他情感。若一位老师邀请学生来家里做客，会被揣测别有用心；如果一位老师仅指导几位学生在校外完成一个课程项目，会被指责偏心。但如果这只是老师和学生玩的一个游戏，是双方相互选择的结果，这些担忧是否还存在？于是一个独特的物型空间，开启了一系列的物型课程，重构了彼此间的师生关系。

一、破冰，将关系变成游戏

2018年3月，星河实验小学星河币发行启动，在星河实验小学的星巴克广场有了一家开在校园里的银行：果果银行。至今，已良性运营一年多。星河币由学校每周以额定的数量发放到各班。再由班主任根据本班的规章制度酌情奖励给学生，而每个月的兑换制度均精心设计，在学生中颇受欢迎。如图，4月份星币进行纯粹物质兑换，5月份可以兑换各种校园生活，6月份可与老师兑换假期的心愿。（见图4-16）

在物型课程的设计下，老师根据学生的心愿填写心愿卡，制作成海报，供学生挑选购买，老师与学生之间的互动竟然可以成为"消费品"。这场兑换跨学科、跨

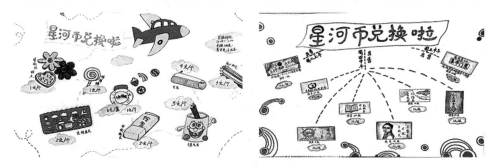

图4-16　星河币兑换

班级、跨年级在学校小广场火热开市。看 6 月份的兑换现场就知道,这款物型"产品"有多么火爆。它的受欢迎程度也从侧面反映出,学生渴望与老师发生亲密关系的愿望有多强烈。随着暑假的到来,师生互动温馨上演,学生、老师、家长都非常欢迎,当地媒体也争相报道,见图 4-17。

图 4-17　兑换现场

你以为孩子只是在做交易?其实这是在发展人际关系,而这次交往的对象是老师。和谐的人际关系是通过自由选择伙伴、长期自由交往、对话、活动的过程而建立的。通过一个学期星河币的兑换活动,我们为孩子创造了一个自由、开放、和谐的贸易市场。环境积极友善,一切发生得都自然而然,孩子和老师相互尊重,平等交易。

二、倾听,发现学生的真实心愿

在和孩子建立亲密关系的过程中,"倾听"是一个拥有魔力的词。孩子会用语言、表情、身体、文字向我们述说,真诚地倾听才能走进儿童的心灵。孩子希望和老师发生些什么?见表 4-5。

表 4-5　学生心愿征集

低年段	睡一下老师的躺椅;和老师共进午餐;和老师合影;老师请我吃个冰棍……
中年段	去老师家做客;和老师一起散步聊天;和老师打羽毛球;参加老师的婚礼……
高年段	邀请老师到家中做客;做一天班主任;一起去武进图书馆看书;免做一次作业……

这些物型的世界是不是天马行空？你想也想不到，孩子都是极聪明的，他们会掂量着这些心愿在不在老师的承受范围内，是否会被老师采纳。又因第一次写，不知道分寸和边界，因此心愿征集券写得都很有分寸，偶有几个特别新奇的，也讨巧地在征集单上画了个灿烂的笑脸。好似在说，老师你随意哦！

一把躺椅放在角落只能是物体，但是在这家银行的运营下，显然成为物型，并有了课程。希望睡一下躺椅，是否因为睡得不舒服？上了小学之后，幼儿园的小床没有了，很多一年级的孩子还是渴望能躺着睡。于是张老师想，桌子可以拼起来，图书角的阅读区可以利用起来，还可以让孩子们带瑜伽垫……其他教室的午睡是趴着的，他们教室已经实现了全员卧躺式的睡法。想做一天班主任，是否对班级管理有自己的思考？想和老师聊天，是否有心里话想和老师分享？每一个心愿都在折射师生关系，在暗示路径方法。每一个儿童都期待得到爱，得到关注、赏识和鼓励。如果我们真诚地倾听，就能听到孩子的需求，能看清彼此的关系。

当我们以极大的耐心去倾听儿童的心声时，儿童也会以更强烈的好奇来倾听我们的声音。因为教育就是一个人格感染人格、智慧孕育智慧的过程，是师生共同成长、相互成就的过程。"倾听"是彼此的修炼，修炼中便有了新的物型课程的叠加，你看看在新的物型课程中，老师希望和学生怎样互动，见表4-6？

表4-6　教师的兑换项目

孟亦萍	教你编一个放咸鸭蛋的网袋
姚君丹	一元城市生活体验；新天地陪伴晨跑5次
朱晓萍	一起玩真心话大冒险；到我家做客；一起读一个英文绘本故事
卞丽萍	帮你编头发；和我家小朋友合宿
张蝶嫄	教你一个好玩的编程；学习做一个3D作品
潘香君	一起打羽毛球；和老师一起开展数学小实验
李　向	自由选择座位一周；与老师一起去图书馆看书
潘旭兰	帮助解决一件最头疼的事；一起做义工

续表

陈 益	一起制作手工蛋黄酥;照顾教室绿植一周
徐媛媛	和老师一起抓娃娃;晚饭后一起去公园散步
……	

"原来老师这么好玩!"

"还可以兑换这些项目!"

"我的老师还有这样的本领!"

…………

(见图4-18)

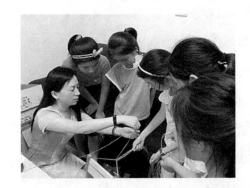 

图 4-18 兑换项目

显然,老师们创造出来的物型课程中兑换的项目超出了孩子们的期望值,给了孩子们一个大大的惊喜。他们发现老师原来和自己一样是个娃娃爱好者,和爸爸一样喜欢运动,和妈妈一样拥有"非一般"的厨艺……这样的老师真是太可爱了。人们往往愿意和熟悉的人、拥有相同特质的人建立亲密的关系。老师们为了兜售自己的商品,极尽所能地宣传。当越多的学生来购买你的商品,说明你在学生中的受欢迎程度越高,也意味着和他们建立亲密关系,得到学生爱的机会越多。

诚然,现在仍有人认为,只有当学生对老师有足够的敬畏,才能管理好班级,维护好师道尊严,因而排斥师生亲密关系的建立。如果师道尊严需要用神秘的外衣包装起来才能维护,师生之间,需要刻意制造距离,教师才能获得安全感,才能保持优越感而镇定自若地传道授业，这不仅是教师的悲哀，也是教育的悲哀。

三、陪伴，创造美好的师生关系

在教育中，教师最艰难的功课不是提高自己的专业知识和技能，而是努力地去理解儿童，于是物型课程的场景是可以不断延伸并相互转换的。

一个吹着凉风的傍晚，我家迎来了三位小客人，他们兑换的是到老师家做客，开展电影沙龙的活动。小诺是唯一一个男孩，席间，他总会说些俏皮话来活跃气氛，对"煮妇"姚老师亲手烹制的晚饭，毫不吝啬地送上赞美，又会和同学们聊一些暑假的开心事。用餐的氛围轻松又愉悦，自在和惬意浮现在每个小客人的脸上。我享受着这份自在，听到小诺说："老师，一会我来帮你洗碗。"我突然有一丝愧疚。因为上课爱插嘴，作业又常粗心大意，小家伙没少受我的批评。此刻，孩子的善意让我反观那些以爱为名的指责，让我去理解每个孩子都是独特的生命个体，见图4-19。

图4-19 老师家做客

王崧舟老师说："教育当以慈悲为怀。"做老师越久，面对学生的心要越柔软。教育者的慈悲心是师生亲密关系的一味良药。

物型课程的空间切换到了新天地公园，因为想锻炼身体，孩子们购买了和老师公园晨跑5次的兑换券。每天清晨，天光微亮，树叶在晨风中摇曳，鸟儿在林间婉转歌唱，一切都是那么美好。三位少年早早起床和老师一同晨跑。晨跑的路上，他们会对一丛野花怦然心动，会听到树叶儿沙沙地歌唱，会驻足看一会鱼儿戏水……

会很随性地聊着各种事情。我惊讶，每个孩子的内心都藏着花鸟虫鱼、日月山河，藏着我们没有看到的风物。（见图 4-20）

图 4-20　兑换心愿

泰戈尔说："教育的目的应当是向人传送生命的气息。"作为老师，我们所给予学生的教育方式，就是我们对于生命的理解的体现。这是一场叫作"亲密关系"的修炼。

每位教师在修炼中多少能改善自己与学生的关系，使其变得更坦诚，更温馨，更互相信赖，更独立，更让人满足。通过这样的改善，我们称之为"学校"的机构，尽管存在各种条件限制，但仍然可以变为一个人性化且充满活力的机构，且"教育"就在这样的物型空间和温暖组织中变得美好和幸福。

第五章　场馆生活：不断沸腾的境脉式学习

"凡物皆有意蕴。"场馆生活能够推动人类精神的发展和心灵的进步，丰富学生知识，提升儿童智慧。提到场馆，我们脑海里不禁联想到博物馆、科技馆、纪念馆、艺术馆、自然馆、海洋馆、体育馆……场馆功能可以让参观者获得生动有趣的经验教育价值，具备"上手"兼"上心"的特征。

场馆空间，文化的定义赋予其识见维度，重在为学生创设有别于教室的，增强学生见识的认知海洋，将课堂学习与有着海量信息的世界连接起来，以足够丰富的内容，展现孩子探究的无穷无尽，寓学于乐。在星河，场馆课程是课堂的延续、补充、拓展和调适，是课堂"必修"后的"选修"。让场馆生活在校园里四处可见，让学生能够拥有随时随地实践探索的真实情境，让学生养成乐于实践、积极探索的学习生活习惯、沟通交流习惯和自我管理习惯，让学校成为璀璨的创想星河。

第一节　洞开场馆课程里的沸腾生活

现在的孩子拥有丰富的学习空间，多样的学习方式，拥有众多学习优势，我们更应该充分利用资源引导孩子开展有意义的学习。根据不同的空间资源可以设计不一样的学习模式，像数字馆、科技馆、博物馆等场馆，孩子都去过，但可能只是关注好玩的东西，并没有探究好玩背后的意义，因此值得我们思考与设计这些场馆课程，可以通过集体学习拓宽孩子的知识面，培养孩子观察、思考、合作和探究的能力。

一、场馆课程，重构学习因何而生

（一）场馆生活学习：植根于境脉模型关系

约翰·福尔克（John Falk）在"学习的境脉模型"中提出场馆学习植根于个人境脉、物理境脉及文化境脉。儿童作为学习者凭借自身学习的动机、原有的经验、记忆以及身体的反应构成一个完整的内在世界，在场馆学习的境脉过程中处理获得的信息或者知识时，就会将之与自身的内在世界发生关联，形成自我独特的思维方式。同时在场馆学习境脉中，呈现出个体与群体的行为、身份认知与学习经验建构之间的连锁反应。把握个体行为模式、身份认知机制与经验建构方式，以及其内在的交叠关系，能够更好地厘定场馆生活的内在意蕴，深化场馆物型课程的内在价值，促进儿童开启沸腾的场馆生活，沉浸境脉式学习。

1. 在物境中厘定"场物"的知识脉络

"文脉"是指文本的知识脉络，需要我们在具体的物境中，厘定场馆中研究的事物在关联中的各种情况、前后联系、背景、所属环境等。"境脉思维"观照的场馆学习的"脉"指向知识的系统结构、儿童学习的前后衔接。物境中的知识脉络的开启，来自个体与群体行为、身份的认知与场馆中"物"的相互联结形成的三种学习境脉。在这一物境中，知识脉络是其中的逻辑线索之一，但并不是所有的目标指向，个体和群体对知识脉络的梳理、伙伴之间的相互合作、对问题的选择、学习路线的确定、朋辈之间的互动都会促进场馆生活经历。

2. 融语境内发展身份认知的结构脉理

儿童的身份确认是在个体与群体相互影响中产生的结果。与传统意义上仅从场馆课程学习的成员的个体层面揭示经验建构不同，事实上朋辈群体伴随实践活动转换的，除了个体的学习行为，还有内在的认知行为，也就是学习者的自我身份认知。这种身份是个体与场馆生活群体之间的纽带，能让儿童融入群体的场馆生活实践，运用具备的文化资源和认知工具，实现经验建构并引导孩子在场馆中交互活动，推动群体交互行为与身份认知的持续转换。在参观场馆的过程中，对于认知水平不高的孩子，导师或伙伴通过言语解释、手势动作等将孩子的疑问与已有知识、思维方式相联系，引导孩子将身份从参观者变为示范者。由此可见，场馆生活学习的身份认知具有转换和流动性。场馆生活是一种复杂的社会交互活动，基于学习行为展现了场馆生活的内涵和本质。

3. 浸意境里把准经验建构的内在脉象

场馆生活学习是植根于相对真实的社会情境中的学习方式，从中获取的知识需要具备实践情境性。将在场馆生活内外学到的知识进行迁移与验证，将获得的经验运用到生活境脉中，融会贯通于学校学习和日常朋辈生活中。倘若把场馆的教育职能比作能够满足参观者身份需求的工具，那么场馆生活设计的取向一定是能够创设有效促进参观者身份建构和学习体验的，更好地帮助参观者从新手身份转换成专家身份。让场馆生活增强学习内驱力促进经验建构，杜绝单纯依靠外部手段去吸引。

二、场馆课程，打开形态何以发生

（一）开启身心沸腾的"伙伴群"学习之旅

1. 探索：在问题情境中发出意义邀请

物理学家弗兰克·奥本海默（Frank Oppenheimer）创建的探索馆成为场馆学习领域具有开创性意义的代表。在星河实验小学里，有着36个主题课程馆，当儿童走进不同的场馆中,就意味着变成了一群带着问题、带着观念的探索者。因为前置的学习已经开启了儿童的问题箱,这些问题、这些观念、这些思考会让儿童很快融入相关联的学习情境,会影响着儿童对"物"的选择、联结、理解和探索。场馆生活的情境性和开放性体现在探索者可以在广阔的文化境脉中以自由探索的方式建构经验。探索馆中的展品不具有收藏价值,不通过展示向参观者传递知识,而是通过操作让学习者获得实践经验,并且特别注重趣味性。在实践层面上,在场馆开启的学习更多聚焦在儿童的探索过程和经验建构上。这意味着场馆生活的学习需要把场馆功能与儿童的探索实践相结合,准确定位场馆生活学习的价值取向,注重个人境脉和文化境脉的影响,关注场馆生活学习的探索情境,打破场馆生活学习的有限边界,重构场馆生活学习的独特范式。

2. 互动:在朋辈场境中唤醒思维结构

思维结构主要包括关联、层级、结构,建立知识体系、认知结构、行动图谱,涵育学生思维品质的发散性、逻辑性、敏锐性、灵活性、批判性,提升学习力。在场馆学习中,儿童学习是有着境脉性与互动参与性的,个体与群体的互动交往、场馆本身具有的文化、物化场景具有的社会属性形成了场馆课程中"场"与"物"的交融效应。在场馆课程的任务驱动中,儿童的言语思维尚处于线性联结状态,不太能做到知识的迁移和方法的建模,更不懂得在具体的问题情境之下调用先前深度学习而形成的核心概念和关键能力来学以致用,因此我们在做大任务设计的时候,一定要关注"场"与"物"之间以及"知识点"与"思维点"之间的有机关联,在具体解决现实问题的任务情境中发展思维结构。在场馆生活中赋予孩子一个自由互动探究的空间,让孩子在互动行为中展开身份认知与经验建构,在场馆生活互动过程中真正实现身份认知流动性和经验建构延伸性。

3. 实践:在生活场境中建构心理图式

在场馆生活的参与、实践与建构中,儿童作为实践的主体,根据自我的经验、文化背景以及所处的生活情境,内心会逐渐形成一个既成的心理图式。这意味着家庭行为与对话不会无缘无故随机生成，场馆的学习会与儿童的生活场景联结，在家庭、朋辈文化引导下，儿童在场馆生活中建构的经验和塑造的身份更容易迁移和延伸到生活情境中。学习伙伴可以在场馆生活中自发提出话题，将与家人、同学在场馆中获得的蕴含实践的经验应用到生活境脉中。在复杂的场馆学习境脉中，朋辈间的对话、探索、互动等行为以及带来的身份认知、经验建构不是单一地出现在场馆，还会穿梭在场馆—学校、学校—社会、社会—生活的迁移、实践和验证中。复杂的场馆生活学习境脉中发生的实践会对群体的发展产生持续影响，创造性地将教与学有机结合，围绕学生的"兴趣—成长—发展"的规律，在探索、互动的过程中不断实践，不断地理清脉络，呈现最优质的教育。

（二）建构手脑合一的"境脉式"体验之程

1. 植根充满生机与活力的特色场馆

打造教育创新的思想盛宴，让场馆生活进入我们的校园，让创想成为学校无处不在的空气和学生终身享受的味道。培养学生具备智慧之脑、健康之体、审美之眼、创造之心、责任之肩。在星河校园里，拥有孩子们喜爱的特色学习场馆：创想科技馆、数字体验馆、图书馆、陶艺馆、游泳馆、羽毛球馆、篮球馆……场馆生活是课堂的延续、补充和拓展，孩子们拥有好奇心、想象力，找寻创想无界的专属地。低年级的孩子可以在图书馆进行智闯创想城期末闯关活动，通过小组合作，积极思考、沟通交往、创新思维、齐心协力勇闯创想城。

2. 挖掘共振学习力磁场的境域场馆

创想童年，智慧拔节，精彩的场馆生活聚焦学生的核心素养，破解学生的幸福密码。在星河校园里，建起了体验、探究、创造、合作等36个主题场馆，把学校打造成为一个孩子梦想开始的地方，以创想的理念、向上的姿态，不断丰满羽翼，飞向更广阔的天地。星河分校的校园里，齐集创客空间、万物梦工厂、蝌蚪造物间、火星实验室、智豆创意链的"好奇工场"，激发学生的智能和潜能，让学生畅游神奇的场馆生活，感受到科技创新的魅力。大胆创想，勇于创造，在实践中将科技改变生活的理念扎根到孩子们的心中，有朝一日定能成为创新创造中的中流砥柱。

3. 建构美好创意与创造的课程场馆

课程场馆能够为学生提供一个创新的环境，实现资源的共享，给每位学生带来个性化的学习体验，从而推动学生人文素养的发展。架设场馆课程这座桥梁，以学生社会化程度的整体提升为目标，根据学生身心发展规律，依托场馆特有的功能和资源去开发实践性场馆课程。场馆课程具有参与性，能够加快学生对学习方法的掌握；场馆课程内容具有多样性，能够激发学生的兴趣；场馆的空间具有广阔性，能够加强学生之间的交流与互动。学校开发特色场馆课程，能够促进学生从知识储备走向社会适应、实践性地多元互动。场馆课程的内涵与外延不断丰富，成为学生实践体验的乐园，不仅如此，还可以建立共享机制，让跟岗的老师体验学生实践的场馆课程，让场馆课程跨越围墙辐射影响更多学校。搭建交流与展示的平台，打破校际壁垒，传递创想理念，实现场馆课程共享。

三、场馆课程，学习方式如何创生

（一）场馆生活的 N 种打开方式

"以物入心，格物致知。"物型课程旨在以物化人、以人化物，指向在万物、关键在成型、目的在树人，重在物的文化塑型及课程意向的生成。物型课程切入点在物，着力点在型，核心点在课。场馆生活课程建设从学生的发展角度出发，为学生的发展做好规划，让学生积极参与到场馆活动中。在场馆生活中培养学生的实践能力和价值观，学科知识融会贯通，让学生获得更多的实践体验和为学生创新搭建一个平台。陶行知认为"行是知之始，知是行之成"。构建知行合一的识见维度，强调亲知，从行中得来，让场馆生活成为孩子探究创想的前提。在星河校园里，我们打造一个个创想场馆生活，形成一个个让儿童积极参与的立体探究空间。从创想课程的嵌入到儿童文化的创生，让学校的每一个课程场馆成为儿童的实践馆、探究馆、体验馆、创想馆。

科技馆：探索科技场馆课程。由十二个特色场馆组成：魅力数学、地球家园、创智工坊、雷电的形成、DNA 的测试……每个场馆里面都有不同的设备，每一台设备都是学生实验的平台。巨大的脱氧核糖核酸双螺旋模型触动了撬棒，DNA 成为学生热火朝天的话题。

数字馆：人工智能体验场馆课程。学生可以见识到最新的科技发展，看到信息技术的发展过程。数字厨具、魔力衣柜，学生在这里可以与孔子、乔布斯等世界名人对话，可以探索人体科学、力学、声学，可以研究石头、地球、3D 打印、宇宙奇观……校园里的场馆生活已然成为孩子们多元智能发展的核心。

悦读馆：学习资源体验课程。利用图书、绘画和好书推荐等其他形式，激发学生对书籍阅读和书写的兴趣和技能。引导学生阅读交流和分享，学习与交流更自然有效，对书籍中文字的兴趣、人际交往能力、判断力、思维力等均得到较好的发展。举行读书节，举行漂流书的活动，学生的阅读姿态与星星图书馆、小时光的气息交融，到处充溢着书香味，成为校园里最美的物型课程。

剧场馆：剧场效应课程。在星河校园里，在苹果剧场经常开展传统节日活动课程，比如元宵节课程、中秋团圆课程、重阳节敬老课程等；学校还根据办学理念和育人目标举办活动课程，比如创想节、分享节、丰收节、阅读节、苹果节、艺术节、体育节、科技节；还有典礼仪式课程，举办大型典礼和仪式课程，比如入学礼、男生礼、女生礼、感恩礼、十岁礼、毕业礼。剧场课程增强了学生的规则意识、交往能力、表达能力，有效地促进家校共育，为学生涵养、创生提供个性化的选择和发展。

健身馆：科学运动方式课程。体育能够让学生成为更优秀的人。体育场馆课程能够让学生获得在教室之外的坚毅心态和勇于挑战的成长经历。我们学校有地下游泳馆、羽毛球馆、篮球馆、跆拳道馆……通过体育场馆课程打造育人的新维度，带着教育梦想一路奔跑。

（二）境脉学习的 M 种样态生成

场馆课程，因其资源的丰富性、场域的开放性、项目的多元性，其呈现出的课程形态也是多样的，课程开展也是适时适地的。

1. 与国家课程有机整合

场馆课程除了开发一些独具特色的研究课程外，也会结合资源情况与我们的国家课程相整合。星河的张蝶嫔老师在科学创想中心上 3D 打印课，把场馆 3D 课程和信息技术课相整合；姚丹静老师在科学创想中心上的一节江苏省数学实验课，孩子们在探究自行车轮为什么是圆的，把数学与物理知识相整合。在星河，国家课程场馆化实施已成为一种常态。

2. 与项目研究无痕链接

学校主题场馆也为孩子们的项目化研究提供了多元的探究场。科学创想中心的魅力数学、人体科学、地球家园、电磁奥秘、创智工坊等 16 个主题研究区域，数字体验中心城市规划、数字厨房、魔力衣橱、未来交通、聆听智者等 18 个主题探究区域，为孩子们提供了丰富的问题场、体验场、探究场和实践场，学生根据自主选择的项目化研究主题，可以在老师的引导下进行体验探究，亦可自主团队研究。置身真实的问题化主题场馆，孩子们的小探究小实验也就更加有研究的味道了。

3. 与学园课程跨域衔接

在星河，孩子们有着"破壁"体验的课程经历。每周五下午两节课连排的学园课程，每月一次半天的 FSC 基地课程，我们建构起了一所没有围墙的学校，社会成为了我们的大校园。这其中，校园主题场馆成了孩子们最好的种子课程基地。这是位于数字体验中心的未来交通专区，场馆课程在孩子们心间播种下了"未来交通可以是怎样的？"的问题种子，在学园课程老师引领下聚焦问题，孩子们通过上网、阅读、专访等多种途径了解获知对未来交通的感知。同时在 FSC 课程中，孩子们走进常州科技园、新能源汽车基地、石墨烯研发基地，专业的现代高科技，编织起孩子们对于未来交通的全部想象，在后课程中形成了孩子们富有创造力的未来交通设计作品。

当然,还有这孕育竞技精神的体育馆、游泳馆,书香气质的悦读馆,创想精神的陶艺馆,为孩子们的个性特长提供了多元可选择的物型空间。

基于学生需求,基于场馆主题,基于课程样态,在近六年的实践探索中我们提炼生成了场馆课程学习方式创生的星河表达,见表 5-1。

表 5-1　场馆课程学习方式

场馆学习模式	阐释	案例
基于问题	基于问题的学习活动:设立目标、设计活动步骤、选择创设问题、进行问题可行性分析、构建反馈系统	数学实验:车轮为什么是圆的?学生就是带着这一问题而展开课程研究的
基于任务	基于任务的场馆课程活动以任务为导向。学生根据所给的任务,在老师指导下独自或以协作的形式完成任务,通过"做中学",以任务为驱动,学以致用	四年级学生的学园课程有一个主题是饮食和身体健康。学生都是带着一个研究任务到数字馆中的数字厨房专区研究合作完成
基于专题	该模式的特点在于,知识传递以单元的形式进行,不仅提供给学生某一知识点,同时向学生提供与其相关的一系列知识内容。期望学生通过一个专题的学习,了解该领域的基础知识	三年级孩子们第一次上信息技术课时,首先来到的是数学馆而不是机房。数字馆计算机墙会详细序列化地介绍计算机的前世今生和未来,给予学生更体系的认知
基于游戏	我们都知道游戏可以激发学生学习动机。场馆课程活动将场馆资源与游戏相结合,鼓励学生在玩中学	科学创想中心的宇宙奇观专区就是将与学生生活遥远的宇宙知识和学生最爱的星际游戏完美整合
基于虚拟情景交互	按照真实的社会情境、生活情境,通过辅助设施,使学生能在真实、逼真的活动中,运用虚拟工具解决问题。	数字创想中心的城市规划课程,虚拟情境明晰了学生未知的认知领域,既有静态的未来城市呈现教学,也有真实的数字影片动态演绎。建构起学生对于城市规划的体系认知,进而实践创造未来城市的虚拟样态。我们期待未来城市设计大师的启蒙走向成功。

从课改到改课,从课堂到课程,我们以学习者思维建构学校物型空间,场馆是课堂的延伸,是课程的样态,是学习的场域,是探究的乐园。物型课程,让我们在校园的每个角落建构起学生的学习磁场。在星河,不是学校里有一个主题场馆,而是每个主题场馆中都有一所孩子们的学校。

第二节　文化启蒙:书法阁里的物型步道

书法是一门充满美的张力、文化的魅力、综合素养的课程,不光是对笔画、结构的书写练习,还要尽可能挖掘书法教学的潜在作用。目的是让学生愉快地学习,在学习书法的同时,可以学到更多的知识,提升他们的审美欣赏能力,加强道德修养,让每位孩子真正爱上我们中国的传统文化——书法。我们学校从书法的物型课程出发,星河师生沐浴着"创想教育"的芬芳,在书法教育的创构中,整合着"课程学习者与设计者"的双重身份,已然在"物体之境·素养之光·融合之智·文化之美"的书法教育之路上前行。

一、构物型之境,契合儿童书法审美思维发展规律

尽管在多元的文化之境中,中国的书法依然汲取了传统文化之力量,有着丰富广阔的视野和学习空间。在现代文化语境中,需要更多的儿童去提升对书法的认知,确立正确的书法观念。加强书法教育中的文化传承与品格涵育,强化书法教育中文化育德育人元素,推进书法教育工作,促进多元化环境中书法教育的传承与发展。

（一）设计思维，整体构建书法的物型空间

任何没有接受过专门书法训练的人总是倾向于好看的、漂亮的字。儿童早期以具体形象思维为主，逐渐由形象思维向抽象思维过渡，这是儿童思维发展的规律。书法是线的艺术、墨的艺术、抽象的艺术、意象的艺术，书法审美思想是对书法主体中书法作品的直觉表达。我们全面开发教育资源，构建以书法文化为魂的物型环境。校园内建立古今著名书法家画像廊、古今著名书法家名品欣赏墙、学校师生优秀书法作品厅等，让学校的走廊、墙面、书法教室、展览室等充分展示书法传统艺术的魅力，在场景中学习书法的历史渊源、书法的文化艺术。

小学生不易理解一些碑文作品中所蕴含的气象之美，因为这与小学生对书法所理解的整齐、美观、规范形成强烈的反差。通过一些名作的物型布置让儿童认识书法作品的秀美多姿之气象。儿童对书法的审美评价中，点画粗细变化规范，结构平整，主要靠直觉感性去评判一幅作品。同时利用各班教室，建设书法文化角，介绍书法名人故事、文房四宝史和书法习字技能，展示班级学生习作和学生书法心得，这也是符合少儿书法启蒙审美思维发展的。

（二）整合思维，立体构建书法的物型步道

与信息技术整合。书法是一种视觉和造型艺术，在书法的物型环境构造中，我们将信息技术的声音、图片、图像、动画、视频等多种媒体融入了书法教育，书法知识内容的丰富与传递形式的多样化让书法教学产生了质的变化。书法学习应作为一种乐趣、一种享受、一种对书法奇境的探索，让学生在奇妙的书法情境中成为具有"创新意识与实践能力"的探索者、体验者，体验书法的神奇与价值。信息技术为学生提供了更多的互动机会与实践操作的机会，给了学生对于书法大胆探索的空间。

与生活常态整合。好苗必须要有好的环境才能茁壮成长。一个孩子每天向前走去，他最初遇见的东西就能成为他生命里的一部分。让孩子每天愉快地走进这间教室，成为他生活渴望的一部分。所以一个有温度的教室应该有自己独特的表情，于是

书法阁（见图5-1）这间教室成了展览室，在挂轴的错落间看到的是一幅幅学生的优秀作品。它亦成为孩子们丰富课余生活的场地，书法的历史讲述，书法家的故事比赛，书法古诗词朗诵，一个个活动信手拈来。充满生机的绿植，古色古香的桌椅……它成为一个播种的地方，把一颗热爱书法的种子在孩子们心田轻轻埋下，生根发芽。

图 5-1 书法阁教室

书法作品具有传递"真、善、美"的社会功能，儿童在欣赏书法艺术中得到美的愉悦，潜移默化地受到熏陶和教育，不断淬炼品格、涵育心灵，积极投入"人书合一""人墨互磨"的艺术实践，重塑精神力量。

二、构物型之格，融合儿童书法审美意象场景

康德曾经说过，有一种美的东西，人们接触到它的时候，往往感到一种惆怅。意境就是如此。意境的美感，实际上包含了一种人生感、历史感。何为意境呢？意境，是指抒情性作品中呈现的那种情景交融、虚实相生、活跃着生命律动的韵味无穷的诗意空间。

人们往往对自己喜欢和喜爱的东西常会百看不倦，百摸不厌，爱不释手。初学书法者会因种种情绪或各种原因对其产生厌倦不愿学习，这时教师就要发挥自己的学识与智慧，把学生的兴趣引导出来，培养学生对书法艺术的兴趣，端正对书法的认识态度。俗话说：授人以鱼，不如授人以渔；授人以渔，不如授人以欲。先激发孩子想要吃鱼的欲望，再交给他打鱼的方法，于是在练习书法作品的同时我们根据学生的爱好加入了各种不同的创作方式，以此来激发孩子练习书法的热情。

团扇的创作：根据四季的变化在扇子上进行书法创作，还和国画相结合，进行扇面创意。

圆木书写：在圆形的小木头上用篆书尝试书写，在书写的同时不光了解了篆书到楷书的演变，还可以用趣味十足的篆书布置教室环境。

对联书写：每逢元旦时节，进行对联书写创作，过年带领孩子到小区进行春联义卖活动。

年历创作：新的一年孩子有很多憧憬，会在年历书法纸上写下自己的愿望和祝福。孩子们特别喜欢，每次的作品都要书写很多，作为送给亲朋好友的最佳礼品。

....

一次次有趣的主题书写（见图5-2），让孩子们沉浸在书法的世界里不可自拔。

图 5-2　主题书写

书法的美有"神"，有"形"，有"韵"。此阶段的儿童充满想象力与创造力，虽然审美意识还没完全觉醒，但是对生活中的美却是能够理解的。在课程中，把美术丰富多元的艺术表现方式融入书法中，既是对造型艺术的最好创新，同时，也弥补了书法艺术中，色彩单调、创新性不足等缺憾之处。这是一种诗意和美感，带给人一种精神的愉悦和满足。在这种美感中，包含了对于整个人生的某种体验和感受，所以我们可以说，这是一种高级的美感。谈意境的审美生成，必先落实到"象"上来，必先审视审美意象的生成。

三、构物型之道，吻合儿童书法审美素养阶梯

由于意象是人脑通过想象创造出来的新形象，这个新形象在心理学中就叫"想象表象"，在美学和艺术学中就叫意象，它是不断发展儿童书法审美素养的阶梯。

一生二，提升师生的书法认知。一个人的成长需要三条途径：自我学习，同伴合作，专家引领。学生练习书法亦是如此。这里的"专家"在一定程度指的是书法老师。为此，我校定期邀请武进书法家创作基地的老师来给学生进行书法培训，提升学生的书法水平。《清暑笔谈》："士大夫胸中无三斗墨，何以运管城？"书法艺术极为讲究墨法，但对于此阶段的儿童而言，墨，只是多元色彩中的一种，书写时对墨的使用往往随心所欲，很难体悟墨法的精妙所在。所以本校的书法老师除了每天坚持练习书法以外，每周还出去拜师学艺，找机会听讲座、学理论，熟悉各种书体特点，不断提升自我修养，这样才能更好地为学生服务。教师还定期把自己的作品和学生分享，来影响激励学生，和学生共同成长。

二生三，培植儿童的书法情趣。每一个儿童的内心都是无限广阔的，每个孩子都有其独特的个性，在进行书法教学时要充分认识到这一点，尊重学生的个体差异性。针对基础较薄弱的同学，首先要做的便是鼓励教学，在基本笔画横竖撇捺中感受运笔的提按逆转等，以及结构的循序渐进，帮助孩子克服畏难情绪，体验成功，增强自信心。对于有一定书写基础的孩子要善于帮助解决具体的问题，难度较大的任务便分成若干小任务，化难为易。如在书写内容的选择上，可以先从简单的两个字词语到四个字成语，再到五言七言对联，最后到复杂的一整首诗的练习。一次次让孩子们在练习中突破自己，慢慢长成一棵参天大树。

三生万物，释放儿童书法美感。都说生活需要有仪式感，这是对生活的热爱。对于学生书法作品的成果展示亦需要有一个正式的仪式，让孩子能真正因为学习书法而感到幸福。举行开班仪式——名师进课堂，邀请常州刘海粟美术馆的馆长给学员们上第一课，见图5-3。对于每学期创作的作品我们会办一个小小的校园展览，

把作品正式地装裱好，依次挂在走廊，让校园里每位学生和老师走过走廊时一眼就能看到星河娃们的优秀作品。另外还会邀请孩子们的家长一起来欣赏作品并留影，一起见证孩子的成长。每学年和中国书法家武进创作培训基地合作（见图5-4），组织学生书写的作品到春秋淹城博物馆进行展览，一张张诗意的作品展览在大厅中，极大地提升了孩子们的自信心和成就感（见图5-5），更是激发了学生对学习书法持之以恒的决心。

图 5-3　名师进课堂　　　图 5-4　中国书法家培训基地进校园　图 5-5　学生优秀作品

"俗云：'书无百日工。'盖悠悠之谈也。宜白首攻之，岂可百日乎！"（徐浩《论书》）书法实践必须强调足够的量，也就是要下足够的功夫。学习书法是件苦差事，没有吃苦精神，没有耐久的恒心，学不好书法。于是在这间书法阁里，我们立下了一个约定，每天放学后和一群热爱书法的孩子们相聚于此，用我们的实际行动来阐释坚持的毅力。把握书法学与教的特点，突出欣赏、品味、感悟、熏陶的教学方式或方法，提高学生的文化艺术修养，提高"审美情趣"，催化"人格人品"，实现"教人化人"。

四、解物型之谜，融合儿童书法课程的价值实现

书法课程是具有自身价值和特征的特殊文化形式。书法课程努力实现"整合"，区域性地补充和完善国家课程，提高课程的地方适应性，促进形成完整、丰

富的课程结构。从一元到多元,学生可以充分领略书法在教育教学活动中的丰富内涵和文化价值。

(一)旨归:把书法真善美的精髓融入儿童的血液

1. 书法真的思想契合到体系中

汉字简单明了,结构密集、自由。我们开发了"星河娃的典型例子",它提供了从笔画模仿到背和临摹的例子。为学生提供更详细、更清晰的模板和写作方法说明,并利用课后时间进行自我观察、比较和练习。帮助学生形成自主练字的能力,促进学生全面发展。

2. 书法善的力量嵌入到书写中

所谓"字如其人,心正则笔正",在课程体系中,我们开发了"说文解字资源库",编写了著名书法大师的典故。收集和整理汉字的发展历史,使用字体和动画让学生了解汉字的结构。巩固汉字记忆,增强书法艺术对道德情操的引导作用。

3. 书法美的韵味融合到书艺中

为了达到"用文字说话,用文字修身"的目的,利用"古今书法名人与作品赏析的故事",引导学生"要学写字,先学做人"。书法艺术素养的形成是无法速成的,必须先学会做人,先修养品德。通过书法教学,在了解历代名家所创造的伟大作品的同时,去接受书法这个传统艺术的熏陶,接受书法家的品德,从而陶冶学生心灵。

(二)置身:把书法点圈面的方式融入教师的资源

"人是第一要素",培养学生核心素养的关键是教师。书法课程的体系建构、具体实施、教学方式的变革都需要老师的参与和创造。

1. 发现"点"

培养有层次的书法骨干教师,教师中有些擅长楷书,有的擅长隶书,有的擅长行书,有的擅长草书;在工具上,有些人擅长铅笔书写,有些人擅长毛笔书写,有些人擅长用钢笔书写；在章法上，有的经验丰富，有的见解独到。学校应充分将教师的优势互补，促进校本书法课程开发和实施的系统化、专业化、完整化。

2. 融合"圈"

学校积极创造书法的融合圈，邀请一些专业书法家和业余爱好者，与书法老师和书法爱好者进行书法交流活动。在书协的帮助下，定期培训书法爱好者，学校的老师借此机会再次接受培训，并参加相应的笔会交流。同时将老师们的优秀书法作品制作成教材与课程，让学生与教师作品成为真正的书法课程资源。

3. 立体"面"

书法培训课程主要有：楷行草隶篆技法、历代碑帖临摹及解读、书法教育及书法文化以及对书法作品的欣赏，使学生感受到中国书法艺术的悠久历史。以儒家文化为主题的"中庸之道，中和之美"，使学生能够理解其中的内涵。

（三）指向：把书法长宽高的内核融入成长的场域

1. 动静结合体现书法文化的长度

静态的展示如进入书法墙，与校园文化设计师对话，课堂文化欣赏，写作格言，举行"书法鉴赏花园派对""采摘笔记练字"等活动。动态的展示可通过讲述书法家年轻时学习书法的故事，以激发学生的学习热情；开设"书法小平台"，与同学交流书法技巧；组织"书法之家"比赛，让家长和孩子一起参与，向家庭和社会推广书法教育，获得成功经验。

2. 内外兼容凸显书法艺术的宽度

学校设立了专门的书法教室、工作展厅、书法文化走廊、书法练习墙、书法工艺走廊、书法艺术窗，让学生了解中国书法文化的历史渊源与艺术价值。营造合适的书法文化环境，提供必要的基本条件，让学生体验文房四宝的艺术魅力，提升书法意识，培养书法文化内涵。在每个过程中，学生将留下越来越多的情感、意志、兴趣、个性、需求、动机、目标、抱负、信仰、世界观……并最终形成核心读写能力。

3. 上下联结体会书法审美的高度

书法与语言、数学、音乐、艺术等其他学科都有关联。例如，在汉语教学中，与"汉字文化"相关的资源可以用来表现汉字的演变和对汉字文化的理解。感受书法的文化魅力，将对联文化与书法艺术相结合，体会书法艺术与成语故事的结合。在数学教学中，几何知识可以用来帮助探索汉字的结构规律。在音乐教学中，可以使用旋律、节奏和其他知识来帮助理解书法艺术中的笔和章，并巩固写作技巧。在艺术教学中，作文知识可以用来帮助掌握写作规则，中国画的空间和协调的原则可以应用于书法结构。

书法是一种文化，更是一种艺术，表达的是情感、呈现的是精神、传递的是文化、孕育的是素养。我们以生态化、系统化观点为指导，指向立德树人，培养儿童的良好技能和品行、培育个性审美和创造、传承民族文化和精神，为儿童的核心素养奠基。

第三节　书式生活：用万象之美扩大阅读圈

"用万象之美扩大阅读圈"，是以"书籍"作为载体的活动，其关注阅读、分享与体验，为所有读者创设了一个丰富的、有趣的阅读时空。用万象之美扩大阅读圈的开展是连续的，教师或者组织者可以根据活动的需要选择相应的书籍。近年来，书式生活成为孩子们日常生活的样子。

一、物境营造：一米阳光里的星星阅读

"书在人旁、人在书中"，在星河实验小学的每一个班级、每一个角落都开启

了全天候、全方位、全景式的阅读场的物型构造。"一米阳光里的星星阅读"就这样开启了,这一物型构造的寓意在于,任何时候,你期待的好书都只离你一米那么近,伸伸手,将好书揽入怀。

(一)布设"一米阳光"的阅读物型场景

楼道里的学园青苹果书吧、红苹果书吧、金苹果书吧和班级图书馆诞生了,孩子将自己读过的好书借给班级,创建了班级图书角(见图5-6);楼层的学园书吧则是由年级组长安排班级图书在年级吧内漂流,实现了资源共享,学生课间可以在这里自由阅读,不需办理任何手续,却能体验共享的快乐。学校通过每月一次对各班图书角藏书量、借阅量、书目更新等指标的检查评出星级图书角、星级书吧,这样看似没有管理的管理,却使图书角、苹果书吧发挥了"小角落,大世界"的作用。

图 5-6 班级图书角

培根说:"书籍是在时代的波涛中航行的思想之船,它小心翼翼地把珍贵的货物运送给一代又一代。"在星河,每个教室里都有个性化的"小图书馆",通过学生捐建、家长捐赠、老师赠送、班级交换等形式募集丰富的图书资源。

(二)融通"我爱阅读"的伙伴互动心境

在外观布置上,根据儿童年段特点选择适合身高的书架,用开放式的书架供孩子们自由取用喜欢的图书,养成独立阅读的好习惯。低年级的孩子一得到自己喜

图 5-7　学生阅读

欢的画册便不管在什么地方,坐下就入迷地看起来(见图 5-7),这是他们的天性。为了适应低龄儿童的这种习惯,老师们细心地将阅读角设计成台阶形地面,铺上地毯,可以让儿童席地而坐,更显出一种童趣。

每一次的阅读开启,在这样的物型空间里,都有主题的伴随。主题明确的读书活动,为所有学生营造了一个开放的阅读空间,有针对性、有目的性地带领学生融入这一空间之中,牵动学生在主题下掌握更多的知识,收获与众不同的情感体验。"一米阳光里的星星阅读"是一个多主体参与、全过程互动的活动过程,从其开展的流程、具体活动内容来看,它不仅局限于单纯的书籍阅读,更注重后续不同读者的交流与反思,有助于书籍内容的不断深化。这种活动的开展更加符合物型课程的要求——以物化人,以人化物,开发环境育人的课程力量,进一步让学生体验到万象之美。书式生活奇妙夜就会营造这种育人的环境,在一系列的活动中打造高效的阅读"学堂"。

(三)发现"书中芬芳"的群体影响伴境

根据数量要求、种类要求、摆放设计、使用管理和整体氛围等评比内容进行评分。老师们对星河娃自主管理的阅读角啧啧称赞,每个班的阅读角都代表了班级读书的品位与学习的格调。孩子们的阅读角(见图 5-8)被相机定格成了一幅幅悦目的画。比如中高年级阅读角拥有种类繁多的书籍,大家舍得在读书内容上做文章。天文、地理、军事、海洋、数学、科学,涉猎广泛,甚至还有专设的"健康图书栏"。星河实验小学把儿童阅读作为终生阅读的起始阶段,有目的地播种下这样的古今中外互渗的基本格局。

好书是学生日常生活中接触最为频繁的事物之一,其通过文字、图画等不同方式，为学生打开一个全新的世界，将知识、情感、思维等传递到学生的大脑中。在传统的阅读活动中，书籍阅读是一种习惯与兴趣，需要教师去引导与激发。而在"一米阳光里的星星阅读"的世界中，书籍成为交流沟通的重要内容，学生群体以互动的方式抒发自己的情感体验，让书香在群体中相互弥散。

图 5-8　阅读角

二、物型构造：一方世界里的云卷云舒

"一米阳光里的星星阅读"为所有学生营造了一个开放的阅读空间，有针对性、有目的性地带领学生卷入这一物型空间之中，牵动学生在主题下掌握更多的知识，收获与众不同的情感体验。而星河这座创想城里的阅读还远远不止这些，我们用一馆、一廊、一园、一城，书写学校立体书。

一馆：星星图书馆

将图书馆设计成"星河"天空，以各星座、星系来设计。图书馆是知识的世界，将图书馆设计成"星河天空"，就意味着图书馆是一个"科学宇宙"。学生的阅读区域分成六大空间：除了设置一个图书管理员办公台之外，其他的地方分别以金星、木星、水星、火星、土星、天王星命名，依次设计成六个年级的三个阅读区域。以六颗行星命名，一则这六颗行星依次离地球的距离越来越远，表示孩子们随着年龄的增长将走向越来越广阔的知识世界；二则这六颗都是行星，表示每个孩子都在行走、行动中成长。

根据年级特点，这六颗星也是不同主题的阅读区：

金星（一年级）：绘本阅读区　　木星（二年级）：童话阅读区

水星（三年级）：人物传记区　　火星（四年级）：历史科学区

土星（五年级）：经典名著区　　天王星（六年级）：海外文学区

教师阅读区域：太阳系。以太阳系命名，表示教师永远是孩子们心中的太阳，用自己的光和热温暖着孩子们的心灵。同时太阳是一颗恒星，会自己发光发热，表示教师要不断汲取知识的养分，成为自己会发光发热的星体。

学校的星星图书馆这一物型空间就设置在学校的食堂旁边，每天用完中餐就可以走入并沉浸其中。读者可以像鱼游大海一样自由地在书库查找、浏览各类图书。

一廊：进阶爱读走廊

四层教学楼以"阅读与表达、品格与生活、思维与探究、艺术与审美"四大主题设计学校长廊文化：一楼"阅读与表达"以"童话城堡、故事乐园、国学经典"等版块引领星河娃"沐浴国学经典，培植中国情怀"；二楼"品格与生活"以"健康生活、仪式庆典、缤纷节日"等版块和孩子一起"经历成长瞬间，体验多彩生活"；三楼"思维与探究"以"数学故事、趣味数学、智力冲浪、趣味科学"等版块和孩子一起"开启创新思维，享受探究乐趣"；四楼"艺术与审美"以"趣味彩陶、丹青墨香、雕镂玲珑、创意绘画"等版块为星河娃"打开艺术之门、放飞艺术翼翅"，营造浓郁的育人环境。

一园：苹果创想园

这个有着学校标识烙印和主雕塑的苹果园，首先是以一本书来开启的，这本书写着这样一个故事——"苹果里的五角星"。就是如果把苹果从横截面切开能看到一个五角星，寓意人们要从不同的角度看问题。在这个园子里，经常有以"创想"为主题的探索活动，比如"石头课程""各式各样的苹果""别惹蚂蚁""蝴蝶来了"等等，这些项目化的研究必定是伴随着阅读开启的，因此一座有着物型寓意的主题、公园开启儿童的主题阅读。

一城：一部立体书

朱永新教授说："一个人的精神发育史就是他的阅读史。"星河实验小学从大门进来看的外观造型就像一本打开的书，也像一本本垒砌的书。一念起，具为佳，这本立体的书以"无边界学习"的姿态建设。学校的三十多个小舞台、数百个布展区、工作坊、台阶阅读区、小时光绘本馆，动静结合，冷暖色彩交替，审美与人文相会。这本立体书的名字叫"拾光"，意为要不断拾起生命的光，源源不断地为生命发展提供能量驱动。这本开放的立体书，不仅仅是一个书香四溢的空间，还让星河人能从物型课程的角度去发掘其内生价值、去私人定制阅读课程、去满足每一个儿童的阅读需求和丰富更多的阅读策略，为学生提供美好的"悦"读体验。这本厚写的立体书，让年轻的星河穿越了中华五千年历史，更让世界驻足在我们星河这本书里！

这一空间无论是在书籍资源，还是在教育资源方面都是较为充足的。为了让每一位学生都能够开展自主阅读活动，教师要遵循物型课程开展的相关理论，注重情境氛围的营造，尽可能突出其人文性，增强空间营造的立体感、互动感。另外由于物型课程在空间构建上需要把握"万物有灵、取物造景、感物喻志、万象之美"的要点，因此空间的景与情要紧密结合在一起，多突出环境营造的美感，让学生的情感思想得到自由的飞跃。

三、探囊取物：一片丛林里的树长花开

物型课程是一种特殊的存在，一本本书，一个个充满书香的物型场景，犹如一片充满生机的文化丛林、阅读森林。教室里、走廊上、餐厅里，甚至校园的绿荫小道都可以作为阅读的地点；课间、晨昏、节假日，都可以成为享受阅读的时间。阅读，只有打破固有的思想观念，才可能随时随地发生，让阅读的香气弥漫。

（一）在"人间万象"中播下一颗阅读的种子

星星阅读世界里的阅读课程，是以儿童能力素养发展为目标，以知识和见识的物化造型为载体，以人和物的在场互动、实践生成为主要教学形式的综合课程，是

传播优秀传统文化、回归认知原点、落实立德树人、建立美好学习的时代创新和教育表达。在物型课程推进的过程中"物"的原则占据着极为重要的位置，只有选择与学习者需求相对应的"物"，并且增强交互，才能逐步达到物型课程开展的目标，这就对教师阅读活动的设计提出了更高的要求。在"书式"生活奇妙夜中，教师需要突出"奇妙"，把握主题，调动主体，为每一个学生营造更好的阅读氛围。

以"我的爱"这一星星阅读活动的开展为例，虽然"爱"是学生生活中常见的主题，在之前的阅读中，学生也或多或少接触过一些有关于"爱"的书籍、文章等不同类型的作品，但是结合实际情况来看，学生对"爱"的体验是可以创新和发展的，学生之前接触的文本内容也并未形成体系，在"爱"的认知理解上需要进行引导。因此，在这一活动中，特别邀请了著名儿童文学作家徐玲，为学生阅读打开一个全新的视野，让学生深层次地接触徐玲的《我会好好爱你》《我的狼妈妈》《流动的花朵》等作品，丰富了现有的软件环境，开启了一场精彩绝伦的"奇妙之旅"。而在硬件上，则利用"书式"生活的现有环境，用简单的装饰物突出了"爱"的主题，为后续"奇妙"活动的开展做好了较为充分的准备。

"人间万象"多是指新奇有趣的事物，这种事物对于儿童而言，更有助于调动他们的学习兴趣，让他们自主融入教学氛围之中。相比于传统的阅读活动，物型课程为学生营造了一个开放且连续的阅读环境，学生不仅需要完成基础性的阅读活动，还要将其他的同伴作为阅读分享者，在较长的时间段内都需要全身心地投入到阅读情景之中。这对于儿童而言，就是一种前所未有的奇妙体验。教师应该把握并且突出这种奇妙，在阅读环境的硬件与软件上进行进一步的优化与改善。另外，为了突出奇妙的体验，教师应该及时把握每一个学生的感受，了解他们的兴趣发展情况，在适当处主动参与进去，进行提问等不同方式的引导，让这种奇妙的体验不断放大。不仅如此，教师还可以拓展书籍来源渠道，尽可能引入一些非常新奇有趣的书籍，让物型课程的物质载体更加"丰盛"，循序渐进地增强学生的阅读兴趣。

（二）在"星罗万象"中栽下一片"悦读"的林子

1. 物型空间里阅读的代入感。

"一米阳光里的星星阅读"的开展本身就依托于一个自由的空间，种下一棵棵爱阅读之树，这一空间无论是在书籍资源，还是在教育资源上都是较为充足的。但是为了调动每一位学生开展自主阅读活动，教师要遵循物型课程开展的相关理论，注重情境氛围的营造，尽可能突出其人文性，增强空间营造的立体感、互动感。另外由于物型课程在空间构建上需要把握"万物有灵、取物造景、感物喻志、万象之美"的要点，一棵棵树连成了一片森林，因此空间的景与情要紧密结合在一起，多突出环境营造的美感，让学生的情感思想得到自由的飞跃。

以"我和我的动物朋友"这一主题阅读活动的开展为例，为了让学生更为广泛地接触不同类型的动物，自主拉近与书籍之间的距离，更加贴近神秘有趣的大自然，在书式生活奇妙夜的活动中，首先为学生准备了有关于西北地区动物世界的相关视频资料，用不同的方式打开了阅读的窗口，学生不再以封闭狭隘的思想去看待大自然。在阅读空间，这些视频素材是随时播放的，学生会不自觉地发现、观察某一种动物的特性，为了进一步了解这一动物，学生也会自主地去寻找相关的书籍进行阅读。另外，在这一阅读空间中，还为所有学生提供了相关的角色扮演道具，一旦进入阅读空间，学生的身份也会出现转化，这在一定程度上能够提高学生在阅读过程中的代入感，增强阅读空间的包容性。

2. 感物喻志中阅读的生长感

任何课程活动的开展，学生都不可能是孤立无援的个体。在传统的教育活动中，教师多为知识的传授者，而学生在学习地位上较为被动，其融入性、能动性、合作性都有所下降。随着教育观念的转变，这种被动式的教学无法推进完成目标，更无利于学生的成长。针对这一现象，教师首先应该突破自身限制，以同伴的身份加入共同阅读的过程中，全程参与体验；同时，由于"书式"生活奇妙夜所选择的空间较为广阔开放，家长也可以共同加入，与教师一起了解学生的阅读兴趣，共同设计阅读的计划与方法，改进传统阅读教育过程中存在的问题。因此，"书式"生活奇妙夜可以在活动设计的过程中，面向不同群体发出邀请；在活动开展中，多关注学生与同伴之间、教师之间、家长之间的共同交流，为共同阅读目标的实现注入源源不断的动力。

以"我和我的动物朋友"这次活动的开展为例，相较于之前的"我的爱"，这次活动更为关注培养学生的探索能力，需要学生能够独立自主地与他人进行配合，在阅读、探险、沟通等活动中得到能力的发展。为了实现这一活动开展目标，组织者并没有邀请家长、教师共同参与其中，而是更为关注同伴之间关系的构建。在这次活动中，处于一年级到六年级之间的儿童需要离开父母，独自在书店过夜；需要打破原有的年级，在混龄的活动模式之下，与多个在场的小勇士一起找到成长的密码。通过这种参与主体的丰富与具体活动内容的设计，学生的独立自理能力与团队合作能力在一定程度上都得到了增强。

（三）在"森罗万象"中长成一方生命的园子

插上阅读的翅膀，从宇宙间各种事物和现象都能感受到生命的样子，用阅读作氧来构筑生命的园子，生命的园子是个物理学的概念，虽然有着一定的空间，但已超越了空间，进入一种意境，形成一种文化气象。

1. 联结前沿，活跃学生阅读认知

活动的有序开展直接关系到其效果，尤其是在物型课程推进的过程中，其本身就较为关注学生的阅读认知、思想情感，因此组织者更需要优化活动的每一个细节，尽量关注学生的参与实情。在活动开展之前，教师就应该根据具体的活动目标、受众人群以及主题内容，在活动细节上与相关组织者达成一致。活动的设计与开展需要和过去的阅读活动区别开来，另外应该紧紧把握具体目标，尽量从学生阅读能力、独立能力、团队协作能力、认知构建等综合素养出发。在活动结束之后，教师及相关组织者还应该进行总结与改善，对奇妙夜的细节加以改进，为下次活动的开展做好更多的准备。

以"我的爱"和"我和我的动物朋友"这两次活动的开展为例。在活动中，教师及相关组织者首先梳理了活动的基本流程，"我的爱"关注的是学生对爱的认知体验，在活动中应该重点加强学生对亲情的强烈认知。因此在活动内容上，特意邀请作者参与，共同关注儿童情感发展的心路历程，设计了一系列包括破冰仪式、分享会、作者见面会等活动；在睡前，专门提供给儿童阅读的时间，这时候学生可以根据自己白天的收获，选择相对应的书籍，在情感认知上获得共鸣。在阅读时，学生的交流活动也在同时进行。由于活动主题和内容较为明确，因此在这次活动的推进下，学生的心灵与情感得到了呵护，他们在活动中受到了很多情感小故事的感染，使得整体阅读情境不至于僵化无力，有效推进了正能量的传播。

2. 关注后续，升华学生阅读体验

用万象之美扩大阅读圈，不能局限于现场的整体效果，还应该关注后续课程的设计、学生的阅读体验，这样才能让活动的价值得到全面的提升。教师作为活动的参与者、组织者之一，不仅应该观察当时学生的阅读体验，还应该发挥书籍的载体作用，提供更多的机会让学生对自己的阅读经验进行交流分析；应该在活动之后，提供更多的相关书籍，让学生在不同方面达到情感与思想的发展。在此过程中，教师既可以利用书式生活现有的书籍，也可以与家长、学生共同创建图书角，有方向性地选择一些优秀的书籍，还可以开展相关的、后续的阅读分享活动，鼓励学生结合自己的生活经验，抒发自己的情感体验。

以"我和我的动物朋友"系列专场活动的开展为例，在这次活动中，由于邀请的是知名作家刘虎老师，学生所阅读的书籍也多出自他的笔下，因此能够最为广泛地接触到同一作家的作品，感受该作者的文笔风格，在一定程度上有利于帮助学生接受西北地区小动物故事的熏陶；在后续活动中，儿童通过《幼狮》这本书的阅读，加强了对现实生活的关注度，也感受到了一个特殊家庭成员在时代变化之中的命运变迁，对不同国家的文化差异有了更为深刻的体验。然而，不同作家本就具有不同的写作风格，学生对某一类事物的情感体验需要在一次次的阅读活动中得到巩固与发展。因此在这次奇妙夜阅读活动之后，教师在班级内特别为学生准备了不同类型、不同风格的动物书籍，让学生在丰富的图片与文字内容中收获更多。教师还开展了主题交流会，让学生说一说自己在生活中最喜欢哪种动物，模仿自己喜欢的作者，对这种动物进行生动详尽的描述。通过这一系列活动的开展，学生的情感思想明显得到了升华，这不仅贯彻了物型课程的教育理念，还让每个学生的参与感、体验感都得到了增强。

3. 一个学期 100 本书，校长妈妈"悦读"约定

在美国，犹他州土尔市的路克校长为了激起全体师生的读书热情，公开声明：如果全体师生能在规定日期前读完 15 万页书，他就会爬行上班。经过 3 小时，爬行 1.6 千米，磨破 5 副手套，厚厚的护膝也磨破了，可是当看到全校师生夹道欢迎自己时，路克校长欣慰地笑了。在星河实验小学，我也与孩子们有个约定，读完 100 本书的孩子我会为他们实现一个心愿。

一本好书，像一朵含苞待放的花蕾带来希望，像一棵茁壮成长的大树汲取智慧，像冬日里一束温暖的阳光滋养身心，令人沉醉着迷，流连忘返。也许，早期阅读并不像一棵苹果树的成长那样，生根、发芽、开花、结果，每一步清晰可见，但是早已悄悄地根植于孩子的心中。今天播种下一点点探索的好奇心，明天播种下一点点奇妙的想象力，后天播种下一点点……积年累月，便会撑起一大片树荫，在孩子的成长道路上遮风挡雨。

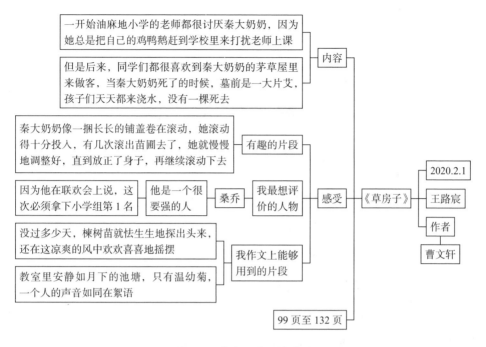

图 5-9 学生阅读思维导图

世界很大，好书就像一层层阶梯，拾级而上，总有到达梦想的一天。在星河，阅读带给孩子们许多新奇体验，他们非常热爱阅读，比如王路宸同学 1 个月时间就可以读完 100 本书，而且数年来坚持不懈。和王同学一样的还有很多很多，他们热爱读书，每次读完书，会利用思维导图（见图 5-9）、好书推荐等方式和老师们、小同伴们进行分享和交流。读完 100 本书的孩子，校长会给他们送上最珍贵的礼物作为奖赏，激励孩子们"读书破万卷，下笔如有神"。

物型课程要求教师在关注儿童成长发展目标的基础上，能够做到以物化人、以人化物，重视"物"的文化塑形以及课程意象的生成，能够为培养学生创新意识、能力思维的发展打开一个全新的维度。在阅读教学中，教师应该将"书籍"作为重要的载体，在理清"活动—空间—共同体"顺序的同时，提高每一个学生在阅读中的自主性、能动性、参与感、体验感。对此，教师可以借助"书式"生活奇妙夜的力量，多开展多维度的读书交流活动，帮助学生在生活中养成良好的阅读习惯。同时，教师还应该注重活动的优化设计，通过各种活动培养学生的独立、协作等各项能力。

第四节　种子课、主干课、果实课、生长课的学习链：
　　　　以"神奇的 DNA"为例

在星河实验小学，科学创想中心是学校的探究窗口、文化高地，透过有着 12 个探究馆的创想中心，可以想象学校物型课程的文化境界。学校有着前沿的科技馆与数字馆，每一个场馆内都有值得探究、体验的模型实物。学校充分利用这些场馆资源开发、设计课程，教师或是独自开发，或是组队开发。如"神奇的莫比乌斯圈""数字厨房"就是教师独自引领的；"车轮为什么是圆的""神奇的 DNA"是几位不同学科教师协作开展的。本节主要以科学创想中心利用人体奥秘馆 DNA 模型开展的"神奇的 DNA"课程为例，分享完整的课程学习，由种子课、主干课、果实课、生长课形成了一条神奇而富有意义的学习链，真正提升学生的素养，让核心素养落地生根。

一、种子课：基于场馆，打开问题创生的源泉

种子课，犹如一粒小小的种子在孩子心里生根、发芽、成长，我们需要带领学生寻找合适的土壤，与他们一起呵护这粒种子。

种子课课程主题的选定，应该具备一定的标准：首先是基于学生的认知水平、操作、情感体验能力设计课程，以整体性的视野和思维引领学生的发展，能够引发学生做进一步探究的兴趣；其次是以教材为基础，融合教材与场馆的共同教育内容，也可以将分科的知识融合，培养学生广博的知识视野；第三是以场馆为载体，延伸教学，通过场馆体验激发学生的好奇心、培养学生的想象力和创

造力。

"神奇的 DNA"这一主题是怎样产生的呢？在学校开展的科技馆里的奇妙日课程中，五年级的学生进入人体科学馆（见图 5-10、图 5-11），发现很多神奇的项目：人之初、DNA 模型、人体平衡、听觉测验……孩子们一边观察一边体验，不禁惊叹：我们的人体真藏着了无穷的奥秘啊！

图 5-10　参观人体科学馆　　　　　　　图 5-11　体验听觉测验

同时孩子们也提出了心中的疑问：这么多的项目等待着我们探索，到底先探究什么呢？在关注这个问题后，带队的班主任老师便组织学生开启了问卷调查。

收集全班学生填写的问卷，数学老师结合教材内容指导他们如何记录数据、画统计图（见图 5-12），又引导学生根据统计图分析数据。经历实践调查，亲历绘制统计图的过程，学生更加了解了条形统计图的价值，能够一目了然地看清同学们最

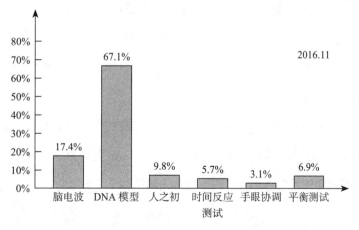

图 5-12　人体科学馆项目研究选择调查统计图

感兴趣的项目。于是,"神奇的 DNA"课程主题设定了,这一粒种子不仅落在了学生的心中,也落在了教师的心中。

接下来由两位老师共同设计课程,设置课程目标:

1. 以课程为载体,呵护学生的好奇心,培养学生的想象力和创造力。

2. 初步培养学生的研究性学习能力,在课程中培养学生的问题意识、批判性思维技巧以及问题解决的实践能力。

3. 初步培养师生广博的知识视野、合作探究精神及跨界思维的能力。

基于这样的课程目标,"神奇的 DNA"课程在实施中分为这样的四个部分:

种子课	开启问题之旅,引导学生聚焦研究的主问题
主干课	开展研究之旅,师生合作、同伴互助共同经历研究过程
果实课	获得结论、规律,"品尝"研究后的累累硕果
生长课	分享经验方法,畅谈成长经历,拓展延伸,创想神奇的未来

这一课程不仅仅是聚焦单一学科的内容,而是跨学科的整合,因此,在实施过程中还需要其他学科老师的参与:语文、数学、综合实践、科学、信息技术学科的老师共同参与其中,更有家长积极主动地参与指导。

二、主干课:基于探究,践行循序渐进的过程

在好奇心的驱使下,在师生们高涨的研究热情浇灌下,在物型的世界,一粒种子在静悄悄地发芽、生长,遇见精彩的世界。

主干课,是在确定课程主题后,师生根据设置的课程目标及内容落地实践的过程,是师生共同合作、同伴互助、家校合力的探究之旅。在"神奇的 DNA"课程中,主干课的实施需要像综合实践课程模式那样逐步开展探究。

（一）查阅梳理，绘制问题网

在"神奇的 DNA"研究之旅开启时，我问孩子们该如何开展研究呢？孩子们略加思索，就想到了综合实践活动课，建议可以借助综合实践活动课的研究方法，先查阅相关资料，对 DNA 有大概的了解，然后想一想可以研究哪些方面。所以面对五年级的孩子，开展这样的研究并不是"一张白纸"，他们已经有了一些经验与基础。于是，我们邀请综合实践活动课的老师一起指导我们研究。首先指导学生梳理研究的小问题：

潘老师：孩子们，所谓研究就是从问题开始，面对 DNA，你们有什么问题？

王同学 1：DNA 是谁发现的？为什么会发现 DNA？

盛同学：老师，我有两个问题。DNA 能看见吗？有味道吗？

许同学：老师，DNA 可以干什么呢？

王同学 2：把人的 DNA 跟蜘蛛的 DNA 放在一起可以变成蜘蛛侠吗？

曹同学：说到 DNA 的改变，我就想到袁隆平的杂交水稻。他的水稻有改变 DNA 吗？

蒋同学 1：老师，我听说警察可以利用 DNA 找到罪犯，他们是怎么做的呢？

蒋同学 2：老师，我想到的是除了人有 DNA，植物也有 DNA 吗？我们学校的创想果是苹果，苹果也有 DNA 吗？该怎么提取呢？

崔同学：老师，我在电视剧里听说利用 DNA 可以做亲子鉴定，真的吗？

…………

一石激起千层浪，在孩子们的相互启发下，大家的问题越来越多，思考得也越来越深入，这时需要指导他们找到这些问题之间的关系，从而梳理出值得研究的不同的问题：① DNA 的来源和有关历史；② DNA 在生活中的运用；③ DNA 的改变；④ 如何提取 DNA；⑤ DNA 的创想。

在老师的核心问题引领下，学生有深度地思考，形成了主题研究的小问题串。

（二）合理分组，形成共同体

有了明确的小问题研究，全班可以分成五组开展研究。那如何分组，如何分配问题研究呢？老师需要引导学生根据实际情况以及现有的资源合理选择与申报。首先是选定组长，采取自主积极申报的方法。

盛同学：老师，我家旁边就是超市，可以到超市实地考察一番，我想知道，转基因油和非转基因油有什么不同，DNA 的改变这个课题交给我吧！

许同学：老师，我是科学课代表，也是左老师的小助手，我可以请左老师指导用实验提取 DNA，老师你就把 DNA 的提取这个课题交给我吧！

蒋同学：我的叔叔是医生，我想 DNA 在医学方面的应用他应该懂得很多，把应用这个课题交给我吧，我可以去采访他。

王同学：老师，我的好搭档是网络达人跟书博士，上网和去图书馆收集资料我们最拿手，把历史的课题交给我们吧！

张同学：我爸爸是个科幻电影狂，受他的影响，我也很爱创想，把创想课题交给我吧！

当孩子们遇到自己感兴趣的、非常好玩的场馆课程时是如此充满激情，拥有无限的探究欲望。老师考量申报同学的综合能力选定组长，接下来由每一个组长招募组员，遵循各自感兴趣的问题自由成组，全员参与，在这过程中为了使各组人员达到均衡，老师只需现场与孩子交流后适当进行微调。这样志趣相投的研究小组共同体形成了，大家其乐融融。

（三）分组研究，深入探究站

在这样丰富的物型世界里，孩子们的研究不仅有着多个学科文化内涵的交叠，还有着多种感官参与的共振。各组在老师的指导下，首先制订研究计划，见图 5-13。在热火朝天的讨论中，各组制定出翔实的研究方案，并思考预期的研究成果。为了促进各组更好地合作、更深入地思考，老师还建议使用小组合作评价表（见图 5-14）开展评价。

图 5-13　研究计划　　　　　图 5-14　小组合作研究评价表

分组研究的过程不是在学校的一节课或者一个小时完成的，而是可以不受时间、空间的限制，在学校场馆、教室、家里、超市等所需要的场地查阅资料并开展实地考察、体验、采访、交流等活动。有的小组直接走进超市寻找转基因食物做好记录，再采访超市营业员、查找资料并与非转基因食品对比。有的小组跟随科学老师开展了提取蔬菜、水果的 DNA 活动，近距离观察到蔬菜、水果的 DNA。各小组基于研究的问题开展了深入的探究，每个人都发挥自身的作用，融入团队研究中，受益匪浅。

（四）汇聚智慧，互补研究点

由于各组研究的小问题都不一样，当各小组在规定的时间内完成研究后需要集中交流，分享研究过程及研究所得。老师可以选择一节课的时间规定各组用 5 分钟的时间汇报展示，汇报形式可以多样，有的小组制作 PPT 全员参与讲解，有的小组带上自制成果介绍……在分享的过程中，大家都在互相学习，互相补充，完善自己的研究认知，从而能够对 DNA 有更全面、深入的认识。

三、果实课：基于成果，展示别有洞天的精彩

当一粒种子发芽后在精心的浇灌下茁壮成长，必将收获累累硕果，有甜蜜喜悦，有难忘深刻的事，还会有挫折。无论是怎样的，这些都是成长的果实，都是丰富人生的精彩瞬间。

在"神奇的DNA"课程中，班级里每一组的成果可不小，每一个孩子的收获也不少。

研究"DNA的历史"一组根据查阅的资料、阅读的书籍以及自己的理解绘制了形象的思维导图（见图5-15）帮助大家了解。

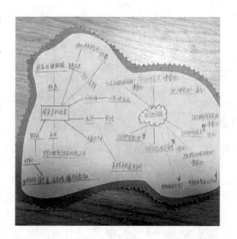

图 5-15　DNA 的历史研究思维导图

研究"DNA的运用"一组除了查找资料还开展了访谈活动，采访医院的医生，结合多方面的资料制作成PPT向同学们讲解DNA的应用。

研究"DNA的改变"一组去超市（见图5-16）寻找了一些转基因食品与非转基因食品查看说明作比对，并向经验丰富的人员询问，拓展了认知。

研究"DNA的提取"一组的成员向大家展示了实验成果，他们在老师的指导

图 5-16　超市调查

图 5-17　提取 DNA

下提取了苹果、香蕉、草莓、玫瑰、大蒜等食物的 DNA（见图 5-17），并把提取出的 DNA 装在了一个个精致的小瓶中，作为独一无二的礼物送给来校的客人老师和同学，这可是他们最骄傲、最珍贵的成果了，也让大家惊叹不已。

研究"DNA 的创想"一组的同学将他们神奇的创想绘制成画展示给大家欣赏，这可是创编科幻小说的好题材！

回味各组的精彩成果，正如金秋十月果树枝头上挂满的那一个个诱人的、沉甸甸的鲜果。孩子们就是一个个付出辛勤劳动的果农喜滋滋地看着金灿灿的果子，内心中充满着激动与自豪！

四、生长课：基于经验，畅谈妙不可言的成长

生长课是基于前期研究的回望与展望，在回望中看到自己的成长，发现自己的潜力；在展望中发挥自己的想象力，创造神奇的未来！

（一）与众不同的经历：自我的生长

在"神奇的 DNA"物型课程中，全班孩子全员参与探究的过程，每一个孩子都在经历一段不同的成长过程，都会有新的收获，有不同的感受。

当老师在点评时提出：孩子们，真为你们的累累硕果感到骄傲！那我们神奇的 DNA 旅程是不是也可以结束了呢？回味神秘的探究之旅，还有什么想和大家分享的吗？

华同学：我还想分享的是我们的阅读笔记，在上网查找资料时，发现关于"DNA"的资料很多，我们摘录了适合我们研究的资料。我们学到了如何有条理地摘录所需资料。

崔同学：我觉得我们沉浸在提取"DNA"实验的喜悦中，我们漫步在探索科学前沿的道路上，我们徜徉在 STEM（多学科融合的综合教育）学习研究的海洋

中！我们掌握了研究的方法后要继续开展这样的探究。

蒋同学：我还想分享的是我们如何解决交流不方便的问题。我们组打破了地域的局限，晚上利用QQ群分享收集的资料，讨论我们的想法。在学习或是解决问题时，我们不应该害怕困难，而是要想办法克服困难，办法总比困难多。

图 5-18　学生现场采访

还有一个同学分享了在研究过程中遇到的成长故事，这是一个比较腼腆的孩子，那天他和另一个同学负责采访。他和同学分开行动，当他在超市门口连续两次"碰壁"时，他感到沮丧，悄悄躲在柱子后面哭了，不想再继续采访了。这时在马路对面开店的妈妈看到了，帮助他整理情绪并给他支招，鼓励他继续迎难而上。他鼓起勇气，迈开步子，又去采访了，虽然也有碰壁，但是最终成功采访到三位路人，见图5-18。这件事情让他记忆深刻，他不仅收获了研究的本领，还成长了自己，让自己的内心变得更强大。

在这样的物型课程旅途中，孩子们是了不起的，都在向上生长。

（二）别具一格的创想：课程的延续

"神奇的DNA"课程到这里也许可以画上圆满的句号了，但是你知道吗，经历了如此有意义的跨界课程后，孩子们的奇妙想法源源不断，所以"神奇的DNA"研究还没有结束呢，还可以继续开启他们物型课程的创想旅程。

姜同学：在研究的过程中，我受到启发，是不是可以将人的DNA和蜘蛛的DNA混合创造蜘蛛侠，飞檐走壁，解决一切困难呢？当然也要考虑其他因素。

高同学：现在面临一级保护动物濒临灭绝的危险，我想是否可以提取一级保护动物的DNA，保存好，然后就可以克隆一级保护动物，保护这些稀有物种呢？

顾同学：老师，我喜欢研究植物，我想提取濒临灭绝的植物的DNA，让它们继续繁衍生长。

胡同学：我还想3D打印一个爱因斯坦，是不是有DNA，就可以复活呢？

……

孩子们的想象力是无穷的，只要给予他们合适的土壤，丰富的营养，他们定会从一粒小小的种子，在富有意义的课程土壤中生根、发芽，长出粗壮的主干，结出五彩的果实，持续生长，创造神奇的未来！

"每一个孩子都是银河中最闪亮的星星"，在这样的物型课程中，全面关注的是学生的素养，让每一个孩子找寻适合自己生长的"土壤"，充分挖掘自己的潜能，大胆施展自己的才能。在这样的物型课程中，老师觉得每一个孩子都是完全沉浸在探究的物型世界里的，想象力丰富，行动力很强；家长认为在实地调查研究中，锻炼了孩子的胆量；而孩子自己发出的声音是：好喜欢这样的课，有趣、好玩、更神奇，最重要的是收获更多！

基于场馆资源开发的物型课程，引领孩子开展有意义的学习，拓宽了孩子的知识面，培养了孩子观察、思考、合作和探究的能力，真正提升了孩子的素养！

第六章 社区生活：充满创想的挑战式学习

第一节 在社区的世界创造有意义的学习经历

终身教育理念的提出，对学校和社区都提出了新的要求。一方面，学习不再局限于学校之内，可以超越学校的围墙，走进社区，走向社会；另一方面，社区也越来越注重环境文化，注重对人的教育感化功能。

有一个很有意思的例子。阿尔巴尼亚原来是欧洲最穷的国家，基础设施破败、司法体系不健全、腐败横行等等，民众对国家没有信心，对生活现状怨声载道……2000年，一位叫埃迪·拉马的画家，当选了阿尔巴尼亚首都地拉那的市长。他上台"所烧的第一把火"，是美化城市。他从国际组织那里借来了钱，修建广场、清理违章建筑，给城市外墙涂上明朗欢快的颜色。这一干就是8年，奇迹发生了。由首都带动，阿尔巴尼亚的GDP增长了4倍，增长率堪比中国。埃迪·拉马也从一个市长当选为总理。

这就是城市物型对于所居住其中的人的正面影响力量。

不仅仅是这一个例子。国内，越来越多城市在进行社区建设方案设计时，更多的会考虑到建立一个具有人文艺术气息的高雅场所，一个越发利于人思考和发现的自由家园。既可以让进入其中的人感受到生活的温度，又可以寻找到更多的可能性，这已经是一种趋势。那么对于学校来说，这无疑是一片最为直接的、拿来可用的物型课程资源。

而在国外，从20世纪80年代起，美国各州开始推行"21世纪社区学习中心计划"，该计划目标就是重塑学校象牙塔的形象，将其转变为社区学习中心。这，与星河实验小学多年以来提倡的"社区生活"异曲同工，都是建立在物型资源上的课程深化与学习转型。

一、社区生活，物型课程不可匮缺的版图

谈到物型课程的建设，很多学校的思考会放在校园文化建设上，很多老师的目光会放在教室空间的布置上。然而，全息学习时代的到来，大教育观的当下，我们必须把目光放得更远，视角放得更宽——社区生活，是物型课程建设的又一个值得挑战的课题。

星河实验小学自建校以来，就意识到了社区生活对于儿童学习发展的重要性，为之做出了积极探索。

（一）社区生活，创想教育的育人追求

一所学校要走得对、走得稳、走得快，首先必须得清楚自己的职责与使命。星河在办学之初，先思考的问题不是造房子，而是问自己想做什么？要做什么？在经过大量理论学习和对大量优质学校现场考察之后，星河定下了创想教育的理想信念，并逐步构建了完整的课程体系。

1. 我们要培养怎样的人？

今天课堂里的学生，决定着祖国的未来，是民族的希望。办学不能够光看着

眼前，更要考虑我们要培养怎样的人。著名的"钱学森之问"，让星河的创始人庄惠芬校长以及星河团队确立了"创想教育"目标，明确了要培养"端行、好学、健美、乐创"的未来公民。创想教育近十年的目标始终如一——人的最终成长是走进社会，创造生活。所以，社区生活应该是创想教育的一部分。

2. 我们要办一所怎样的学校？

星河实验小学，是由星河地产控股集团为其产品星河国际高档居民区配置的学校。从这个出发点来讲，学校向建造者交出了一份满意的答卷。目前，星河社区的居民选择这一社区的一大理由，是社区里面有所好学校。

但，学校的想法是，我们要从星河社区的一所学校，到把整个星河社区变成"老百姓家门口的好学校"。从开放教室的门，让星爸星妈走进课堂，带给孩子们不一样的学习；到开放学校的门，有计划、有组织地带领学生走进社区，用童心去发现、去思考、去创造。在这样一个不断递进的开放过程中，星爸星妈们都有一个共识，"我是所有星河孩子的爸妈"。当星河学子说"在我们星河里"时，他们指的是"没有围墙的学校"。

3. 我们要做怎样的教育？

《中共中央国务院关于深化教育教学改革全面提高义务教育质量的意见》中，科学教育质量观被高度概括为"德育为先、全面发展、面向全体、知行合一"。

星河在成长过程中，无论周围学校怎样变化，无论课程改革怎样走向，星河坚持一个信念——我们不是一所只要分数的学校，我们不做只教知识的教育，而要做高质量的教育。什么是高质量的教育？在多年的实践中，星河人越来越多地理解到，物型课程的深度追求，不是对知识的理解和掌握，而应该是对问题的洞察与科学的解决。而后者，更加依赖于真实的生活情境。所以，更高质的教育，应该无限贴近生活，无限走进社区。

(二) 社区生活，物型课程的无限想象

在新教育实验进行得如火如荼时，各班级致力于"完美教室"的打造，教室里的一物一景都给予其人文意象。在江苏省提出"物型课程"这一苏派概念之后，各学校都在学校建设装修之时考虑"以物寄文""托物言志"，让一山一水、一树一花一角落都烙上课程内涵。然而，走的人多了，路就少了。当前，走进各小学校园，会发现同质化现象。

如果说，校园内的物型课程是一座美轮美奂的花园，那社区生活中的物型课程则是广袤无边的森林，可以有无限想象。各类社会事业型公共场馆、文化艺术中心、企业、特色建筑以及日常生活的社区，都给孩子们带来如森林般广袤而深厚的物型世界。

1. 社区生活使物型课程突破空间生产

班级授课制作为工业革命背景下的产物，最初的形态就是给予一群人以一个物理空间，组织一些学习实践活动，产生一定效能。这种状态下，学习成为一种空间生产。尽管这种空间生产有物质、有精神、有知识、有能力，但所生产的深度、广度、丰富度，都与空间的大小有一定联系。

2019年教育界流行的一句话：不把教材当世界，而把世界当教材。社区生活，正是孩子们从学校走向世界的第一步。社区中形神兼备、品位高雅的物质设施，有效扩展儿童学习视野；社区中一些专有场景，极大地弥补了学校学习资源的不足；社区中的民俗历史、规则治理，给了儿童以成为合法公民的最严生态课堂；社区中的家、校、社融合生活，都蕴含着书本上学不来的知识与能力……

2. 社区生活使物型课程打开时间链接

儿童认识世界的三重境界：看到、知道、做到。物型课程同样如此。要实现物型课程三重境界的递进，离不开时间这一维度。走进社区生活，可以打破一堂课40分钟的局限，将时间延长到学生够用为止；走进社区生活，还可以置学习于历史长河中，沟通知识的过去、现在和未来。例如，某班学生在讨论家风家训，必须要经

过前期在家里了解自己家庭的家风延续的过程，才可以有课堂上的分享交流；更可以回归到社区去了解整个武进地区历史上名人的家风，这样就打开了时间的链接，为认知打通来源，使学习成为源头活水，呈现出勃勃的创新活力。

走进社区生活的物型课程，因纵向跨越时间的限度而可以给学生对关键知识点追根溯源的自由，更可以实现超越课本知识的文化内容，生长成超越知识本身的人文思想、思维方式和解决问题的能力。这就是我们教育所追求的核心素养与关键能力。

3. 社区生活使物型课程实现人间融合

传统的学习是问答式，教师通常会认为自己"讲清楚了"，就问学生"听懂了吗"。事实上，学习不是简单的双向互动，而是人与人之间、人与物型环境之间所产生的多元互动。这些互动有的看得见，有外在形式；有的看不见，是内在神往。学生走进社区物型，会与更多的人产生人际交往，会看到更多的物进行物我相融。社区生活中的学习，使学生和社区物型环境真正融为一体。人是社区中的人，物是促进人的物。在一个个精挑细选、精心设计的社区物型环境中，儿童与学习伙伴（师、生、家长、专业人员等）合作、探索、分享，使得蕴含在社区物型中的教育价值、课程元素、学科思维、学习场景均最大效度地发挥作用。学习就变成一件自然而然的事情。

（三）社区生活，儿童学习的自由发生

非洲部落有一句谚语："培养孩子需要一个村庄。"因为孩子们可以在村庄里自由玩耍，和他人交友、合作，进而自然成长……演化到城市，就是社区。儿童走进社区，有更宽的天地，有更多的物型，也有更多可能的课程，给儿童带来跨学科、多样态的全景式学习。与学校学习相比，社区生活中的儿童学习有着更自由的空间、形式，也有着更大的自主权。在自由状态下的探究可以更深入，创造可以更大胆，这种状态下的学习才会有最好的发生。

1. 社区物型课程，为儿童学习提供最自然的存在

社区是孩子们除学校外比较熟悉的地方，与学校相比，孩子们对社区各处的探索、研究更感兴趣。小区里的建筑各自有着怎样独特的味道？运动器械为什么总在小区中央？淹城的古建筑与其他江南建筑有什么地方不同？武进为什么又称阳湖？小区绿化覆盖率真的达标吗？一系列的问题就在孩子们的身边，偶尔停下脚步、驻足一眼，就可以发现一个值得探究的课题。于是，学习就这么自然而然地发生了。

当家住二楼的小仪同学发现家中所缴物业费中含450元电梯费，而他和邻居们从一楼回家时为避开等候电梯经常选择走楼梯。他和同一小区的小伙伴通过对全小区2~4层业主进行采访，收集到的数据是，大部分低楼层业主很少乘电梯。于是，在请教房屋管理处叔叔阿姨后，他们得出了"按楼层比分配电梯费并不合理"的结论。

2. 社区物型课程，为儿童学习提供最自由的心智

在2019年12月中国教育创新年会上，一个学生在演讲台上向观众席上的参会教师说，"你们给我们太多，我们没有饥饿感"。这个男孩一针见血地指出了目前教育的一个通病——孩子没有自由，尤其是没有心智的自由。他们在家里被父母管着，在学校被老师约束着。而在学校与家之间的社区中，他们可以自由自在地观察、自由自在地去发表自己的看法，用自己的价值观和独立人格去想象、创造。所以在社区物型课程的学习当中，孩子是自主、自律、自觉、自立的，他会基于自身的理智，按照自己的内心意愿，去积极主动地组织学习、参与学习。

慢慢地，心智自由的孩子会越来越乐学。他们把学习当成是一件非常有趣的事情，自己爱学、想学。通过学习可以获得无限喜悦，哪怕面临暂时的困难也可以很快克服，而不是"我爱学习，学习使我妈快乐，我妈快乐，全家快乐"。

3. 社区物型课程，为儿童学习提供最自主的方式

儿童的学习方式是多种多样的，可以观察，可以操作，可以倾听，可以搜索，

可以模仿，可以合作，可以独立研究……在日常的教学中，往往孩子们会听命令行事，老师说观察，孩子们就左看右看、上看下看；老师说小组合作，孩子们就立刻行动；老师说停，孩子们立刻坐正，哪怕没有完成探究。当沉浸到社区生活中以后，儿童就会全神贯注地投入到研究中，持续、全面、自然地与某个真实问题相关的真实情境产生互动，至于用哪一种学习方法，则是"我的学习我做主"，方式、时间、程度完全可以由学生自定。

4. 社区物型课程，为儿童学习提供最自信的表达

社区物型课程的宽容与自由，还表现在评价上。日常课堂中老师最多的问题是"会不会？"日常教学最多的评价是"对不对？"所以学生常常因为"害怕不对"，而不敢表达。社区物型课程则以包容的心，欢迎每个近它身边的人，鼓励他们去认识社会、研究社会，进而创新改造社会。正是因为这种包容，才解开了对儿童表达研究结果的束缚，允许他们天马行空，允许他们特立独行。

一个四年级男孩王路宸，在小区里出现分类垃圾箱时，发现爷爷奶奶们、叔叔阿姨们对垃圾分类经常搞错。于是，他利用自己最擅长的编程，设计了一套垃圾分类自动处理器。作品在展会上一亮相，就吸引了大家的目光。而他，也被评为"常州市科学小院士"。

而另一组二年级的孩子也在社区里研究垃圾分类，他们则选择了思维导图和漫画的形式，对垃圾分类的作用和要求进行理解性表达。随后，这些创意作品被张贴到了小区布告栏、电梯间等处。

无论是哪一种表达方式，只要能够清楚地表达出研究成果，确实可以起到美化社区、优化社区、强化社区等作用，均会被得到重视。而创造出这些作品的儿童，也会因为不断得到肯定变得加倍自信。

二、具身体验，物型课程不可替代的过程

人的学习，是基于物质而又高于物质的再创造。物型课程作为儿童学习的场景层存在，如果没有人与物的深度互动，没有人在对物认知、理解、创造过程中的具身体验，那么物仍旧为物，没有任何精神意义与文化意蕴，也就不具备课程的教育价值。而在社区生活中，儿童有足够的自由与兴趣，去投身到各种喜闻乐见的物型场景中，大胆实践、充分体验，实现了身心灵合一。学习就在这种最好的状态下达成。

（一）躬身入局，为具身体验的产生提供可能

"旁观无解，躬身入局方可解决问题。"现代媒体的快速发展，一方面使人们获取信息的渠道变得更多；但另一方面，也剥夺了儿童走出室内、广泛深入社区物型的机会。

学习转型就意味着学校必须打开校门，让学生走出去，才能遇更多、见更多、想更多、做更多。学校充分利用社区资源，开发各种社区课程，组织学生走进不同社区的不同物型场景，就给学生提供了躬身入局的机会，让他们有接触自然的时间，有发现问题、研究问题的机会，有寻找答案、尝试解决问题的平台。我们可以发现，平常校内一堂课的 40 分钟给到每个学生的时间可能并不均衡，10 分钟的小组合作或者实践探究，也不一定每个人都有机会都动手。但是在社区生活中，这一切皆有可能发生改变。

在星河已有社区挑战性学习的经验中，我们很轻易就发现了这样的孩子：

一个平时课堂上不怎么投入的女生，到了淹城博物馆里却紧紧盯着春秋时期古人的服装，紧锁眉头。手机里躺着她活动前上网搜索来的春秋时期其他古墓中出土的服饰。只有遇见相应的物型载体，才能够让她产生对中国古代服装的研究共鸣。

一个特别喜欢闹腾的男生，在走进绿建局的一刹那，便收起了嬉笑的表情，并

很严肃地提醒同学:"这是叔叔阿姨做设计的地方,我们要安静参观,不能够打扰他们。"只有进入研究所的学术场景,他才会瞬间产生与环境相匹配的敬畏心理。

一个一谈到父母要生二孩就反对的二年级孩子,在合宿课程之后,偷偷问妈妈:"你们说给我生个妹妹的话还算数吗?"因为她在合宿课程中,真正体验到了有兄弟姐妹的孩子不孤单。

……

当我们在跟踪这些参与社区生活挑战式学习的孩子时,会发现,他们更加投入,那些在真实情境下发现的真实问题,进行的是没有标准答案,但却是真实存在、有真实收获的学习。

(二)物我神往,为具身体验的生长提供助力

儿童的具身体验是一个复杂的过程,不同的儿童会有不一样的体验程度,不同的角度又会有不同的体验向度;儿童的具身体验又是一个生长的过程,并不是一进入到相应的环境就会有足够的体验去直达学习的终点,而是需要逐步完善的。具身体验的形成,是一个立体的、综合的生长过程。这个过程,是儿童学习在与社区物型相互作用时同步完成的。

社区物型,是一种长期存在而又经常变化的课程元素。但是,"你未看此花时,此花与汝同归于寂;你来看此时,则此花颜色一时明白起来"。物型元素如果没有与学生进行"精神交流""文化互通""情感互动",那么它是没有生命的,对于儿童学习也是没有任何价值的。只有在物我神往中,社区物型才可以助力具身体验的生长,助推学习的提升。而这种互动交流,往往体现在"玩"中。

有人说,一个没有经历过投入玩耍的儿童,没有被真实问题困扰且为之不断揣摩、研究的儿童,没有体验到在不同情境中体验不同事物的儿童,是不可能成为一个真正的学习者的。作为教育高质量典范的芬兰,在 2014 年就出台了《基础教育

国家核心课程大纲》，其中强调了一点："互动，包括与教师、与同伴、与其他成人或者群体、与学习环境等的互动，才让学习得以发生并不断深入推进。"

我们可以看到，社区研究性学习中：

对圆柱表面积计算很不耐烦的学生，却在为小区庆祝元旦布置会场做预算时，精准列出求圆柱形侧面积所需条件，并精确计算；

六年级的刘同学来常州已经第五年，他们一家一直认为常州菜偏甜偏淡，在与同学走访了淹城美食街之后发现，每个餐馆都有辣味菜，重口味的川菜占据了一半不到的比例。她在研究报告中写道："城市的开放改变了常州人的味蕾，也是欢迎我们这些新常州人。"

正是在与环境的深度融合，与场景的深度对话中，儿童的具身体验才不断向纵深发展，日趋完善。这些具身体验，都是课堂学习或者书本学习不可能带给学生的。

（三）创造新生，为具身体验的价值提供机会

学习的最终目的是运用，有"用"的学习才是真的"有用"。我们对社区物型课程的学习评价，大部分侧重点是放在成果上的。这些成果，可以是对过程中体验的感受、反思以及个性化的创想，也可以是做出一些方案、样例、作品等。这些成果，既可以是小组合作共同完成的，也可以是个人独立思考之后的个性化创作。但无论是哪种成果，都比课堂学习更具有创造性，更能够彰显儿童具身体验的价值。

例如，六年级学生在参观了淹城春秋主题园之后，有后课程，主题是：对参观过程中发现的问题，策划改进方案。学生们在汇总问题之后，根据问题选择了分组。而选择"淹城春秋公园东门外存在环境问题"的同学，则从"卫生、布局、管理"等方面进行再研究，并分别用"绘制布局调整图、写倡议书、组建周末小义工、向淹城管委会提合理化建议"等方式，来形成一个完整的改进方案。这个总成果是改进方案，每一个成员负责的部分是个体成果，都是学生在参观、探究的具身

体验的基础上的智慧升级。童心创造，使这次社区学习活动更加深入，也使他们的社区体验有了更真实、更有效的价值。

三、挑战学习，物型课程不可阻挡的趋势

沈祖芸老师认为："现在的世界已经不是按照领域来划分的了，而是围绕挑战来组织的。"北京十一学校总校长李希贵说："作为教育者的我们，需要把社会上的那些真实挑战、孩子们将来会遇到的那些问题，打包浓缩变成课程，让他们在学校里提前体验，激发出潜力。"在教育随世界变化而变化的当今，无论是学校、教师还是学生，都要进行进化升级。教师不能靠一本教材、一支粉笔指点天下，而要让课程对接真实世界的挑战；学生的学习也不再是对着书本按部就班，而是基于真实情境的挑战式学习。这是未来学习不可阻挡的趋势。

（一）挑战式学习的定义

何谓"挑战式学习"？

苹果教育总裁约翰·库奇在《学习的升级》一书中，把学习升级的最高维度定义为"挑战式学习"。指出这种以探究为基础的学习框架使学习者面临一系列个人和团队的挑战，从而使学习过程更具相关性和趣味性。

而在夏雪梅博士主编的《项目化学习设计》一书中，挑战式学习作为项目化学习的一种，又称为"问题导向式学习"。这是"一种多学科的学习方法，鼓励学生利用他们在日常生活中使用的技术方法，通过家庭、学校和社区的努力来解决现实世界中的问题"。

星河实验小学所提倡的挑战式学习，以杜威的"做中学"理念为基础，与其他研究者所提的挑战式学习既有共性也有区别。它是指学生在真实情境中遇见有挑战性的研究任务，通过与团队成员合作探究，在尝试运用深度思维分析问题、解决问

题的同时，提升综合素养。

之所以提出"挑战式学习"，是希望突破班级授课制下的局限，更好地发掘学生的潜能，鼓励他们主动去展现天赋，成长为最好的自己。同时，提出"挑战式学习"，也是期待通过改革来唤醒教师，敦促他们走出已有教学经验的舒适区，"发现并使用新的教学方式"，来对待新时代的儿童。

（二）挑战式学习的特征

挑战式学习因其学科综合性与情境真实性，更多地发生在课堂之外。它与日常的学科学习相比，存在着以下特征：

1. 项目生活化

挑战式学习的内容来自生活，由真实的人或者团队发现并提出真实的问题。这些问题可以是对过去生活的追寻与思考，可以是对现在生活的分析与反思，更可以是对未来生活的向往与设计。除了主题来自生活外，学习资源更是超越了学校、老师可提供的能力范围，可以是社区文化场馆、社区艺术交流中心、高科技产业基地等等，这些资源构成了现代生活空间，更是儿童全息式的学习"教室"。

2. 过程情境化

挑战式学习的内容在于生活，所以，整个学习过程贯穿在生活的场景之中。只有当学生全身心沉浸到真实的情境中去，才会产生适合情境的具身体验，才会与情境进行"物我相融、物我相生"的精神、文化互动。离开了真实的情境，学生的学习就会成为无本之木、无源之水。

3. 行动全身化

日常课堂中的学习，是坐着的上半身运动。曾经我们还为学生的课堂常规做出硬性规定：手平放，脚不动，腰背挺直不晃动……其实，排排坐这种方式对肢体上的约束无疑会转移学生学习的注意力，是一种对学习的负影响。而在社区生活的挑战性学习中，学生会因为学习的需要而走向不同区域，无论是身体还是思维，都处在积极状态，会去想方设法寻找资源、寻找策略来解决问题。

4. 互动社会化

现代社会的一个特征是，从个人崛起到团队作战。现代学习的标志性动作也不再是一个人捧一本书。挑战性学习就是在这种背景下应运而生的。所以，它具备着互动社会化的特征。即学生不仅能够有自己个人的思考，更有走访、讨论、观察、分组辩论等等各种社会性交往，而且会在整个学习过程中，综合考虑到交往的礼仪、对话的简洁、访问的流程、合作的友谊等等。而且，学习成果的评价，不再是局限于校内，可能会接受更全面的、更专业的点评与指导。

5. 成果可视化

挑战式学习的评价重过程也重结果，它不一定是高大上的理论，但是要具体可感，可以实实在在地解决问题。比如，同样是研究校园周边社区文化，低年级儿童的作品可能是合作形成一本《星河周边文化景点地图册》；中年级可能是社区文化建设研究报告、存在问题及倡议书；高年级的挑战式学习更有深度，可能会是社区文化的设计甚至是初步预算。这些成果都既包括显性的作品，也包括学生的思维智慧，都是对社区、对他人、对周围世界的某个方面、某些方面有改进意义的。

（三）挑战式学习的一般模型

挑战式学习不同于一般课堂学习的基本模式"认知—理解—记忆—练习"。它所面对的任务更具有挑战性，学习过程更有不确定性，所以，它需要儿童以更强的动力、更高阶的思维、更深入地进行探究，整个过程中彰显系统分析、逻辑推理、创新发现、问题解决等同阶思维品质。如果说，日常课堂学习更多是"模仿—再造"，那么挑战性学习的关键词就是"发现—创造"。它的一般模式如下（见图 6-1）：

图 6-1 挑战式学习的一般模型

整个挑战式学习的过程是一个螺旋上升过程，它从物型原点出发，经过学生的系列探究活动，发现的策略、创造的方案等，均需要回到原点、适用于原点，并促进其不断完善，进而产生新的问题，进行新的研究。在这个学习模型中，学生同时实现核心素养与关键能力的自我生长。

值得一提的是，这个学习模型的综合性与不确定性较强，过程中也并非完全丢弃"识记—练习—应用"等常用的课堂教学模式。

（四）挑战式学习中教师角色定位与把握

社区生活中的挑战式学习强调学生是学习的主人，学什么，怎么学，想达到怎样的目标，都由学生商量决定。那么，教师又有怎样的角色定位呢？是否还保留二十世纪"学生是主体，教师是主导"的观点呢？答案是否定的。挑战式学习的最大挑战，来自教师的理念。很多教师在师范院校时接受了根深蒂固的课堂教学论指导，习惯了在教室中指点江山。遇见挑战式学习，老师们会不适应、会害怕、会逃避。如果不能够清楚自己的角色，不能够很好地把握定位，那么"伪挑战式学习"会事倍功半，师生得不偿失。

1. 学习活动的设计者

把习惯于端坐教室的学生，一下子放开到社区生活中，要求学生完全独立学习，肯定是不实际的。而且，社会物型资源如果没有课程化，就只能够是低阶水平的资源；儿童还不具备从课程视角去研究物型资源的能力，就只能对他们做最普通的识记。这就要求教师结合儿童的年龄特征及实际需求，去发现儿童与社区物型资源之间的融合点，设计研究主题，给出大方向要求。而至于各小组研究方案的设计，则由学生合作完成。

2. 学习过程的支持者

儿童的社交范围比较小，在进入社区寻找学习资源时，需要教师帮助联络、对接等；家长可能会因为自己儿时读书的影响，不理解挑战式学习和教师的传播理念；儿童在挑战式学习中遇见挫折，想要退缩时，教师得为其鼓劲加油，让学生保持充足的学习动力……

3. 学习方法的指导者

挑战式学习要求教师放弃一定的权威，但"退位"不等于"退休"，只是要求将"一讲到底"改为"在旁指导"。包括数据收集如何进行，如何制订学习计划、研究方案，包括怎样制作研究成果等等，也包括在学生有困难时提供适合的帮助，做到"在位"，但不"越位"。

第二节　FSC，突破儿童圈养樊篱的最后一公里

带着自我特定的枷锁，如今学校的儿童教育无一例外地走入"圈养"的樊篱，儿童的教育空间越来越小，地点范围越来越窄，但要求越来越多，内容越来越单一；许许多多的学校因为戴着"安全教育"的"防护帽"，不敢越雷池一步，却忘却了培养的旨归，忘却了驯养的独特，放弃了放养的机会，年复一日地走进了"圈养"的怪圈。

一、被"圈养"的儿童

《信息时报》上曾有过一则新闻报道：加拿大有一所"天堂小学"，名叫"阿尔法非主流学校"。这个学校摈弃了学校教育的那一套体制与规定，推行教师与家长紧密合作的民主教育观念，提倡创新性的教育方式，重在培养儿童的艺术观念和动手能力。记者采访了40年前在这所学校就读的儿童们，已是中年的他们，如今大多有着良好的职业和幸福的家庭；生活得更快乐多彩。这所"天堂小学"，也许是一个特例，却可以证明：人类的教育，并非只有当今应试教育这一种体制形式，也并非只有学校教育这一唯一的途径和形式。

（一）学校构场：走出"圈养"的樊篱

在目前很多中小学学校教育中，对儿童程式化的"圈养"已经不只是"课间不许活动"，我们在强调知识工具的同时，渐次让最应绚丽缤纷的中国基础教育走上了"归同"的路径选择，"圈养"便是其间之祸。在"圈养"语境里，处处充满了"不许""严禁""杜绝"，满眼都是"整齐""圆满""有序"，这与"圈养动物"的本意何其相似呢。遗憾的是，我们一面叹息于"圈养"的动物不仅退化了生存竞争能力且肉质不美，一面又依然热衷于"圈养"孩子：行为上的高度划一；知识层面的一盘棋；价值取向上的高空主义；形式表达上的极端默契……成全这些面上的"完美"的，是放弃"天性""个性""自由""创意"的高昂成本。

（二）儿童在场：给自我寻找完整的锚桩

教育家陶行知早就提倡"生活即教育"："生活与教育是一个东西，不是两个东西""生活教育是以生活为中心之教育""过什么样的生活便受什么教育""在一般的生活里，找到教育的特殊意义，发挥出教育的特殊力量""使儿童具备康健的体魄、农人的身手、科学的头脑、艺术的兴味和改造社会的精神"。这种将西方教育精华和中国教育现实紧密结合的教育改革，曾为二十世纪的中国教育注入新颖活力。人的精神发展、能力发展就是"十"字形构建,"横"代表知识拥有量、学术态度、注意力等智商因素,"竖"则代表情感意志、人格情商、协调能力、享受创造生活的能力等,是情商因素。这种"横""竖"兼备的人才是合格人才,是享受生活的幸福型人才。

(三)教育立场:改革不能堵在"最后一公里"

"圈养"之毒或者还不只在于学校。学校安全的确是让管理者很头疼的问题,但是因噎废食地"禁止"其课间活动就真能一劳永逸了吗?也许,真正应该做文章的,应该是学校安全管理预案、儿童安全素质教育、校园环境安全整饬等领域吧。至于"圈养",怕是哪个学校也没有如此大的权力。

改革的目标和政策都已经很明确了,现在一线工作者感到迷茫的是"最后一公里"怎么走。因为没有现成的路,也不可能等到有百分之百科学的经验时大家都"齐步走",目前我们需要去探寻能找到的最好方式。

人们常把父母说成孩子的启蒙老师,把学校比作求知的殿堂,把社会喻成锻炼人的大熔炉。这些比喻形象地说明一个人的成长,离不开学校、家庭、社会的共同教育和管理。其中,学校教育是主体,担负着教授知识、培养能力、提高素质的重任。家庭教育是基础、是孩子健康成长的摇篮。社会是重要的育人环境,对孩子的思想品性、行为习惯的形成和发展具有不可忽视的影响。学校、家庭、社会都担负着重要的、不可推卸的责任。

二、学校 FSC 联合会

多纸上谈兵,少实践体验;多依赖老师,少家长社会参与;多线性发展,少多维开发。学校教育往往呈现线性结构,局限在学校围墙之内,视野狭窄,而忽视了对学校、家庭、社会多维空间的开发和利用,难以形成教育合力。面对这样的教育现实,作为儿童教育关键六年的小学教师,我们应该做些什么?我们可以做些什么?

（一）学校 FSC 联合会的具体组成

于是，围绕"不求第一，但求唯一"的办学理念，为丰富学校课程体系，引导社会力量参与到学校课程的建设中来，将教育视野定位于"学校""家庭""社区"三方合力，我们成立了首个 FSC 联合会（family 家庭，school 学校，community 社区），联合会重点落实学校儿童创想社区基地，构建儿童校外课程基地的物化网点，建立稳定的合作机制，从而不断延伸"第三课堂"教学模式，孵化出自我，形成了"三位一体"的儿童教育工作系统、儿童成长系统和学校、家庭、社区沟通渠道，带动学校教育与生活相结合，不断发掘新的儿童实践教育渠道，把实践教育向社区教育渗透，带动家庭和社区环境意识的转变，实现了实践教育的家校联动。

常州市武进区星河小学文件

星河[2014]1号

关于成立常州市武进区星河小学 FSC 联合会的通知

各成员单位：

根据十八届三中全会和国家、省市区教育规划发展纲要精神，围绕学校"不求第一 但求唯一"的办学理念，经研究，决定成立常州市武进区星河小学 FSC 联合会，形成家庭、学校、社区发展联盟，合力打造一所人人有好奇心、个个有创造力的创想学校。

FSC 联合会下设三个机构：
家长委员会、学校发展协会、创想教育课程基地
FSC 联合会理事长： 傅宁汉 （武进区人民政府）
FSC 联合会名誉理事长： 史国栋 （常州大学）
副理事长：
薛建峰 （武进区安检局） 徐海（横林镇人民政府）
王文革（星河集团） 庄惠芬（武进区星河小学）
理事：
徐宇坤　　何海松　　张益芬　　王志松
李素红　　戎海燕　　周　玉　　周海燕
霍迎旦　　沈亚云　　吴凤彬　　周　萍
陈一奇　　李小勤　　施璐嘉　　钟桂芳
秘书长： 施璐嘉

常州市武进区星河小学
2014年1月22日

FSC 联合会下设三个机构：家长委员会、学校发展协会、创想教育课程基地。学校以开放悦纳的姿态，鼓励各行各业参与到学校教育中来，为星河娃们提供尽可能多元而丰富的体验场所，开拓儿童的学习视野，丰富儿童的生活体验，完善儿童的能力结构。

以 FSC 联会（家庭—学校—社区联合会）构建环境育人网络，形成"三位一

体"的物型课程实践体系,把儿童置于学校全方位物型实践教育之下,把环境教育与家庭社区紧密相连,环境教育与家庭及社会密切互动,FSC 联合会定期组织儿童走向社区、闹市、社会福利机构、大学、农场等等,开展多层次、大范围的野外教育实践行动。许多班级成立班级教育协会,招募儿童教育志愿者或义工等等,这些对于儿童全方位接受教育、开展多种渠道的儿童教育活动大有裨益。(见图 6-2)

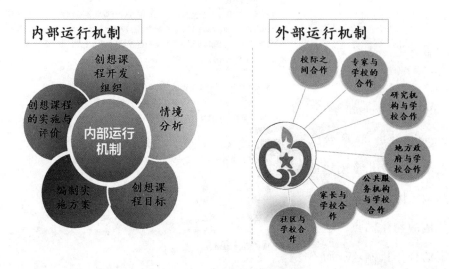

图 6-2

(二)学校 FSC 联合会课程情境分析

能让儿童获得尽可能地发展的,唯有课程,让课程成为儿童生命发展的场域,学校以 FSC 联合会为载体,对相应的物型课程进行情境分析,对课程实施探索。

FSC 的成立重点将落实学校儿童创想社区基地,构建儿童校外课程基地的物化网点,建立稳定的合作机制,从而不断延伸"第三课堂"教学模式。同时,我们也试图为每一个孩子设立一张属于自己的课程表,将所学的知识变成实际的操作与创造,从而孵化自我成长的智慧拔节点,真切地体验社会拓展物型课程所实现的生命滋养。

1. 区域星河课程基地的征集

经过宣传，学校、社区、家长们明确了 FSC 成立的意义，积极自我申报所能提供和开发的社会物型课程资源。在此基础上，学校发展协会与家长委员会调查了解，选择适合孩子们活动的课程基地，然后多方努力，与相应的机构取得联系，进行交流，达成共识。

课程领域	课程基地
人文天地	古淹城遗址、夕阳红敬老院、社区活动中心、烈士陵园、新华书店、武进公安消防队、安诚保险、武进电视台、法律顾问公司、武进图书馆、国防园、民防工程部
社会乐园	四季青市场、湖塘菜市场、银行、机器人及智能装备研发中心
生命学园	英孚外语培训基地、常州大学城
艺术园地	凤凰谷、同窗少儿艺术培训中心、室内设计办公中心、彩妆俱乐部、茶道、古琴工作室
创意农场	养鱼场、奶牛养殖场、农家葡萄园、花鸟园科普教育基地、开心农场、桃园省武高科技馆、嘉泽百鸟园、植物科普基地
体育学院	游泳馆、武进区体育馆、市民广场、新天地公园、西太湖蓝月湾、星河扬帆中心
少年科学院	市区规划馆、武高科技馆、武进博物馆、前黄中学标本馆、实验中学情境馆、嬉戏谷、恐龙园、气象局科普馆、礼嘉雨披制作加工厂、电动车制造厂、印刷厂、电力工程部、医学实验室、工业耐火材料制造厂、污水处理厂

2. FSC 课程基地的确立

最后在社会各界的大力支持下，对可以纳入计划的物型课程基地进行了家长、学生、教师的投票选择，确定了与学校七大学院相应的单位为星河小学首批创想课程基地。

少年科学院课程基地	常州格力博集团、常州新能源汽车研究所、武进花鸟园科普基地、哈工大铭赛机器人研究所、常州恩菲水务有限公司、常州涛琪染织有限公司
社会学院课程基地	常州规划馆、武进规划馆、武进消防大队、米微（Mewe）城堡
农学院课程基地	佳农科普体验园、春晖乳业
生命学院课程基地	锡山031部队教导队、武进区民防局、武进区国防教育训练中心
人文学院课程基地	武进博物馆、西太湖花博园
体育学院课程基地	扬帆水上运动中心、曲棍球基地、高尔夫球场
创想课程基地	常州大学、常州机电学院

这些校外物型课程基地，充分开发了社区资源和社会资源，引导儿童走出校门，走进大学、法院、银行、医院、农场等更为广博的校外大课堂。孩子们可以和大儿童一起做研究，可以听法官的审判，可以和农学专家、生命科学专家面对面做交流，从而全面发展优化素质结构，不仅习得知识，更能增长见识，历练胆识，使孩子对生活有感觉，对社会有感触，对未来有梦想。

三、学校 FSC 课程

社会大课堂是发现真实问题的地方，是给我们提供各种社会资源的地方，是解决问题和创新的地方。在大课堂的环境里可以拓展知识、引导思路、教授方法，我们要给有想法的孩子插上创新的翅膀。

（一）FSC 课程实施方式

以星河课程整体构建为目标。积极推行"课程建设单"设计，科学制定该门课程的课程目标、内容序列、实施方式、课程时间及成效评价等，探索学分制评价，组建课程开发组，打造学校核心星河课程。

我们注重课程的呼与吸，创想学院针对不同需求与不同基础的儿童，开设时间跨度不同的三类课程。

第一类是微课程，提供基础的创造力发展普及教育，通过一次创造活动的体验，培养儿童的创造乐趣；

第二类是短课程，目的是让儿童掌握基础的创造方法，并通过一个学期的学习，完成自己的创造作品，收获创造的果实；

第三类是长课程，是针对部分具有创造特长的儿童进行的专项技能的培训，使他们具备一定的创新素养与创造才能，为未来创造力的发展奠定坚实基础。

我们提出了9个创造习惯，即多看看不同的做法、多学学创造的榜样、多说说自己的发现、多玩玩新鲜的活动、多做做勇敢的尝试、多试试新奇的创意、多找找相关的信息、多想想解决的方法和多改改设想的方案。

以FSC联合会为载体，凝聚了各方课程力量，于是把学科课程与活动课程，校内课程与校外课程，隐性课程与显性课程，国家学期课程、学年课程甚至六年课程融合。把国家课程的校本化、校本课程的特色化、活动课程的系列化作为主要抓手进行推进，形成了基础课程、野外课程、虚拟课程、朋辈课程、场馆课程等多个形态。

（二）FSC基地课程的价值实现

FSC物型课程的开发，以前瞻的眼光、开阔的视野、独特的思维，让社区的每一个场所成为孩子课程的基地，让社会的每一个行业成为孩子实践的摇篮。因为，社会实践活动在素质教育中发挥着重要作用。一是社会实践活动是儿童积累社会知识、获得生活经验的重要途径；二是社会实践活动是培养儿童实践精神和实践能力的过程；三是社会实践活动是培养儿童良好人格和品德的主要方式。

1. 模式创生：学段特点与主题研究相结合

我们按照儿童的学段特点与个性需求每月开展相应活动，确立了"特色载体创建为手段，情景模拟为形式，创想教育为凸显点，生存教育为突破口，综合素养提高为目标"的教育主基调。构建"以儿童创想教育为核心，以主题化的研究性学习为主要方式，以劳动与技术教育及社区服务、社会实践为主要活动形式"的"创想城"活动模式，形成"立足社区、自主模拟、快乐实践"的特色。

FSC课程基地之走进民防馆，小朋友们参观了民防科普馆，观看了4D电影，星河的老师很赞哦，亲自做讲解员；星河的小朋友很赞哦，有礼貌、知识面广，会提问、有思考。在等待观看4D电影的时候，安静等待！礼仪课程的开展很有实效哦！

——姚君丹老师

今天的活动很有意义，一路参观一路感言，孩子们在科普馆专注的眼神和兴奋的神情无不诠释着他们的兴趣，甚至很多小朋友都迫不及待地与其他人分享对生化武器、原子弹、地震、恐怖袭击等等的认识，你们真是太棒了！看完4D电影，好多小朋友不约而同地说想再看一次！爱护家园这颗种子也在他们心间牢牢扎根！这样的活动与见识是书本远无法提供的，真好！

——蒋童衍爸爸

2. 目标旨归：过程体验与人格培育相融合

这学期，按照FSC活动计划，在家长和社会力量的配合支持下，学校走进武进博物馆、西太湖花博园、溧阳天目湖、米微（Mewe）城堡、污水处理厂、常州民防科普馆等课程基地开展了活动，儿童进行了科学、人文、生命等方面的实践学习。

每一个活动的开展都经过了精心的策划，根据不同的课程基地，设计多元目标，达到全面育人的目的。

一是人格教育。我们的儿童每天在学校里活动，对于学校礼仪十分熟悉，知道要遵守课堂纪律、尊敬师长、礼貌与同学交往。而社会上不同的场合有不同的规则，面对不同的人有不同的礼仪，该遵守哪些不同的礼仪规范儿童却是不甚了了。

如果缺乏引导和教育，他们会在踏上社会时或手足无措，显得胆怯；或肆无忌惮，显得粗鲁。我们在每次活动前都会进行必要的礼仪教育，如参观博物馆时要安静，仔细观察各种文物，但不能用手触碰，用心聆听解说员的介绍，礼貌提出自己的疑问；游览花博园时要学会欣赏各种花木，不能攀枝折花，踩踏草坪，礼让他人，不能拥堵，注意安全。通过不同的活动，引导儿童学会在不同场所自觉遵守不同的礼仪规则，做个讲礼仪的好公民。

二是智能储备。每一次活动都是 FSC 课程的一个有机部分，都有鲜明的主题。活动前，我们除了礼仪教育，还会对儿童进行必要的知识渗透和能力训练，为活动的开展奠定良好的知识和身心基础。如：走进武进博物馆，组织儿童开展"亲近历史，亲近文化"活动，主要以参观"春秋青铜器"为主。这些吴越青铜器造型奇特，精巧秀丽，凝重浑厚，具有重要的历史、文化和科研价值。活动前一星期，学校课程中心便布置了详细的实践活动课程单，其中包括对于儿童的体能素养训练。由于是徒步参展，要求儿童提前一周做好准备，每天放学后，至少保证半个小时的散步时间，锻炼强健的体魄以参加活动。针对青铜器文化，学校开设了专题讲座，同时由班主任组织儿童课外自主了解和查阅此次参展青铜器的相关信息。班主任还给小朋友介绍博物馆的构成，如何看懂导游图，按照怎样的路线参观；介绍武进历史、春秋淹城的历史和传说，激发孩子们对活动浓厚的兴趣和欲望。学校还特别在三年级成立"小导游"训练队，进行系统的讲解员训练，每一件临展器具都由两位同学进行讲解说明……这样的准备，起到"未成曲调先有情"的作用，是每次活动成功举行的必要前奏。

三是践行体验。一次成功的活动必将给孩子们留下深刻的印象，这是坐在教室里纸上谈兵无法比拟的。活动中，老师们不断鼓励小朋友发挥能动性，积极参与，大胆实践。如：Mewe 城堡有 36 个场馆，40 多种不同的职业体验活动，城内设有爱国主义教育场馆——国旗仪仗队、空军馆、军事对抗等，中华文化类场馆——活字印刷馆、三味书屋等，科普教育类场馆——模拟火灾现场、地震馆、电视台等。儿童们通过实地体验、现场模拟、动手操作、参加城堡内不同的职业体验活动，对于各种社会职业有了新的了解和认识。他们有的当医生，有的当警察，有的当建筑工人，有的学活字印刷，有的学模特走台秀……在国旗仪仗队中，孩子们亮出了整齐的步伐，矫健的身姿；在三味书屋内，琅琅的诵读声，恭敬庄重的仪表让孩子们感受到古典文化的魅力；在活字印刷馆里，书墨飘香，孩子们深深慨叹古老文字的印刷体现着先民的智慧与创造；地震馆、模拟火灾现场逼真的画面、细致的讲解、实地的操作，让孩子们学到了灾难中自救自护的本领……模拟体验与真实体验的融合让孩子们对于社会职业有了更全面的认识，增长了见识，点燃了理想的火花。再如"走进武进博物馆"活动现场，除了我们儿童，还有不少游客来参观，"小导游们"发挥自身"特长"，为他们一一进行了解说。一些游客不禁竖起大拇指，啧啧赞叹道："真了不起！没想到你们小小年纪竟然对于这些青铜器有这么深刻的认识，那些鼎上的纹饰和字迹你们都能清晰详细地讲述，真是不容易啊！向你们学习。"有的游客甚至拿起手机、相机进行拍摄，星河娃俨然成了博物馆里一道亮丽的风景线。

四是品味收获。怎样才能使孩子们不仅对活动过程留下深刻的印象，还能对活动感受和收获强化、深化和内化呢？每个活动的尾声，我们都会及时进行活动反馈，有对"礼仪小明星""实践之星"的评比，有课程任务单的填写，有班级、家庭里的交流……如：游览天目湖之后，孩子必须交流天目湖的由来、游览中印象深刻的景点、天目湖有哪些特产、你消费的情况等，使小朋友对美好的大自然和家乡文化产生深刻的印象。参观民防科普馆之后，要求儿童能在课程单上反映出向亲友宣传的情况，能在期末闯关考核活动中演示"火灾""地震"等逃生要领，能在传染病高发的春夏之交，切实做好防护工作。孩子们在实践中收获，在收获中成长，为将来幸福生活奠定下坚实的基础。

FSC课程基地活动，使孩子们更好地融入社会、走进生活、学会合作、共享成果，真正让社会实践成为第二课堂的延伸，为学校教育补充了"有氧"元素。苏霍姆林斯基说："我认为教育的理想就在于使所有的儿童都成为幸福的人，使他们的心灵由于劳动的幸福而充满欢乐。"FSC 课程基地活动，打破了学校教育的樊篱，系统地将"学与用"结合，"课内外"结合，学校、家庭与社会结合，丰富了学校课程体系，给儿童提供了良好的学习和实践条件，为孩子的学习创造了愉悦、幸福的环境，注入了快乐、梦想的元素，不断提高孩子们学习的幸福感。我们期待孩子们在 FSC 联合会的帮助下，展开强健的双翼，在浩瀚的星河自由飞翔，得到更多的成长与收获。

第三节　即刻探索：百分百家庭创想实验室

科学更多的是要唤起儿童对这个世界的兴趣，激发所有对世界和生活充满热情和好奇的生命。科学素养的涵育中，我们更多需要培养儿童的事实依据、逻辑关系、审辩性思维。这些科学的思维方式的培养是需要在一定的物型空间之中才能发生的，一定与可以参与的物型场景相关联。在现实的儿童科学学习的过程中，学校依然有着场景、器材、课堂环境等客观制约，看科学、演示科学、听科学的现象还是很多，不能让每一个儿童都有机会充分参与到这样学习中。而物型课程倡导的是让儿童能在做、学、玩、问等实践中探究科学的密码、寻找科学的规律，让儿童真正能在动手动脑动口的过程中实验、学习探究、激发创新意识。

因此，左文飞老师、陈雨薇老师的"百分百家庭科学实验室"就应运而生了，"家庭科学实验室"旨在给孩子创设无时不在、无处不在的科学探究的物型区域，每一个科学实验的探究活动对建构儿童的科学经验具有重要的意义和价值。它符合儿童年龄特点、有利于儿童在生活中即时即地获得直接的科学经验、促进儿童主体性的发展，还有利于促进儿童个体探究能力的发展。在家庭物型区域中的科学探究活动，虽然是儿童自主自发的科学活动，但并不是在无准备的环境中自然产生的，教师可以结合特定的物型区域——家庭，来指导孩子设计科学探究活动，有目的地创设和有计划地准备丰富的、开放的家庭科学实验环境，指导和帮助学生建立一个小小的"家庭实验室"以开发物型课程，借助"物"的载体，方便学生在课余进行科学实验，使实验由课内向课外、由学校向家庭拓展，是一个切实而可行的方法。这样不仅为有效营造课堂创新氛围奠定基础，对于培养学生自主、独立、创新的科学探究能力也是一项有效的举措。

一、那一月，"家庭实验室"一树一树花开

小学科学是一门以观察实验为基础的学科，无论是科学概念的建立、科学规律的发现，还是学生兴趣的培养、科学素养的提升，都必须让学生经历实验和验证，在亲历中获取和养成。在科学学科教学中，提出"家庭实验室"这一活动概念并在实际教学中实施。

（一）家庭实验室：每个人都可拥有

"家庭实验室"是指除课堂教育中的探究活动外，指导学生在课外进行的一种实验活动，它以家庭为据点、以家庭生活为背景挖掘适合的科学课程资源，开发物型课程，结合科学教材中的拓展活动和学生的日常生活，设计出适合家庭开展的实验，并动员家庭所有成员参与相关活动[1]。"家庭实验室"是一种好玩有趣的科学探究模式，它就像一张巨大的网，将教师、家长凝结在一起，真正实现学校、孩子、家长三位一体的教育。

需要说明的是，"家庭实验室"活动只是对小学科学课堂教育的补充，家长并不等于教师，也不能替代传统的课堂教育。"家庭实验室"与课堂教学中简化的、虚拟

---

[1] 唐继江.打造小小家庭实验室开辟实验教学新天地[J].中国校外教育，2013（14）：57.

的书面科学问题或任务不同，与学校科学课堂中的实践活动不同，学生在完成任务的过程中学科学，具有发自内心的好奇心和驱动力，加之教师在课堂上的指导与家长在家庭中的辅助，学生在构建属于自己的"家庭实验室"中能够进一步提升科学素养。

（二）家庭实验室：每个人值得探究

"家庭实验室"绝不只是一个项目，它更深远的意义在于，作为一项"普惠课程"，取材多样，人人都可以获得成就感。它也是一项"跨界课程"，其中会涉及语文、数学、综合实践活动、信息等学科，需要孩子们具备学科综合能力。同时，"家庭实验室"本身以物型课程的视角，借助物质和实体环境展开。可以说，"家庭实验室"融合了全课程和全人教育理念，对孩子的成长发展会产生深远的影响。

1. 科学实验：小实验互动

以往的科学教育只是学校教师的教与学生的学，囿于课时、教学环境、工具等因素，在某种程度上变成了教师对学生的单项知识传输。"家庭实验室"的建立，突破了以往科学实验只能在教室中由教师"讲实验"、学生"看实验"的单一局面，形成了教师、家长、学生三位一体互动共同参与实验的新局面，让所有学生都有机会在教师与家长的共同协助下，亲自动手做实验。

2. 科学思维：小学问开启

经过教师在课堂上的演示讲解，学生已基本掌握了一些基础知识，但可能还存在疑问。鼓励学生开展家庭小实验既是对所学知识的一种巩固，又是一种延伸。因此，经过教师指导、家长辅助学生完成的家庭小实验，不仅可以检验学生对所学知识掌握巩固情况，而且能够让学生发现更多的疑问，运用多个学科融合学习促进科学知识学习。这样既加深了学生对所学知识的理解，同时还培养了学生发现问题、分析问题、解决问题的能力。

3. 科学启蒙：小单元做起

"家庭实验室"的成立，有力地推动了家庭的科普教育，提高了学生观察与动手操作的能力,增强了学生学习科学学科的信心,营造了"学科学""用科学"的家庭氛围,有利于学习型家庭的建立。成立"家庭实验室"从某种程度上来讲就是"做科学",利用物的载体让科学教育有了崭新的面貌。"家庭实验室"的持续推进改变了学生学习科学学科的传统方式,是科学类学科教学中的个性化的实施。

二、那一天,"家庭实验室"一环一环链接

"家庭实验室"是将教师、家长、学生凝结在一起,贯穿家庭与课堂两大场域的动态科学教育。其中,在学校场域内,教师基于学生的学习兴趣与学习需要,在参考科学教材与充分开发物型课程的基础上,为学生设计家庭实验起指导作用。在家庭场域内,家长则起辅助作用,在与教师进行沟通并意见一致的基础上,帮助学生准备实验器具,设计实验场所,为学生创建可操作的实验平台。真正的实验主体是学生,他们在教师的指导和家长的辅助下进行家庭实验,从而深化了科学实验课程的价值,进一步提升了科学素养。在"家庭实验室"的动态流动场域内,促成了教师、学生、家长的共同成长。(见图6-3)

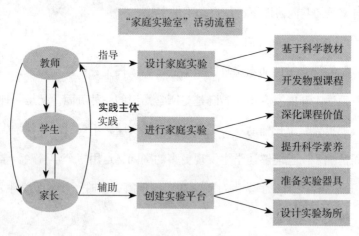

图6-3 "家庭实验室"活动流程图

具体实施一般包括如下四个阶段:

（一）实验课题的遴选：从教材中找逻辑线索

一些科学课堂上的实验探究由于课时、器材等因素的局限，在很多时候对于课本的预设实验难以实现理想的开展或全面探究。如有的实验需要长期的坚持观察，有的实验需要用到特殊设备，有的实验需要家长配合完成。若在以往，教师在实际操作中往往是以讲代做。因为有了"家庭实验室"，所有的问题都迎刃而解。教师要做的只是找出一些囿于课时、器材等因素而不能深入探究的部分，让学生在家庭实验室中开展探究。

在进行科学实验教学的过程中，教师要注重鼓励学生观察思考，培养学生勤于动手动脑的习惯，从而提高学生的实验能力。如定期举行"我的科学小发现"活动，鼓励学生讨论生活中遇到的让其感到疑惑不解的事物或问题，并鼓励学生大胆做出预测，从而设计出理想的、适合自己开展的小实验。科学探究重在观察、思维的能力，把实验教学中的实践操作与家庭探究有机结合起来，并从中进行挖掘、扩展，就能获得一举数得之功。

（二）实验器材的准备：从生活中创造性地选取

美国著名的心理学家西尔瓦诺·阿瑞提曾经把探究的过程说成是一种奇妙的综合过程。要开展家庭小实验，必须配备一些常用的实验器材。在配备时要做到通用性、实用性，制作实验器材也是一种科学活动方式，能自制的尽量自制，如量筒、弹簧秤此类器具。确实不能制作的，而又是做实验必需的器材，如天平、钳子、显微镜等，则可以到学校仪器室借用，有条件的也可以购买，原则上能用就可以。总之，在课堂以外，家长需要帮助学生尽可能搜集到可利用的实验器具。由于学生的家庭实验能力存在差异，因此我们需要鼓励学生建立多种形式的家庭实验室。比如，在家庭实验地点选择方面鼓励灵活选择，家中的厨房、客厅、卫生间、阳台等地点都可以建立家庭实验室。根据家庭环境决定家庭实验室的大小，如果空间有限，在客厅一角放置一张单独使用的实验桌也可以形成一个小型的家庭实验室。在实验内容上，需要结合劳动教育、科技创新活动等内容，将相互联系的一些实验内容整合成一个模块，设定一个主题，让班级学生选择适合自己的实验内容。如我们为三年级学生设计的科技实践活动"种子发芽了"，实验环境是简单的小桌子，实验器具则是家中随处可见的物品，如塑料杯、豆子、水、白醋、纸巾等。全班学生都参与了调查、实验、实施，达到了人人参与家庭实验的预期效果。

实验举例：种子发芽了

实验材料：塑料杯、豆子、水、白醋、纸巾

实验步骤：

（1）在两个杯子底部垫上纸巾，模拟土壤环境。

（2）分别在两个杯中倒入同样多的适量的绿豆红豆。

（3）分别往杯中倒入同样多的水和白醋。

（4）第二天，装醋杯子的豆子没有发芽，装水杯子里有些豆子发芽了。

（5）第三天，装醋杯子的豆子依然没有发芽，装水杯子里的种子发芽更长了。

种子发芽所需要的外界条件是一定的水分、适宜的温度、充足的空气、合适的酸碱性环境。白醋是酸性溶液，其本身浓度高于细胞质浓度，种子渗水，在这种高浓度溶液环境中，种子内细胞质会脱水失去活性，所以不会发芽。经过这样简易的小实验，学生在教师的指导和家长的帮助下，利用一张小桌子就能完成，借助物型课程中"物"与"场"的载体，真正实现了实验环境的灵活选择。

（三）科学实验的开展：从多磁场产生共振

在开展实验的过程中，由于小学生年龄尚小，认知能力与动手能力还不是很强，因此更加需要教师与家长通力合作，引导学生在家庭实验的基础上总结实验结果、探究科学原理，真正实现在"做"中学科学。这里以我们为二年级小学生设计的"有趣的磁铁"小实验为例进行介绍。

有学生在看到磁铁时，会惊异于磁铁的神奇效果，并用各种物体与磁铁接触，观察磁铁能否吸住该物体。学生就此提出一个问题，磁铁能否吸住铁质物体呢？教师鼓励学生对实验结果进行预测，从而指导学生设计与该问题有关的小实验。

实验举例：有趣的磁铁

实验材料：2个杯子、磁铁、蜡烛、针、线、打火机、一块木板（可以用盘子代替）

实验步骤：

（1）把杯子放在木板上（或者盘子的两边），将磁铁放在一个杯子的顶部。

（2）把针线套在另一个杯子上，调整两个杯子之间的距离，使铁针正好悬浮。

（3）用打火机将蜡烛点燃。

（4）用蜡烛将铁针烧红，铁针失去磁性掉落下来。

在帮助学生设计实验的过程中，教师需要在科学教材的基础上，向学生明确磁铁的原理，即能够对某些物体产生作用，从而让学生探究磁铁与铁质物体的关系。在设计实验的过程中，教师需要对学生强调注意事项，即实验中需要用到火，同学们在家做实验的时候，一定要有家长陪同，在使用蜡烛烧铁针时，要避免蜡烛烧到手。在"家庭实验室"中，家长帮助学生准备实验器具，建立实验场所，并且在家长的陪同帮助下，学生才能使用打火机进行实验。

（四）科学实验的评价：与学科素养建立联系

在"家庭实验室"进行实验后，还需要注重对实验的评价。首先，需要基于校内课堂科学课程理论与教材，"家庭实验室"所倡导的课余开放性科学实验探究，是一项创新尝试，其创新性不仅体现在倡导人人参与科学实验，更为重要的是它是课堂科学课程的拓展和延伸，因此在对实验进行总结评价时需要基于校内课堂科学课程理论与科学教材。其次，在评价标准上与课内课程完全一致，根据家庭实验室器材的数量、实验的质量等，对学生创建家庭实验室、进行家庭实验予以指导，通过这些规范化的制度引领，为家庭实验室与家庭实验探究设定可参照的标准，并将家庭实验室成绩记入到综合活动评价中。最后，在评价形式上采用与课堂教学评价方法相一致的方式，可以采用展示会、演讲会、答辩会等多种形式的评价，并注意评价主体的多面性，以教师评价、学生互评、师生互评等方式记录学生的成绩，利用多项措施对学生进行激励。

三、那一刻，"家庭实验室"一路一路眺望

在家庭科学创想实验室的基础上，设立了"儿童创想学院"云平台，开设了四个维度的家庭创想实验室，每一个家庭就是一个脑研究室，每一个房间都可以成为一个实验室，每一个时段都可以开启一场说做就做的探究。这一创新举措，开拓了儿童创想课程的实施场域，丰富了儿童创想课程的实施主体，和谐了亲子间的生长关系，创新了儿童核心素养发展的多元路径，让星河娃在斗室之间决胜千里之外。

（一）每一个角落都可成为科学创想实验室

"100个创意实验 100个科学小导师"的科学创想家庭实验室号召孩子们整理自己通过课堂、阅读、电视、网络、课外兴趣班等渠道获得的科学认识和自己的微型研究，选用身边随手可得的学材，把自己的学习成果向同伴们展示。（见图6-4）既引导学生从身边的"小先生"身上学知识、开眼界、启思考、长兴趣，又引导学生向周围的同伴、友邻传播自己对科学问题的认知和理解。让学生成为课程设计的力量，而不是单纯的课程实施对象。培养爱科学、善钻研、会分享的科学小达人、发烧友。在付出与得到间，让科学知识和能力双向流动。

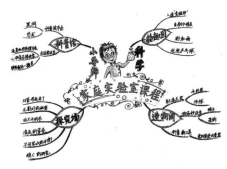
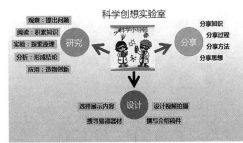

图 6-4　家庭实验室　　　　　　图 6-5　科学创想实验室

创想实验室里的学生小导师不仅要自己学习，还要把学习过程、学习成果梳理出来，转换成有利于伙伴学习的展示方式，实验室为学生提供学习支架。（见图 6-5）

"缤纷彩虹雨"实验说明书

> 所需材料：水、油、色素、筷子
>
> 实验步骤：
>
> 1. 将色素滴入油中，搅拌。
>
> 2. 将搅拌好的油倒入水中。
>
> 3. 等待一会儿，色素会渐渐下落。
>
> 现象原理：油的密度小于水的密度，混有色素的油倒入清水后，油包裹着色素浮上水面。放一段时间后，由于色素密度较大，色素开始沉入水中，且与水相互溶解，于是形成了梦幻的彩虹雨。
>
> P.S. 如果能在最后的液面上挤上一些剃须泡沫，就更像云在下雨啦。

从发现问题到思考再到实践，李涵瑜小朋友反复实验并将实验过程记录下来，同时家长参与共同研究，寻找家中合适的拍摄背景并安排机位，一起设计拍摄环节……经历这样的过程，小李的好奇心更强烈，更懂得如何去探索现象背后的秘密，并把自己变成了科学的力量源。

（二）每一个地方都可开启数学创想实验室

数学创想实验是我们一起引导孩子探究数学世界非常好的支架、方式和载体，立足于"做学玩合一、思创行一体"，把抽象的概念、法则融于实验操作，化抽象为直观，变静态为动态，让学习向儿童学习的本质回归。基于学校创想理念，我们数学组的老师从教材和课外两个方向入手精选数学内容和数学问题，拓展教材，延伸学习空间。分别开设了数学实验、数学游戏、数学绘本、数学思维等课程，把数学学习与游戏元素、数学绘本、数学趣题相结合，让学生在动手探索中玩好数学，生长数学思维，感受数学的魅力和价值。

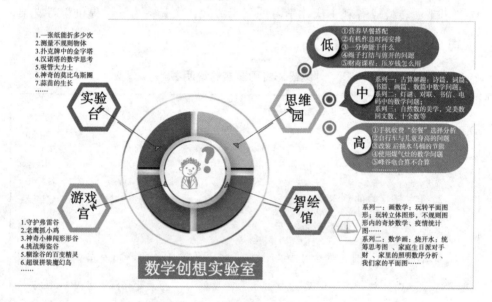

图 6-6　数学创想实验室

做实验，"玩"数学，你会发现每个孩子都是数学家。

我们的数学实验课程不同于科学实验，我们旨在把一些抽象的难以理解的内容，转化成可操作、可触摸的实验，促使学生动手操作，撬动学生的思维，让学生用自己的方式理解和创造数学。我们的数学实验课从数学问题或数学现象出发，让学生设计实验方案，利用实验素材进行探索性实验，验证猜想或得出实验结论，最后利用实验结论拓展应用。

给孩子一片实验的空间,他们会还你无限可能。让我们一起走进"1亿有多大"。

案例分享:

1亿到底有多大,这是一个非常抽象的概念,学生很难根据具体的量获得直观的感受。基于这样的认识,我们提出了"你能把1亿表现出来吗"的数学问题,让学生设计实验方案,通过"数一数""量一量""称一称"和"算一算"等实践探究活动,利用可想象的素材获得实验结论,帮助学生理解数的意义,建立1亿大小的数感。

在实验中,学生不仅动手操作,还边实验边记录,对实验的经过和结果进行反思总结。

有的学生对实验进行了个性化的改编,以黄豆为素材,推算出1亿粒黄豆的质量和面积,并和大象的表面积、教室的面积进行对比,从不同的角度度来感受1亿的大小。

有的学生测出了纸的高度,原来1亿张纸的高度大概有珠穆朗玛峰那么高。

有的学生通过数1瓶盖大米,严谨细致有序地推算出1亿粒米的重量。

实验让小朋友脑洞大开,让他们感受到数学就是这么好玩,在"玩"中产生心灵的震撼,感受到1亿原来有这么大。

(三)每一个时段都能徜徉艺术创想实验室

疫情长期在家,我们将艺术创想实验室设置为更贴近于生活的内容,让孩子在家里感受生活,发现生活之美、应用艺术之美。艺术创想实验室融合趣味性、操作性、知识性,分为四大板块内容,分别是家庭实验园、七彩生活馆、抗"疫"美学区以及云端展览厅。采用游戏魔法、图文并茂、视频播放、师生线上互动等形式,为线上审美教育提供了多样的教学手段,为学生的学习和发展提供丰富多彩的审美环境,以此来帮助学生更好地提升审美素养,见图6-7。

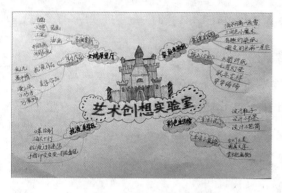

图 6-7 艺术创想实验室

通过改变学习方式,加入趣味性实验活动,增加亲子互动,推动学生积极参与。在这特殊时期,孩子和父母在一起,建议选择来自家庭生活的内容,最好是家长和孩子都熟悉都感兴趣的,这样更容易引起孩子和家长的共鸣。孩子们通过一抹色彩、一点创意,指尖飞舞,搭建一片多彩的天地,放飞心情,表达对美好生活的憧憬。

"手指印变变变:打败大病毒"用手印天使导入,介绍手印天使的神奇魔法,可以帮助人类消灭病毒。魔法显灵教师示范实验过程,小朋友和家人可以一起来当实验探索者,一起调制颜料,一起商量指印如何更好地表现才形象。一起想一想、学一学、玩一玩,注重美术活动的人文性和愉悦性。一张张充满创意的作品通过我们的云端展览厅让大家相互欣赏学习。

在音乐老师的指导下,孩子们将家中的日用品或废旧物品妙手改造,成为一件件有意思的乐器。让我们用这些乐器,开启一场云端的音乐会。

云端音乐会

自制乐器	器材
水杯琴	同样的碗/杯子/饮料瓶至少7个,水
沙球槌	饮料瓶、沙子、胶带
吸管笙	同样的吸管至少7根,剪刀,细绳
皮筋吉他	硬纸板、皮筋
玻璃瓶编钟	同样的玻璃瓶至少7个,水
纸筒非洲鼓	卷纸中心的纸筒、胶带、硬纸板、厚塑料布、废弃的仿皮或皮质衣物
……	

（四）每一个时空都可打开人文创想实验室

针对疫情期间的人文教育，师生合作，共同开发了人文抗"疫"课程，打造"人文创想实验室"云课堂。星河娃共同学习人文抗"疫"课程，在"人文创想实验室"种下自己的文学种子，给奇妙的想象力、学习力松松土，看谁的"种子"能长成参天大树。

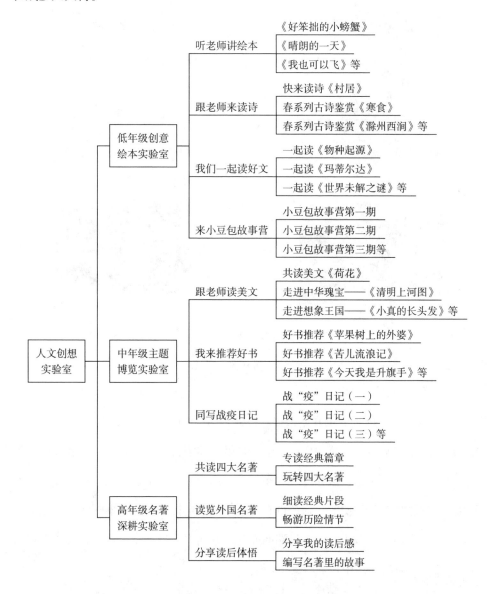

1. 低年级创意绘本实验室

星河教师用自己的声音、自己的感受来讲述绘本故事、绘本小诗、绘本好文，引领着星河娃在云课堂体验绘本里的快乐、喜悦和美感，寻找最能荡起涟漪的那颗文学种子。

我来分享书中的美文

来小豆包故事营讲故事

图 6-8

2. 中年级主题博览实验室

从疫情开始，孩子们也开始了"防疫课程"，每天关注新闻，用思维导图记录新冠病毒发生、医治、增减的变化；学生自组云端项目组，展开了对新冠病毒的数据解剖；以口罩为主题，探究口罩的作用，口罩的前世今生及文化、需求等，作为医生的妈妈也成了孩子们的导师；也有孩子专注了解抗疫英雄故事，深刻认知中国脊梁，来一场追星。孩子们自组云端朗诵会、共同书写战"疫"日记，用非正式的学习环境，在真实经历中让学习真正发生。

3. 高年级名著深耕实验室

对于大部头的名著阅读，高年级学生时常感觉眼花缭乱，浮光掠影断断续续，读了后面忘了前面。为此，高年级语文老师着力打造名著深耕实验室，专读中国名著经典篇章，细读国外名著，通过形式多样的资料拓展和名著问答闯关游戏丰厚对经典篇章的品悟。以一篇经典篇章撬动对整部名著的阅读兴趣，人文创想实验室激起了星河娃共读名著的热潮，思维的火花在云端碰撞、绽放。（见图 6-9，图 6-10）

图 6-9　趣读中外名著

图 6-10　"悦"读分享会

疫情为我们关闭了一扇门，也为我们打开了一片天。家的世界虽小，却有好书安静陪伴，有网络穿越时空。星河娃在创想实验室里耕耘，在灿烂星河里驰骋，寻找、培育那颗属于自己的创想种子，编织特殊时期的七彩童年梦。

第四节　造梦工厂：通往儿童心灵的电影课程

作为第七艺术的电影，融合现实和理想，积聚科技与梦幻，集文学、戏剧、绘画、音乐、舞蹈、摄影于一体，其呈现出的万千绚丽形态，活脱脱另一部人类史。一次次的剧场表演，便是一个个好的社群，在这个社群里发生着许多美好的教育。一次次光与影的结合，便是一次次极佳的挑战，犹如登山般充满着挑战、期待。一个好的社群，不应该只有在教室里那样好的学习氛围，更应该是一个像家一样特别温暖的地方。在这个奇妙的剧场里，进行着美好的社群式学习，每个人都能够被看到，都有机会去展示自己。被关注，被赞赏，是能够帮助他人提升自信的，也是能够为他人的每一个动作赋能的。

这个美妙的"苹果"剧场可不只是戏剧表演的舞台，还是电影的"造梦工厂"。学生在这里可以欣赏到许多经典电影和当下热门电影，还能欣赏到学生们自己拍的电影呢。这就要提到在这个剧场里诞生的一门课程：光影课程。

一、剧场构造：每一个时刻都有一场精彩的故事

在一个露天的楼梯下去，就是星河的"苹果剧场"，这是一个孩子们超级喜欢的物型场域。建校以来，每年在这个剧场的舞台上都会有一场场精妙绝伦的戏剧演出。孩子们阅读经典，创作剧本，制作道具，最终舞台演出，在这个剧场里，孩子

们收获掌声，收获了成长。这就是戏剧的魅力。

从学校走过去300米，就是孩子们的休闲世界：常州星河COCOCITY商场，四楼有着一个立体式的影院；电影成了当今世界最亮丽的文化奇观。其对世界的影响力，已超越过去存在的任何艺术形式，凡能影响人的，便能教育人。

随着电影话题越来越热、戏剧教育的推广，电影课程越来越广地进入到很多学校的育人领域。新教育提出"为了一切人的发展，为了发展人的一切"，这里的"一切人"既包括学生，也包括老师，还包括家长，以及一切和孩子有关的人。我们光影课程的研究是新教育的需要，它充实了儿童的校园生活。把影视文化纳入校园文化建设，把电影课程纳入校本课程开发，让电影成为儿童生活的一部分。儿童电影课程的研究也是新课程建设的需要，它丰富了我校的校本课程。该课程将教材从单一文字变为集"形、声、光、色"于一体的生动、直观的多载体形式，有效地为课程服务、为教学服务。我们学校的"光影课程"借剧场这个"物"，应"新教育"而生。让学生在光与影的艺术空间里感受到生命与成长的无穷魅力。

在星河实验小学，让学生过上一种幸福完整的教育生活，我们努力做到：

1. 通过观影与读原著相结合，让学生产生知识与生活、生命的深刻共鸣。

2. 通过观影、评影、编写剧本，用思维导图培养学生的语言文字运用能力，培养批判性思维，提升合作的能力，创新思维能力。

3. 通过拍摄微电影，挖掘每个学生身上的闪光点，提升学生动手能力和统筹协作能力，进而增强学生自信。

让孩子们徜徉在这样的"星"生活中。

在影视课程中，慢慢学会欣赏、学会探索、学会选择，继而从欣赏到参与，学习配音与表演、自己动手写剧本、拍摄微电影……该课程是对国家课程的一种补充、拓展以及提升，光影课程的开设是基于学生的兴趣爱好，旨在激发学生的学习热情和动力，提高学生听说读写的能力，提升学生综合素质及审美能力。该课程的开发是对新课程理念的一种积极的实践，促进学生全面成长。通过观影、评影、创作、拍摄等，丰富师生生活，实现教育教学的新突破，弘扬社会正能量。光影课程除了提高学生的语言文字运用能力还体现知识与生活、生命的深刻共鸣。它不仅体现学生的成长，教师也在课程中，学会做一个智慧的教育者，让孩子的生活与影片内容交织，教会孩子怎样做才能让心灵洒满雨露阳光，获得正能量。正如新教育实验的宗旨：过一种幸福完整的教育生活。

二、剧场体验：每一个人都有着一个不同的剧本

学校的围墙被打破后，孩子的剧场不再仅仅局限在300米以内：苹果剧场与星河影院，已经在有着这样的场效应的物型空间而展开。这种学习是沉浸式的，儿童不再被约束在剧场的座椅之上，而是打破舞台和观众的界限，在一个演剧空间里主动地探索剧情，并且全身心地进入剧场情境。与其说是看了一场舞台剧，抑或参与了一场路演，不如说做了一场徘徊在现实与虚幻之间的梦。

课程名称：以"星河影院——拍一部50年后的常州科幻片"为例

课程纲要：

课程名称	光影课程：拍一部"50年后的常州"科幻片	开发教师	何平平		
适用年级或对象	五、六年级	总课时	16	课程类型	校本课程
课程背景	2019年中国的科幻大片《流浪地球》可谓是"燃爆"整个春节，不少科幻爱好者走进影院，感受这场视觉的盛宴和头脑的风暴。星实小的苹果剧场也迎来了这部炙手可热的电影。星河娃们只要拥有足够的星河币去兑换观影券，就可以走进剧场享受这场视觉盛宴。 走出影院的星河娃们，对这部电影仍津津乐道，不少班级开启了读书分享会：开始阅读《流浪地球》原著，与电影进行对比赏析，追刘慈欣获得雨果奖的作品《三体》，从《时间简史》到《宇宙简史》。太阳系的神秘吸引着一双双好奇的眼睛，硬核科幻的科学逻辑让小朋友惊叹不已，触碰那绝望边缘选择希望的勇气，让我们重新定义回家的内涵。孩子们用思维导图等方式理清纷繁复杂的科学知识，将研究的范围不断延伸。				

续表

课程背景	在老师的引导下，孩子们开启了对科幻片的主题研究，对近两年较火的与宇宙有关的科幻片进行欣赏——《星际穿越》《火星救援》……渐渐地，我们开始思考，随着科技的不断进步，未来的城市将会是什么面貌？未来的生活将是什么样？于是，一幅幅未来城市的绘画出现在教室的墙壁上，一篇篇未来生活的文章从孩子们的笔尖流出。孩子们的奇思妙想此刻只停留在纸上，可如果能变为现实，那该多好？ 未来还未来，怎么可能变成现实？ 怎么不可能？用电影就可以！用这种光与影的艺术，将未来搬上银幕，送到每一个人的面前。有人说，拍电影的工棚就是造梦工厂。我们开设这门"光影"课程，就是要把孩子们的梦想搬进现实。 世界太大，大到渺小的我们遥不可及。不大不小的"龙城"常州就正好，我们生于斯，长于斯。所以我们可以拍一部50年后的常州科幻片。孩子们自己拍电影，在我们的苹果剧场播放，邀请老师、同学、家长们都来观影。为什么是50年？50年后的我们六七十岁，还健在，年老的我们坐在躺椅上，看着我们童年时拍的科幻片，发现很多在50年后都变成了现实，会不由得发出会心的微笑，这也是一种岁月静好吧。"50年后的常州科幻片"电影的拍摄，让我们对于未来又多了一些期盼。 未来可期！
课程实施	一、准备阶段 1. 构思剧本 （1）畅想未来常州的样貌。 班级分小组，以思维导图的形式创想未来城市各个方面，为剧本的创作找到好的切入点。例如：垃圾分类新科技、抗击传染病、交通工具、通讯方式、学习方式、一日三餐……"未来常州"这个概念太大，需要找到一个既便于创作，又震撼人心的话题切入剧本的写作。在前面对科幻片的研究中，我们发现"灾难片"好像最能吊起人们的胃口，引起人类的深思。于是"抗击传染病"这个话题就落入了编剧们的眼中。看过《人类简史》的一定知道，人类的发展史某种程度上就是一部与疾病做斗争的历史。你们一定会好奇：50年后的未来，人们是怎么抗击传染病的？那这部电影就很值得期待了。 针对未来的常州人怎么抗击传染病进行具体的畅想，形成文字稿，为剧本的创作做好素材准备。这期间，邀请科学老师做顾问，进行科学知识的指导。 2. 创作剧本 学校范围内征集优秀剧本。最佳剧本的作者担任本次拍摄的编剧。 3. 招募导演、副导演、演员、摄影师以及其他幕后工作人员

续表

课程实施	4. 制作道具。摄像机架子由信息组老师提供并指导使用，服装和其他道具由美术老师担任技术支持 二、实施阶段 （一）拍摄电影 1. 正式拍摄 2. 视频剪辑+后期特效制作（邀请信息老师帮忙） （二）电影节 地点：苹果剧场 1. 影片宣传 2. 影片首映仪式 3. 邀请同学、老师、家长分批观影 老师指导学生写影评

儿童电影课程，以物型场景为载体开发课程，丰富的儿童的生命。儿童电影课程的开设是时代发展的需要，是全面提高学生综合素质的需要，也是切实提高学生审美能力的需要。优秀影片中蕴含着丰富的美育内涵，充分发挥电影的美育功能，有利于提高学生发现美、感受美、鉴赏美、创造美的能力，促进学生健康、全面、持续、和谐地发展。

三、剧场效应：每一次都是一场真实的成长

剧场效应是让在这个物型场域中的人都参与进来，新媒体正给我们的儿童提供很多他们父辈没有的获取信息和知识的渠道。今天的儿童生存在媒介化的环境中，我们必须承担起新媒介的素养教育，媒介素养教育不仅仅针对儿童，还针对他们的家长和老师，家长和老师更需要媒介素养。

（一）关怀与洞察：在沉浸式体验中厘定人生的价值

学生在赏电影、演电影的过程中，不仅能获得一些生活知识和为人处世的经验，还能获得一些深刻的人生感悟，从而更好地认识人生、认识社会。

青少年时期正处在长身体、长知识、长见闻的时期，不断接收着各种新鲜的生活经验，也是确立人生观的重要时期，具有较大的可塑性。电影以直观的视觉感受直接刺激观众，它向青少年传播的生活、科学、历史、文学等知识，往往比教科书来得更广、更鲜明。对于小学生而言，由于年龄的限制，他们所经历的生活以及接触的世界也是非常有限的。要开拓他们的视野、增长他们的见识，通过电影来了解社会、体验人生，是一个既有效又高效的途径。甚至不夸张地说，对小学生传授人生的知识，影院是个鲜活的课堂。学生通过对影片中人生状态的观照，往往可以认识和理解各种人的生活状态和生存方式，丰富自身的经验和阅历，进而用来指导自己的人生，树立正确的世界观、人生观、价值观。所以，无论是观看电影还是参演电影，都能丰富个人的体验，延伸自我实践，让师生都能遇见更好的自己。

（二）审视与反省：在批判性思维中遇见生命的可贵

每个人都是一个世界，每个生命都是一个奇迹。对待生命的态度，通常要在生命的真实情境里才能体现出来。但我们深知，每个人的生命只有一次，只能体验到一种生命的样态。电影弥补我们的遗憾，在电影的世界，生命的踪迹无处不在，在这个"梦工厂"我们思考生命，体验不一样的生活，感悟人生百态，一段段短暂的光与影，是我们省视生命的阶梯。电影通过提炼生活，在一定的时空内较为集中地表现社会现实，浓缩人生。每一部电影作品都会有不同时代生活的痕迹，多多少少能体现出编剧、导演对人生百态的思考，这种思考通过光影的形式呈现出来，成为很多人的导引。

电影带领我们穿越时空，让我们的生命得到更丰富的体验和滋养，在观电影、评电影、拍电影的过程中，电影一步一步引领我们思考："我"是谁？究竟应该如何生活？如何更好地了解自我？我们在电影的世界中，构筑生命的精神家园，让每个生命都能成为最好的自己，写好自己的人生剧本，演绎属于自己独特的精彩故事。拍摄这部《50年后的常州——我们又一次赢了》，从主题的选择、剧本的编辑到最终的拍摄，整个过程无一不透露着师生们对生命的审视和思考。编剧和导演们，将他们的对生命的思考传播给广大的观影对象，帮助观影者们树立正确的世界观、人生观、价值观。

（三）社群与个体：在群体的组织中承接生长的阳光

从编剧到制作道具、演员演出、幕后工作……在这样一个社群中，每个孩子依据自己的个性、特长，找到适合自己的"位置"，每个孩子的个性都应该得到最大的尊重。在这个社群中，孩子们最大的收获应该就是团队合作。一部电影从无到有，牵扯众多，首先要有的就是团队合作精神。拍摄电影的过程中，导演统一指挥，以编剧提供的剧本为基础，演员表演，工作人员协调配合。电影在表演中是多元互动的群体活动，每个参与者都是不可或缺的，所以每一个成员都要认识到彼此的重要性，齐心协力，同舟共济，有问题一起解决，有困难一起上。在这个团体中，找到自我，学习合作，提升自信心。

一路走来，光影课程为师生的前行提供温情、阳光和自信；它是师生共同"造梦"的平台，是一部回味无穷的故事书，我们期待：星河影院中的光影课程成为师生的一条通往彼此幸福的路！我们一起欣赏品味，师生共同体验到幸福完整的教育生活。

第七章 未来生活：光合作用的赋能型学习

第一节 赋能学习：应对不确定的未来

听过樊登读书推荐的《赋能：打造应对不确定未来的团队》，记忆犹新。2020年的寒假，新冠病毒席卷整个中国，"停课不停学"的开启，让所有的人（包括行政部门、校长、老师、培训机构、家长）应接不暇，铺天盖地的信息都传递着一个字——"学"。

在这样特别的物型时空，我们都应该从学习的要素维度来重新考量这一切带来的改变：我们已经无须丈量物型课程学习的边界、学校物型所在的围墙，因为我们的孩子已经在学校围墙之外了，在家庭围墙之内、网络无边界时空之上。这样的"互联网+"物型课程时代的到来，谁也没有想到这么快！应对不确定的未来，我们唯有彼此赋能，让所有物型空间环境都可学习、所有的人都开启学习、所有的家庭都在学习；空间与空间没有边界、学习与学习没有边界、学校与社会没有边界、学习与生活没有边界、学生和老师没有边界……

一、场景的重构：我们重新定义"学习边界"

这个特别的寒假，星河人一直没有停歇，用智慧担当着这个时代、这个时期赋予的挑战，守在地域不同但有着相同情意的物型空间里。非常寒假里，星河里的"非常 6+1"。

（一）非常空间

看着朋友圈里大家的焦虑、焦急和不安，我想我们还能做些什么？大年初五，星梦读写社的耕耘者潘香君就发出了"为爱朗读、为武汉加油"的倡议，星河人想着能不能通过朗读为武汉共度时艰的人们带去心灵的慰藉、给奋战在一线的医务工作者带去力量；于是在"星梦读写社"这个特别的网络物型空间里，香君的《我喜欢生命本来的样子》、我的《富有创造力的心灵》、潘春霞的《向明月学习平常心》、陈益的《有希望，人生就有奇迹》、李向的《成长性思维》、庄佳卉的《为爱朗读》、余娜的《四季轮回，渐远还生》、王蕾的《在心中种下半亩花田》、张玲丽的《你若盛开，清风自来》、王晓冰的《让自己专注地忙》、范君玉的《用美好期许一个明媚的未来》、姜静波的《在逆行中寻找生命的意义》、何平平的《精神明亮的人》、谢楠的《你是人间四月天》、沈雯的《他人的力量》、周蓉的《写给未来的你》、朱珠的《人类简史：从动物到上帝》……30 期的朗读者、30 本充满力量的书、30 朵绽放的百合花，带着爱、带着阳光、带着芬芳，沁人心脾，一定也让远方的你听到、看到，在这个春天香气四溢！来自云端的爱，我们物型的空间已经抵达云端。

（二）非常课程

非常课程五育并举，从七个维度进行"空中课堂"课程的顶层设计。防疫课程：积极宣传防疫小知识，把防疫手册等链接推送给家长和孩子们学习，组织研究性学习设计了低中高不同年段的"人与疫"综合课程;劳动课程:设计了一至六年级的家务劳动清单,设计学做家务打卡行动;创想课程:每天做做家庭科学小实验和手工小制作,让双手和大脑都动起来;阅读课程:进行语文和英语双语课外读本的导读,体现年段和年龄特点,打造精神底色;思维课程:做做思维体操、画画数学绘本、玩玩数学实验,走进不一样的数学嘉年华;体锻课程:开发了有趣的五禽戏课程,提供合理的作息时间进行居家锻炼,运动打卡;心灵课程:吴甬洁老师开启心理系列课程,请穿上心理防护服,砥砺心智,以爱育爱。

(三)非常课堂

非常课堂五课造型:原创课:语文学科"寒假星河小时光"陆续推出绘本故事、快来读诗、好书推荐课等;数学学科开发了"数学思维""数学新探""数学游戏""易错解析"等不同课型。整合课:集团美术老师开发"油水分离""三间色小魔术""人物素描"等审美课。嫁接课:体育老师以视频形式对全集团师生进行"跟着武林盟主练武术"分解教学,抵抗病毒侵蚀。亲子课:"跟着星河娃做实验",为大家带来简单好玩的科学实验,家长也积极参与其中。移植课:老师们借鉴整合不同年龄孩子适合的家务劳动课堂。

(四)非常团队

物型空间的拓展来自非常团队九线并联,星河实验小学教育集团六所学校骨干教师、常州市庄惠芬名师工作室、常州市庄惠芬名校长基地骨干成员、新教学项目组、星梦读写社、彭文峰会、陈雨薇家庭实验室、左文飞科学创想实验室、星河里的小时光研究室九个团队群智并联,共同研发、共同实施、共同推进。同时,星河实验小学教育集团不同年级的孩子们也成为课程开发的主题,"为爱朗读""星河园里的创想数学""家庭科学实验室:行旅图"公众号都为孩子提供了探索、分享、研究、表达的物型空间。

（五）非常技术

一是精心调研学生端设备，用大数据了解集团各个学校学生端情况：平板、笔记本、智能手机占比，其中手机占比80%以上，技术部门根据类别全员覆盖。二是精心定制网络"套餐"，精挑细选推荐最佳资源：网络学堂，老师推荐与自选结合，注意时长。集团、名师团队合力教研录制精品课程：推出年级学科微课+综合年段拓展微课；综合项目，巧妙穿插于微网课，劳逸结合。三是微网课实行全时段，发挥时空优势，空中课堂可以个性选择学习时段，灵活自习。直播答疑，班内统筹协调时间，人人参与，"互联网+"无疑成为物型课程特别的"物"的存在。

（六）非常评价

小学生的自控能力还处于发展阶段，因此线上学习容易受到外界的影响。为了确保学习效果，一方面学校提供可行的作息时间菜单供家长、学生选择；另一方面通过多元的评价实现劳逸结合、张弛有度。主要是按照不同学段采用游戏化评价，如采用积攒点赞卡兑换、在线答疑实时反馈、劳动体锻每日打卡、自我领导力的情感账户、家长协同评价监督等方式进行真评价、全程评价。

非常6+1，最后得出的一道公式是：非常空间+非常课程+非常课堂+非常团队+非常技术+非常评价=非常成长。

非常6+1，非常的物型课程，这些有意义又有意思的物型课程让宅在家里的星河娃们、远在湖北的武汉孩子们，甚至全国的孩子们，每天的生活、学习变得丰富多彩、饱满自在！成长的不仅仅是孩子们，还有这个寒假在课程研发、技术革新、勇气超越、团队合作中成长出来的老师，协同努力、合力加油的家长。全体师生的用心、用情、用力，像一股暖流涌动在每个星河人的心中，非常6+1，成为这个特殊假期里最美的一道风景线。

二、角色的迭代：从一线教师到"十八线主播"

因为疫情这个寒假有点长，但星河里的春天从未曾停下行走的脚步，校园里的花儿开了一茬又一茬，从冬天到春天！因为爱你，这段路途并不长，星河里的"十八线主播们"从未停下前行的步履，"光合课程"开了一簇又一簇，从校园到家园！因为责任，这个寒假老师有点忙。没有一个寒假比这个寒假更紧张、更忙碌，星河人角色迭代，用善良和智慧、用责任和担当，为这个国家、向这个世界贡献着解决问题的力量与智慧。

老师们做主播从一开始的被动、茫然甚至无从下手，到如今的主动、从容和义无反顾，我所看到的星河人，凡心所向，素履所往，生如逆旅，一苇以航！

从那天听到孩子说，老师我就想在视频里听听您的声音、看看您的微笑，于是，王素旦老师的十八线主播生活就开始了，不仅为孩子们答疑解惑，更多为网络那端"神兽"们的翘首企盼。直播中的来来往往，都是一种暖，会成为孩子们生命中的光。

那一天，我一个链接发给徐姣与张小晴，于是她俩心领神会，很快，美术组的每个人都当上了"十八线主播"，赤、橙、黄、绿、青、蓝、紫，缤纷世界、审美散步，体育组的有氧体育运动系列开启，示范、游戏与互动，用内心的温度焐热世界。

那一天，沈炳军和李鹰共同研讨，用一天时间和成长发展部一起开发了"光合课程"：吴甬洁、曾美婷等一大批"主播"上线；还有星河里的创想数学，每一位数学老师"主播"上身；星河里的小时光，每天让语文老师们作为主播上线伴读。

总有一些遇见，温柔了岁月；总有一些芬芳，惊艳了时光。

那一天，我接到一通来自湖北武汉的电话"庄老师，我们想开启网络直播公益课程，期待您的参与和支持，不知是否可以为湖北老师培训并向全国的老师开放？""没问题，具体有什么要求？"于是，2月23日，我作为"十八线主播"上线了。调试好设备和网络，我安坐书房，等待上线。19:00—21:00，整整两个小时的直播顺利结束，大家还意犹未尽。

十八线主播背后，小伙伴王素旦给我推荐了录屏软件，真的很好用，我学会了录屏工具；任韧给我推荐了思维导图工具，我一个上午画了 8 幅思维导图；上新学习 APP 学完了一个互联网的课程，甚至学会了剪辑视频；在湖北武汉秦老师指导下，我又学会了直播！为了当好十八线主播，我学会了各种技术和本领。

星河里，每一个人都是主播，不仅仅是老师，还有孩子，这一份角色不断更新一定会把记忆串成岁月的铃铛，一定会留下春天的痕迹。春天的脚步从不停歇，因为她和着生命的音符律动，这种律动，淡定、自在、从容、坚定、执着；这种律动能超越时空与岁月，能感知时代的召唤与心灵的感应。

三、学习的转型，从"绿荫现象"到"光合作用"

面对不确定的未来，我们唯有转型，因为没有现成的模式可以参照，没有完整的捷径可以抵达，只有将各种学习的模式、各种学习的方式会交替、融合。而应对不确定的未来生活，我们需要思考的是从"绿荫现象"到"光合作用"。

（一）绿荫现象：大树底下无丰草

大树底下无丰草。春意盎然的时光，小草摇曳身姿拔节生长，可是身处大树底下的小草，在享受着被大树遮风挡雨、爱护有加的同时，也被大树遮住了阳光，缺少了水分的滋养和阳光的照射。

事物之间最常见的联系形式是原因和结果之间的联系。很多时候孩子们都形容慈祥可亲的老师为"一棵大树，为我们遮风挡雨"。

可我们不能只做一棵大树，星河人美好育苗的样态构建是与一直延续的学习升级有着一定关系的。星河人一直倡导不用教师的威严控制课堂,我们需要更多从生命关怀的视角去研究儿童,关注每一个儿童,对儿童学习状态、学习习惯、学习方式、学习障碍、学习效度的研究、关注、转型的频率要高于一般学校。因此,在这个常态的学校、班级、课堂被按下暂停键的当下,每一位老师要做的不是长成一棵棵大树,而是能在当下在孩子的心间种下十里成长林,引领孩子设计行动图,寻找到富有的"精神矿藏",形成自己的成长方程式。

(二)光合作用:小块之间有美苗

大块的硬土地长不出庄稼、长不出肥美的小草,更长不出大树。光是光合作用的动力,也是合成叶绿素的必要条件。星河的创想学院里,在一系列的学科课程、美育、体育、心理教育等课程进行的同时,智慧的老师们还开启了抗疫生命学——光合课程,作为很好的补充。

光:生命需要有光,有光才能相互照亮,逐光前行。

合:疫情当前,需要融合跨界各方力量,众志成城。

光合:吐故纳新,不断更新,才能永葆活力,生机勃勃。

疫情下,我们愿做那一束束光,相互照亮,星河里的"光合课程"正式上线啦!

期待借助真实的生活情境、真正的生活体验和整体的系列课程架构,让星河娃"停课不停学",学得有意义,学得有价值!

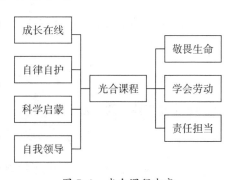

图 7-1 光合课程内容

不仅如此,五育并举、不断生长的星河创想学院在线课程,有着营养的每一寸土地,已经为孩子们激活了光合酶的活性。但是"美苗"的苗壮成长不是仅仅有光、水分就可以,还需要和"苗"能真正发生关联、产生作用。

1. 光强：学不学习是生命的事

这个超长版的假期里，有人说"你要么成为学霸，要么成为学渣"。生命是需要成长，而每天的学习就如每一种植物的生长都需要不同的光强，无论是最低光强还是光合饱和点，每一种生命都有着成长的机理。确实，学不学习是你自己的事情，学习是能决定每一个生命的宽度、厚度的事。宅在家里，唯有让每一天变得有意义，宅而不"荒"，宅而不"慌"，才能让内心从容、生命生长。

2. 光质：修不修炼为成长之氧

在太阳辐射中，只有可见光部分才能被光合作用利用。面对这个需要自我安排、自我适应、自我管理的假期，我们需要可见光，我高兴的是很多星河娃有着很棒的"自我领导力"：主动积极、以终为始、要事第一、双赢思维、知彼解已、统合综效、不断更新七个好习惯将伴随终生。任何时候我们都要让自己的每一天有意义地度过，去创造自己的可见光谱，那长长的假期不妨开启七个习惯的修炼，采取主动，为自己过去、现在及未来的行为负责。

3. 光时：同不同步需时间清单

光照时间的长短对植物叶片的光合速率影响很大。如何科学合理地把握光照时间，面对多元化的学习资源和众多的建议，弗兰克尔的经历告诉我们：人无论在任何时候都拥有选择的自由，哪怕你不能改变环境和事件，也可以选择如何接受。星河创想学院里课程的丰富性能不断支持学生的多样性和个性化，我们要做到"以终为始"制订规划：有一学期的规划甚至六年的规划，也会详细制订这十天、一周、每一天的计划，比如这一周会与多少本好书相伴，会学会多少个劳动技能、会坚持多长时间的有氧运动，会尝试哪方面的科学实验。

4. 光合：协不协同是家庭的场

二氧化碳是光合作用的碳源，能显著提高作物的光合速率。双赢思维是一种基于互敬、寻求互惠的思考框架，在自我领导力的修炼过程中，家长是尤为重要的主体之一。在朝向未来的物型空间里，成为二氧化碳，能与同行者分享更多的机会、财富及资源。

5. 水分：自不自适是能力的键

水分对光合作用的影响有直接的也有间接的。在朝向未来的不确定的生活中，我们的学习开启了自适应模式：一池活水在于自我的经营，有的可能只需要十分钟就完成一个知识点的升级，有的需要一个小时才能完成一个模块的学习。这正好给差异学习提供了很大的空间，因此星河创想学院的孩子采用的是"目标自定—模块选择—协同学习—对照评测—自我结网"的五梯式学习方式，老师所采用的是"设计情境场—开启问题箱—确定目标向—搭建脚手架—提供资源框"的教学方式，面对不同的学生、在不同的学习阶段，给予不同的学习支持，促进儿童自我选择、自我适应、自我整合，用差异化的支持，给孩子差异化的发展。

6. 温度：参不参与看学习的梯

光合过程中的暗反应是由酶所催化的化学反应，因而受温度影响。学习金字塔原理表明，学习方式中采用听只保留学习内容的5%，采用阅读的方式保留10%、视听可保留20%、做示范可保留30%、合作学习达50%、做中学可达到75%，"教别人"或者"马上应用"可以记住90%的学习内容。因此，独立思考、独立练习、自我讲解这些方式都会给成长以滋养。人学习的最有成效的方式是做和讲，当你能把自己学习到的讲出来，学习效果是最好的。

在星河六年，给星河娃留下10个烙印：一本护照陪伴六年——星河护照；一段旅程爱上星河——当校园小导游；一份数据引领方向——一卡通智能记录；一种生活凝聚力量——时时在创想；一个角落协同发现——我的课程；一串节日丰富生命——创想节、戏剧节、淘宝节、男生节、女生节、丰收节；一个愿景储存保值——数字胶储存理想；一种评价对己负责——星河小镇苹果闯关；一种典礼见证成长——开学礼、十岁礼、毕业礼；一个舞台呈现精彩——当一次辩论手、一次戏剧编导、一次建筑师、一次主持人、一次指挥、一次校长助理；给学校留下一份原创的作品。如此，这些成长的梯，有着光合作用的自适应学习，每个孩子的学习方式都会被尊重,每一个孩子的学习旅程可以自我定制,每一个教育场景都在不断协作共生,每一次的学习经历就能不断去攀登意义的高峰。

(三)拔节生长:思维之上能成林

光合作用使每一个生命系统产生积极的量子效应,这种量子效应会催生每一个生命的生长。在朝向未来生活的旅程中,我们都在努力重构学校的生态系统,我们重新定义教育、重新设计学校、重构师生学习。没有哪一种现成的教育模式一定包治百病,没有哪一种学习方式一统天下,没有哪一类课程普照世界。对于物型课程而言,一定有着其规律可循,这种规律是存在的,一定可以去为不同的场景、不同的儿童、不同的学科、不同的时机去定制每一个孩子的学习方式,它需要我们以正确的思维方式去打开、去应变。

1. 设计思维

学习是需要设计的,儿童的学习需要从教程设计走向学程设计,从儿童的学习常常是"被"设计、预设计,到走向参与设计、主动设计、自主设计、个性化设计。从关注知识点的逻辑线索,走向关注核心素养观照下的问题解决、思维模型、策略方式的逻辑设计。因为设计,让儿童的成长发生在学习情境的新重构中、在学校社群的新关系的建构中、在技术工具的新可能的开启中,在对每一个儿童生命的发现和成就中。

2. 开环思维

马化腾的"开环论"提供给所有人一个新的思路:把过去互联网那些形成固化线路的节点,一个个打散、打掉,让"天上飞的""地上跑的"都参与进来,每一个人都可以成为节点中的一个环节,大家可以根据自己的创意来重新组合。我想每一个人都应该成为学习的主体,每一个人的学程可以自己来定制,每一份作业都可以观照不一样的生命,每一个家庭都能形成富有个性的教育场。

3. 游戏思维

只有在心自由的时候，人的创造力才会最大化，而游戏恰好就是给了孩子自由的环境，因此物型的场景只有当不同的孩子自我关联才能发生作用。游戏化学习，是利用游戏的场景、内容、平台或交互机制等来进行学习的过程。从触发到关联，游戏化学习能激发具身参与的兴趣，激励学生主动学习、主动解决问题；游戏化学习能开启儿童脑的发展，通过游戏让孩子更加具有创造力；游戏化学习促进多重体验与自我探究。无论是真实的物型场景还是虚拟的游戏场景，都会让孩子觉得学习像过日子、打游戏一样快乐，充满挑战性、成就感与愉悦感。

4. 量子思维

海尔基于参与性的量子思维，构建平台赋能式组织结构，使员工与用户参与到价值创造与价值分享的过程中。同样在儿童的学习设计中，无论采用怎样的方式，统整式学习、混合式学习、游戏化学习、登山式学习、场景化学习等等，儿童都不再是被控制者、操作工，而是积极的参与者、创造者、设计者，在学习的过程中体现自我价值的实现。

5. 具身思维

头脑是嵌入身体的，身体是置入情境的。儿童的学习与儿童的身体息息相关，我们要引领儿童成为自我身体的挖潜者。关注儿童学习的情感状态、知识结构、思维方式、行为习惯、元认知等影响学习的因子。开启富有挑战性的学习任务、问题情境、学习历程、目标达成，让孩子的学习犹如登山那样，层层攀登、由低到高、目标明确、路径探索、充满挑战，不断突破意义的高峰。

6. 统整思维

学科中、学科间、学科外大单元、大情境、大任务的新教学开启，一定会让儿童在真实的问题情境中展开学习。学习的单元指向一个个学习的事件、学习的问题、学习的单位，建构学科思维模式，让学生看问题、表述问题、解决问题多一个视角，让学生观察世界、描述世界、拥抱世界多一个视域。统整的思维发生在每一个学科内外，不再是拼盘，而是核心素养的开掘机，项目化学习、单元主题学习会成为常态。各学科内外的认知方式、思维模型得到整合、升级和完善，让学生多角度、多维度、多尺度对问题进行发现和探究；价值流、经验流、方法流、策略流、原理流会不断地发展和迭代。

…………

学校的教育正在转型，从标准化、线性的教育走向多彩、生成、开放、非线性的样态。为未来而学，植入设计思维、具身思维、量子思维、游戏思维、开环思维、统整思维，让学习更有吸引力。

第二节　顶灯效应：儿童美学的实践逻辑

每一个儿童都是独特而美好的存在，与每一个儿童美好地相遇，尊重每一个孩子的差异，发现每一个孩子的独特。在星河实验小学的物型课程建构中，我们努力做到为每一位师生提供适合他们个体成长和发展需要的天地。寻找儿童需要的"美遇"，以美育为载体，为儿童的成长提供与之年龄阶段与成长规律相适应的、匹配的教育，努力让每一名师生体会到成长的快乐和满足，即"成为他自己"。

一、唤醒儿童的审美认知力

审美认知力是儿童对各种美的事物（社会美、自然美、科技美、艺术美）的感知力与理解力。当星河的孩子走进校园的时候，我们思考，每天带着孩子一起向什么走去？能给孩子的心灵留下些什么？能不能给他们美好的开启，拥有美的认知能力？

（一）审美感知，一间教室能给孩子带来什么

孩子每天在教室的时间占据在校时间的 70% 以上，一间教室能给孩子带来什么，能影响改变什么？我校的左文飞老师主持的"星河小学教室照明问题的研究"获得全国科学创新大赛一等奖。她带领项目组经过对全校 50 多个教室一年多的研究发现，教室中的照明、温度、声音、布局和颜色等物理要素与学生成绩相关联的比例超过 70%。

在物型课程生态学观照下的教室里，哪怕一张课桌椅也是一门小小的学问。我们每个年级的课桌椅，来自孩子们的投票公选：如低年级教室根据儿童年龄特点从幼小衔接出发，色彩宜采用活泼、鲜明、欢快的暖色调；中年级孩子开始拥有个性但不够理性，色彩宜采用和谐、舒适的中性色；高年级孩子们逐渐有了自己的想法，色彩不妨选择宁静又明快的冷色调。通过孩子们的公选，最后确定低年级桌椅的颜色是粉红色，中年级课桌椅是浅绿色，高年级课桌椅是深蓝色。从粉红到深蓝这颜色序列的递进，意味着孩子们的成长从浪漫到理性，是从毛毛虫到蝴蝶的成长旅程！学校每个普通教室都有学习区、游戏区、办公区、探究区、交往区、展览区、操作间、图书角、信息资源库九大功能的设置；教室也成为孩子们的习惯培育站、人格成长地、共同生活所的美育场地。让儿童获得安全感，释放情绪，彼此交往、建立师生关系，真正实现差异化、朋辈间的关照，可以与自己成长的期待美好相遇。

（二）审美理解，一门学科能与孩子如何开启

儿童的审美认知需要一定的知觉对象，美的事物其实是儿童看起来有利的事物。在很多成人和儿童看来，数学是一门抽象的学科，让很多人望而却步，如何通过美学让孩子在最初品尝到数学美的味道？每一堂课都成为美的旅程，让儿童与各个学科相遇。第一节数学课，我问孩子们数学是什么？孩子们的回答是：

潘宇航：数学就是有数字1、2、3、4、5、6等等，说不完。

徐润羽：数学还有×。

黄乐岩：数学有加法和减法。

谢予哲：数学还有乘号和数。

任彧骋：数学就是有很多数。

陆昊东：数学还有连加。

殳昊烨：数学还有几个数一起减。

董骐毓：数学就是有"="还有"≠"。

……

听着孩子们对数学的理解，我的脑海浮现出一幅幅美妙的物型课程的数学画卷：九章算术、自然界的数学、四叶玫瑰线、对数螺旋线、图形的密铺、比赛中的数学、动物世界中的数学……数学到底是什么？孩子们或许不知道分形几何，不知道勾股定理，不知道黄金分割，但是当他走进一个叫数学的世界，小小的心灵被震撼了。这样一节课下来，我问："孩子们，数学怎么样？"

潘宇航：我觉得数学是很美的。

潘垚：我觉得数学是很多的，到处都有！

赵翊安：我觉得数学是那么奇怪，那么吸引人！

徐浒：我觉得数学是千变万化的。

史天宇：我觉得数学是神奇的。

吕骏鳃：我觉得数学好好玩！

林佳欣：我觉得数学有玫瑰般的香味！

窦睿琦：我觉得数学是神秘的！

儿童的审美认知有赖于不断建立自己理解的视觉系统，培养特定视觉语言的理解力有赖于一种文化性的情境。数学开学第一课无疑是美的文化性情境整体感知，激发了儿童对数学的美的创想。让孩子带着对数学的情感、体会着数学的情趣，通过观察、想象、直觉、猜测、实验、检验等活动，由表及里逐渐认识规律，经历智慧的生长过程，以儿童未来的可能发展水平为方向进行数学学科美感的开启。

数学的真善美与中国文化的真善美不谋而合。在四年级学习"倍数和因数"这一单元后，我给孩子们开启数学百家讲坛这一物型课程：完美数与数学美学，完美数的和谐美不仅在于它的外表，还有它的内在，它所有的真因子（包括1，但不包括本身）之和正好等于这个数本身，这种数恰如其分地展现出了部分与整体统一的和谐美。有了对完美数的认识，孩子们的自主研究又拓展到了十全数、回文数、亲和数、联姻数等等，儿童在环环相扣的问题情境中不断地探究各种数中的美学。在数学审美认知中，要培养数学审美意识和习惯，数学的学科美感蕴含在日常的数学学习之中，数学模型的结构美、科学美；数学公式与系统的统一美、和谐美；数学符号的简洁美、明晰美；数列排列的秩序美，数学规律的系统美、韵律美；几何图形的变化美、数学逻辑的严谨美、数学探索的思维美等等，都是美的体现。

二、涵养儿童的审美体验力

审美体验，也称快乐体验或愉悦体验，生理层面体验到的快乐，称为快感；心理层面体验到的快乐，称为美感。儿童的审美体验（身心感受）来自适切儿童的学习与生活情境中生理与心理的体验，审美教育最终是要为孩子的美好生活奠基的。作为一所创想学校，我们着力构建了以人文创想、艺术创想、科学创想等物型课程为重点，"必选兼修、多元分层"的审美课程，通过创想课程群落的可选择性、全员参与性，最大限度地满足学生的个性发展与审美体验。

在人文创想课程群中，创想性戏剧已经成为每一个孩子乐于参与、打开身心灵的物型课程。创想性戏剧是综合性的艺术，通过视觉、听觉以及文学审美给孩子们带来审美体验。在戏剧中孩子们有着对价值判断、对角色体验、对舞台审美等一系列对于美的主观反映、感受、欣赏和评价,在戏剧中逐渐建立人与人、人与自然、人与社会、人与世界的关系,从而独立思考、建立内在丰富的自我。

小学阶段儿童的审美体验逐渐培养这一年龄段学生的审美性与非审美性的分辨能力、复制能力,在儿童审美体验力的培养中,我把握了三个维度:

一是审美体验的简单性与复杂性。审美体验力是儿童的美感体验或快乐愉悦程度,审美体验不是简单的感官刺激,而是促进内心价值判断的整体体验。戏剧是一项多人的活动,无论是舞台的布置,还是角色的扮演,都需要师生之间、生生之间互相合作,共同完成。通过不同国度的文化、不同情感的表达、不同年代的背景、不同读者的理解、不同体裁的风格,作品的形象美与思想美、表达的语言美、人物形象的人性美、价值判断的道德美、精神底色的人文之美以及与生活融合的意境美都会呈现出来。

二是审美体验的变化性与整体性。审美体验离不开审美理解,每一个儿童对作品本身的理解、感受都不同,一千个读者眼中就有一千个哈姆雷特,理解美才能表现美;审美体验离不开每一个学生置身情境中的参与创构,具身体验刺激儿童的神经中枢,期待牵一发而动全身的整体审美感知;审美体验还离不开整个团队的互动,戏剧的编排、角色扮演、音效编制、道具制作等等都培养儿童表达、沟通以及团队合作的能力,养成团结合作的精神。

三是审美体验的专注力与理解力。就人文创想课程群而言,除了创造性戏剧外,还有图画书的旅行、我是主持人、校园小导游课程、经典文学作品赏析、经典剧场等等,人文创想课程群在学生人格的塑造、逻辑思辨能力、语言组织能力和表达能力的培养,不断探究学生审美自主发展、个性化的融通学习方式中,让全体师生领略了审美体验的乐趣,让师生带着自己对学科美的强烈体验与感悟走进生活。

三、培育儿童的审美表现力

儿童的审美表现是指儿童能在生活、科学、艺术等方面感受并欣赏美,因此在物型课程的美育设计中,我们让儿童在日常生活中发现美,在专题课程中体悟美,在日常课堂中创生美,在积极的艺术活动中欣赏美。学校专门设立艺术创想课程群,注重审美体系多元化、审美内容专题化,从偏于技能的培养转向审美素养的培育,让儿童具有健康的审美情趣。

在艺术创想课程群中,老师们开发了"牵着线条去散步"艺术主题物型课程,得到了许许多多孩子们的喜爱。线条的本质在于它的情感意味,在这一艺术创想课程中通过创意素描线、创想线描画、个性漫画、简笔画等方式,用"牵着线条去散步"的多变、节奏、色彩、造型及其丰富的表现力,足以完成对形的基本塑造及意象追求,其独特的情感诉求,直接体现出儿童对世界和自身的态度。

1. 主题化的审美表达

一方面审美主题儿童化。一条线能带来怎样的创意表达?一切的主题来自孩子们的主张与思考,比如孩子提出了变脸、鱼的约会、小猫与毛线球、疯狂动物城、百花园的百语、森林音乐会、未来城市景象、佩奇家的菜园、童话乐园……

另一方面审美内容序列化。同一个主题对于不同年段的儿童的审美内容是不一样的,低年级的审美表现侧重整体内容(故事情节、色彩感知、线条的寓意)的审美感知;中年级的审美表现侧重各种线条的审美技法的习得与组合;高年级的审美表现则引领儿童的审美态度、审美情感以及逐渐形成审美意象等。

2. 多元化的表现技法

线条是艺术创作的基础元素。人们看图像,往往习惯于从整体再到局部,先看到形状而忽略线条本身,儿童的审美能自如地表达,自在地创意,我们需要让孩子们能够逐渐习得一些艺术的表现技法。

融合法。通过美术与音乐的融合,感受线条的变化。通过音乐让孩子想象优雅、柔美、跳跃、活泼、轻盈、活跃等节奏，想象出线条的变化、体会线条的美感。

变形法。随意勾画出多种形式的线条，通过直线、曲线、皱褶、交叉线条等的变化，能根据线的交叉块面进行想象添加，让儿童学会借用线条不断生成变化，在形成的空间中进行创意想象。

嫁接法。带领学生去生活中发现线条、感受线条，画布上的线条、生活上的线条、动物身上的线条、学生笔下的线条、画家笔下的线条等等，用线条表达对事物的感受。

拟人法。线条的长短不一、粗细不均、直弯可变，如果能赋予人的想象，就能逐渐表达出动画人物的五官特征，动画人物各种表情的提炼以及运用各种线条组合的画面。

3. 情境化的审美欣赏

"牵着线条去散步"的目标指向并不是让儿童用工整、准确的线条去表现物体的形象，而是用多种方式的线描画、线条画等培养儿童对线条的敏感度、亲和度和个性的形象性。着重指向儿童用线条表达出来的自然、本真、淳朴、独特的美感，同样具有较大的审美价值。

当儿童对线条的曲直、长短、粗细等拥有不同感知后，可以不断地自我组合，创生出画儿的千姿百态……线条的不同组合，看似有着变化的随意，但更有着内心美的流淌，组合产生的各种画面丰富多样而又充满生机。比如用同样的方法画一点一点地线条像下雨，一横一竖的线条像星星，一上一下的线条像大山，组合线条是那么的生动美丽。

线条的不同组合所呈现的画面是儿童对生活的观察加上自我的想象而成，是发现美的眼睛、理解美的大脑、创造美的双手不断结合而成。线条的组合、色彩的选择、画面的组成，折射着儿童对世界的认识和观照，表达着自我认识世界的情感。又比如用不同的线条、不同的色彩在《生旦净末丑》的创造中认识不同的性格、身份和不同的角色，让学生了解中国民间艺术——脸谱。增强学生对生活的认识和理解、对生活的热爱，丰富学生的个性情感。

艺术创想物型课程群的建构，除了"牵着线条去散步"的主题课程外，在一至六年级音乐课程实施中，我们还注重了与国家课程的结合、日常活动的融合，以及与专设课程的契合。在每一个年级的音乐课堂中分别融进了打击乐、葫芦丝、竖笛、口风琴、铝板琴、陶笛等小乐器，采用律动表演、游戏、欣赏、音乐创作等方式对学生的感官加以刺激，有目的、有意识地培养学生对音乐的理解与想象力。在美术课程实施中低年级融进陶艺、沙画；中年级融进书法、色彩；高年级融进了素描、版画。这些内容被纳入国家课程的实施，针对学科的特点和学生的审美差异和个性，理解和尊重文化艺术的多样性。

四、开启儿童的审美创造力

儿童审美创造不仅仅体现在外在的艺术技能技巧的表现，更是基于儿童核心素养观照的审美情感、审美思维、审美观念的发展。儿童的审美创造力分为再创性审美创造力、整合性审美创造力、原创性审美创造力等不同形态和层次。

在我们学校，有着丰富多样的物型课程场馆，其中科学创想中心就是基于多元智能设计的孩子们的体验馆、探究馆、创造馆。在学科核心知识统领下，儿童的场馆学习用多个主题来支撑，每个主题又发散出多个驱动性研究问题，并指向主题，从而在一个个有主题的具体问题解决中展开项目化学习。在我们学校设计的儿童"创想中心"里，基于儿童不同的审美取向，体会"种子课—主干课—果实课—生长课"的场馆课程的序列之美。以下是孩子研究后的数学日记：

莫比乌斯圈里的规律

在我们学校科学创想中心的魅力数学馆里,有着一个神奇的圈,汽车在这个圈上面行驶,居然可以不重复地从起点回到起点。于是我们的数学庄老师带领我们一起走进了这个神奇的圈,你们知道是什么吗?嘻嘻,我来告诉你们吧,它的名字就叫莫比乌斯圈!

它是由德国数学家莫比乌斯和约翰·李斯丁共同发现的。制作起来非常简单,把一根纸条扭转180°后,把纸条的两头粘起来就行了,一共只有一个面和一条边。哇,数学是那么的神奇!

对莫比乌斯圈的认识仅仅这些还远远不够,我别出心裁,从莫比乌斯圈中间剪开,居然没有断开,展开后大约是原来的2倍大小。哇,如果三等分、四等分、更多等分剪开,那会怎么样呢?通过四次实验,我找到了这样的规律。(见表7-1)

表7-1 莫比乌斯圈里的规律

规律1	规律2	规律3	规律4	规律5
它只有一条边和一个面	一个物体从起点开始,走一圈之后又会重新回到出发点	沿莫比乌斯圈的中间剪开,剪后的莫比乌斯圈不仅没有一分为二,反而剪出一个是之前两倍的莫比乌斯圈	把莫比乌斯圈两等分,得出来的图形是一个较大的莫比乌斯圈	把莫比乌斯圈三等分,得出的图形是一个较大的莫比乌斯圈和一个较小的莫比乌斯圈相连

我的结论:只要是把莫比乌斯圈用大于1的奇数(3、5、7……)等分,得出的图形就是奇数除以2的商为较大的莫比乌斯圈的个数,而余数1始终都代表一个较小的莫比乌斯圈;而把莫比乌斯圈偶数等分,得出的图形是偶数除以2的得数,且都是较大的莫比乌斯圈。生活中的数学如此美妙、神奇和好玩,让我们用明亮的双眼去探索吧!

星河实验小学四(5)班 庄振轩

审美创造力是人的创造力中的一种基本能力，包括创造新观念、新理论、新思维、新方法、新手法的能力和创造新审美意象、新艺术形象的能力。科学的本质在于"探索与发现"，技术的本质在于"发明与创造"，学校以"能力素养"与"审美体验"为价值取向，以"工程思维"为线索建构科学创想课程群。科学创想课程群一方面从有趣的科学小实验、奇妙的科学小知识、好玩的手工小制作等角度进行尝试，挖掘基于经验的物型主题项目群：水、空气、帽子、餐具、校园的植物等等，在提问、观察、操作、实验、尝试解决问题中感受探索与发现之美；另一方面基于兴趣的有选修类的智能机器人、航模、车模、钥匙工坊、太空探秘等课程，根据学习者的需求，每门课程都能够从多维度设计学习内容，将动手、动脑、动心，科学思维与技术思维的结合，内部认知与外部认知三者融合，对儿童在科学探索中进行审美启蒙。各种创意、设计、制作、表达、交流以及多视角的连接和转换，勤于思考敢于质疑，领会感悟求证解惑，研究学法调整思维，展现思维之美。

基于儿童的生活，儿童的经历和儿童的立场，物型课程以儿童的视角、美学的眼光，对日常的生活加以审视、改造、优化，建构有利于儿童学习审美化之旅的课程形态和教学实践体系，彰显儿童的美学精神，使美育、美学真正成为能够作用于生活本身的力量，发挥美育的顶灯效应，让美育芬芳儿童生命，让生命因美而充满情趣。

第三节　好奇工场：指向儿童科学素养的逆向学习设计

一、场域："顶层 + 好奇线索"的目标前置

逆向设计被认为是有目的的任务分析，即假定有一个任务要完成，我们需要怎样做。还有人会把它称为有计划的指导，即为了达到某种预期的学习目标，我们需

要如何设计与组织练习。开启好奇盒子，让问题出来，从整体育人的角度，确立目标的坐标轴。

（一）整体设计"小蝌蚪"的"六品联通"

小蝌蚪是好奇工场的吉祥物，代表儿童丰富多彩的生活。蝌蚪，寓意小蝌蚪的成长历程，在蝌蚪科学素养的伴随下不断成长、不断变化、不断超越。逆向学习，确定预期的学习目标，即学生需要掌握什么。（见图 7-2）

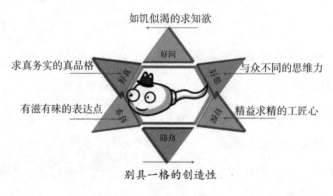

图 7-2 小蝌蚪吉祥物

学生主体意识强，学习专注、善于倾听，在观察问题和分析问题时不受任何原有框框的限制，突破传统的思维惯性，让思维有一定挑战和质量。从独特的角度去思考问题，打破常规、自由想象、兴趣浓厚、思维活跃、敢于创想，拥有属于自己的个性发现，能提出自己的新问题，形成自己的新观点或新成果。"小蝌蚪"的六个品质从"创新态度、创新思维、创新习惯、创新品质"四个维度得到延伸，体现出学生创新素养培育的阶段性和递进性。（见表 7-2）

表 7-2

模块	维度	低年级 （一、二年级）	中年级 （三、四年级）	高年级 （五、六年级）
创新态度	如饥似渴的求知欲（好问）	有好奇心，有创新的愿望，习惯问：这是什么？为什么会这样？真的是这样吗？	热爱创新，积极参与活动，敢于创造	敢于创造，在各种创造活动中努力去创新
创新思维	与众不同的思维力（好思） 别具一格的创造性（好创）	在学习中有求异思维，寻找与众不同的解决问题的方法	初步掌握创新思维的方法，求异、比较、合作地解决问题	能运用比较科学的思维方法分析问题、解决问题
创新习惯	有滋有味的表达点（好享）	养成大胆提问的习惯，敢于发表自己的看法	养成发现问题、提出见解的习惯	养成时时处处创新、学习与思考的习惯
创新品质	精益求精的工匠心（好探） 求真务实的真品格（好真）	有团结合作的意识，能坚持进行创造性思考	初步具备团结合作的能力，具有创新素养中的持久性、灵活性	具有创新素养中的自主性、合作性和深刻性

科学素养的发展不仅仅是科学课程，更是融合打破学校围墙的大科学场域中的大学科课程。大科学课程不仅有益于从小激发和保护学生的求知欲与好奇心，同时也对学生科学精神的培养和实践创新能力的提高产生深远影响。

大科学课程强调物质科学、生命科学、地球和宇宙科学、技术与工程这四个领域知识之间的相互渗透和相互联系，注重理解自然与解决问题的结合，以此强化学生的综合能力。同时强调将科学课程与语文、数学等课程进行相互渗透，从而促进学生的全面发展。基于小学生的年龄特点与认知规律，秉承埃里克森的自我同一性理论，在课程设计思路上，将小学六年学习时间划分为一、二年级，三、四年级，五、六年级三个学段。既符合教育者按阶段进行教育的理论，又坚持了教育的阶段性与连续性相统一的原则。

梳理自己所好奇的各个事物之间的联系是什么，试着找到自己最容易被激起好奇心的那个兴趣点，为自己找到一条"好奇心线索"。

（二）用好奇透镜开启问题连续体

运用多元智能理论，发现儿童的好奇透镜。以开发学生潜能为目标的问题体系，以"问题"为中心，以"方法"为中介，以"答案"为结果，根据学生的智力发展水平构建了五个层次的问题学习结构，五种类型的"问题解决"情景，构成问题链，形成问题矩阵。（见表7-3）

单一性基本问题基本是事实水平的问题，通常是以了解个别范例的事实为目标，要求学生在对事实进行感知的基础上解决问题。

总体性基本问题是再现性问题，仍然是事实水平的问题，但需进行必要的推理等思维活动方能解决问题。

表 7-3

问题化	专题性问题	场景化
解决问题的工具	开放性问题	素养
知识的纽带	引导性问题	以"答案"为结果
学习的核心	总体性问题	以"方法"为中介
大目标	单一性问题	以"问题"为中心

引导性基本问题是以形成概念、掌握规律或原理为目标我，注意引导学生从个别扩展到"类"，再从"类"把握其背后的规律，完成从系统化到具体化的过程。

开放性基本问题。在主题范围内自行发现与主题相关的综合性问题，自行提出解决方案解决问题，不仅提高学生解决真实问题的能力，还能激发创造性。

专题性基本问题。运用所掌握的概念、规律或原理，把握该"范例"的上位主题，以解决主题范围内的定向问题为目的，引导学生发散思维，主动参与，互动合作，解决问题。

问题化与情景化是紧密联系的，问题往往产生于情景。"问题化学习"以真实的问题形成问题矩阵，就是试图让孩子在学习中、在对问题的追寻中，慢慢形成一个知识结构——从低结构到高结构，从本学科的结构到跨学科的结构，从知识到真实的世界。在问题化学习的过程中，以认知建构的方式去重组问题、重组内容，让孩子在问题与问题的联系中，在综合地带和边缘地带，进行知识的碰撞，进行知识与知识之间的联系。情景是学生核心素养培育的途径和方法，是核心素养实现的现实基础。

二、场合："沉浸 + 区块链式"的空间重生

海明威说："没有谁是一座孤岛。"从结构上说，教科书是类属化和平面化的，不符合学习展开的规律。儿童的大脑是嵌入身体的，而身体是嵌入场景的。好奇工场注重场景设计、空间重构，关注课程融合与重构，通过科目群来支撑与构建，采用项目集群，开启学习任务群。好奇工场的课程以教育部颁布的科学教育四大主轴（生命世界、地球与宇宙、物质世界、应用科学）为核心，延伸至丰富多样的八大领域，课程拥有超过300种

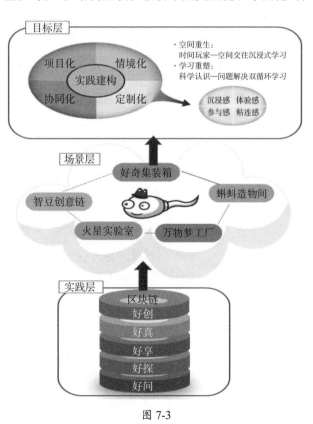

图 7-3

主题以及数百种科学实验,全面启发孩子的生活科学知识经验,并在寓教于乐的实验操作中,将基础科学知识与生活运用相互联结,提高孩子生活创新经验,学会运用科学经验于生活,为孩子埋下创新思维的种子。采用区块链思维:进行"目标层—场景层—实践层"的构建,见图7-3。

目标层:围绕确定的问题提出明确的目标,围绕有目的的任务分析,即假定有一个任务要完成,我们怎样做?见表7-4。

表 7-4

维度	关键能力	解读
观念与应用	科学认知	在各年段能掌握与认知水平相适应的科学知识,对于常见现象能从科学角度展开思考
	知识迁移	能初步应用所学科学知识正确认知生活中的常见现象,并尝试解决与拓展
	科学评价	能用科学的语言就事物、现象的科学层面进行评价
思维与探究	发现问题	针对现象能发现有价值的主要问题和过程中的问题
	设计方案	能就合适的问题制定科学、合理的探究方案
	实验操作	能根据实验方案有效观察、规范操作、数据收集、分析推理、得出结论
实践与创新	分工合作	在独立思考之余养成主动合作、科学分工的习惯,提升合作能力
	表达交流	包括学科特征的语言表述和文字、图表等表达能力提升明显
	勇于创新	在现状基础上能基于所学对事物、方法等进行科学的改进尝试
态度与责任	探究热情	保持较强烈的好奇心,愿意就所看、所听、所想开展科学探究,持有终身发展的态势
	尊重事实	实事求是,认可与接受科学研究、实践研究的结果
	敢于质疑	不迷信权威与流行说法,勇于表达自己的想法与观点,并尝试证实与证伪
	关爱生命	热爱生命,关爱自然,爱护环境,勤俭节约
	社会责任	逐渐养成理性思考的习惯,坚持与传播正确的价值观

场景层：每个人都是一个小小世界，小小世界不断连接不同群体中的不同个体的方式就是场景。场景是什么？场景是最真实的以人为中心的体验细节，场景是一种连接方式，场景是价值交换方式和新生活方式的表现形态。场景具有五要素，时间、地点、人物、事件、连接方式。以好奇集装箱为始点，开启四位一体好奇工场的场景层，在场景中有很多元素，但是在具体实践中，我们着力于启动运用了一个高阶认知策略，那就是实验，见表7-5。

表7-5

场景层	领域	目标指向	实践内容
万物梦工厂（生命世界）	人体科学	通过牙齿检查、肺呼吸模拟器、DNA设计等等实验帮助孩子了解人体结构和各器官功能	8个绝妙的实验从内而外揭示人体的奥秘
	植物科学	通过制作植物标本、研究植物的向光性和再生长等实验，让孩子成为小小植物学家	8个奇妙的实验揭示植物世界的秘密
	昆虫科学	制作蚂蚁农场、昆虫陷阱、研究昆虫的活动等等，内有详细的操作指导和特殊道具，一定会令您的孩子经历一次难忘的昆虫探险	8个令人兴奋的实验揭示昆虫神秘的世界
蝌蚪造物间（物质世界）	水晶科学	学习培养属于自己的闪闪发光的漂亮水晶以及了解水晶的科学知识	8个炫目的实验，探索神奇的水晶世界
	气泡科学	孩子可以亲手制作泡泡喷泉、泡泡薄膜、神奇的双泡泡等，从而了解泡泡的化学生成原理等；孩子可以亲手制作气泡火箭、反应动力小赛车、苏打冲击波及其他安全的小实验等	8个创造气泡的趣味科学实验揭示奇异的化学反应
	气球科学	孩子可以亲手制作气球导弹、气垫船及气球火箭炮等，揭示神秘的动力学原理	8个有趣的实验揭示气球的力量
智豆创意链（应用科学）	机械科学	通过简单趣味的杠杆、滑轮装置来组装简单的机械，使孩子了解力的传导以及如何可以更省力等知识	12个动力学实验揭示机械的力量
	光线科学	孩子们通过充满乐趣的潜望镜、分光器、神奇成像仪、百变万花筒等实验，了解光波和光的反射、折射等知识	12个炫目实验揭示光的神奇魅力

续表

场景层	领域	目标指向	实践内容
智豆创意链（应用科学）	电能科学	通过模型的组建，了解核电反应堆、魅力风车发电厂、太阳能发电、动力发电等实验，了解电能反应与电的形成及其应用领域等知识	8个电能装置实验揭示电的来源与原理
	磁力科学	孩子们通过漂浮棒、酷罗盘、磁铁迷宫、钟摆和躲闪小球等实验，不仅可以体验各种各样的磁铁，还能了解磁性的作用原理	12个奇异的实验揭示磁铁的迷人力量
	汽车科学	通过组装汽车模型、齿轮咬合动力、安全带装置、轮胎摩擦力等科学实验，让孩子们了解汽车动力原理	8个有趣的实验揭示汽车运行原理
火星实验室（地球宇宙）	魔法科学	通过学习变色杯子、隐藏的钱币、神秘图片卡、超级旋转和魔法多米诺等魔术，解释这些令人惊奇费解的神秘背后所隐藏的简单科学知识	12个神奇魔术揭示科学秘密
	太空探索	制作一个太阳系行星模型、研究月球火山口、了解各大行星的主要特征等实验，激发孩子无限的想象力和探索宇宙的渴望	8个极具吸引力的实验探索宇宙太空的奥秘
	埃及奇观	探索奇妙的滚动圆筒、古埃及象形文字、神奇斜坡、古埃及日晷、苹果木乃伊等实验，了解古代埃及人的神秘科学	8个非凡的实验揭示古埃及人的智慧

实践层：科学素养，人类生活居住的世界，是不同物种经历漫长演化、相互竞争依存的自然世界，也是人类文明发展的社会和技术世界。科学素养，既是关于自然与技术世界的知识和观念，也是探究自然的方法，还是改造世界、使用工具的能力。以激发科学兴趣、启迪科学观念为教育目的，以情境认知与学习理论为思想基础，努力为师生营造从实践中学习科学的情境，通过互动、参与、体验等教育方式，引导孩子进入探索与发现科学的角色。通过场景的沉浸感、体验感以及参与感，将学习中的儿童与儿童之间、儿童与场景之间联结起来，体验区以学习科技历史、体验科学现象、培养科学思想和方法为核心，通过项目化、协同化、定制化以及情境化的学习，培养儿童对科学的认知、科学思想和方法、科学精神和价值观。

三、场景:"逆向+个人定制"的学程设计

好奇工场的课程是以学习为中心的课程。让孩子养成逻辑思维的习惯,引导创新发明的能力,建构乐于主动学习的精神,培养好奇心、探究精神、将科学知识经验运用于生活的能力。

(一)学程"逆向设计"的三个阶段

第一阶段:确定预期结果。此设计将达到什么目标?学生将理解概念是什么?教师期望学生获得的特定理解是什么?可预见的认知冲突是什么?这个阶段可以考虑什么样的启发性问题能够促进探究、理解和学习迁移?学生将会获得哪些关键知识和技能?习得这些知识和技能后,他们最终能够做些什么?

第二阶段:确定合适的评估证据。需要思考学生通过哪些真实的表现性任务证明自己达到了预期的理解目标,通过什么标准评判理解成效。这种方法鼓励教师和课程设计者在设计特定的单元和课程前,先要"像评估员一样思考",思考如何确定学生是否已经达到了预期的理解。

第三阶段:设计学习体验和教学。这个阶段必须思考几个关键问题:如果学生要有效地开展学习并获得预期结果,他们需要哪些知识?哪些活动可以使学生获得所需知识和技能?我们需要教哪些内容,指导学生做什么?包括寻找一切适合开展教学的教育资源等等。

(二)学习时空重构的三个维度

1. 空间突破

打破了一般的科技教育仅靠零散活动的弊端,勾勒出星河小学创想体验的系统策略:形成了科学课堂体验、学科渗透体验、专用场馆体验、主题竞技体验、校园场景体验、户外延伸体验、项目走班体验、家庭亲子体验等策略。

2. 时间重组

变长的科学课。连堂设计的科学课又被"拉长"——变长的不仅仅是课堂时空，更重要的是涵育孩子们自由民主、探究发现的科学精神之触角也在随之"变长"。在好奇工场设置"问号箱"，变满的问号箱，一张张充满童真和智慧的问题卡，是儿童质疑精神萌动的起点；变厚的记录卡，成为引导学生进行深入思考的指南。猜解、求证、悟真、质疑、奇思、妙想……

3. 区间贯通

好奇工场体验活动根据其背后的教育性进行分解、设计、整合，从而形成贯通1~6年级的成体系的体验课程。形成了以科学课堂教学为核心，以课外实践探究活动、学科联动活动、场景体验活动等为支撑，以科学的评价体系为辅助的好奇课程，最终形成体验课程的制度。变多的追问者，让孩子不再迷信书本、老师和权威，不再满足一知半解。老师们也总能留出时空，停下脚步，聆听孩子们的追问。学校编制体验指南根据不同的体验对象推荐不同的互动体验方式，其中包含与书本、同伴、设备、自然、网络媒介等的互动。体验的主要方式包括：了解性的参观、沙龙式的质疑、操作性的解密、主题化的探究、竞技式的感悟、发现式的观察、问题化的实验、拓展性的阅读等等。

（三）逆向学习设计的四个样态

学习，是一种行为，是一个过程，是一种生活，指的是儿童的整个学习生活，见表7-6。

表 7-6

学习模式	阐释	案例
基于问题	基于问题的学习活动：设立目标、设计活动步骤。选择创设问题、进行问题可行性分析、构建反馈系统	数学实验：车轮为什么是圆的？学生就是带着这一问题而展开课程研究的

续表

学习模式	阐释	案例
基于任务	基于任务的工场课程活动以任务为导向。学生根据所给的任务，独自或以协作的形式完成任务，通过"做中学"，以任务为驱动，学以致用	主题是饮食和身体健康。学生都是带着一个研究任务到数字馆中的数字厨房专区研究合作完成
基于专题	该模式的特点在于，知识传递以单元的形式进行，不仅提供给学生某一知识点，同时向学生提供与其相关的一系列知识内容。期望学生通过一个专题的学习，了解该领域的基础知识	三年级孩子们第一次上信息技术课时，首先来到的是数字馆而不是机房。数字馆计算机墙会详细序列化地介绍计算机的前世今生和未来，给予学生更体系的认知
基于游戏	我们都知道游戏可以激发学生学习动机。场馆课程活动通过将场馆资源与游戏相结合，鼓励学生在玩中学	科学创想中心的宇宙奇观专区就是将与学生生活遥远的宇宙知识和学生最爱的星际游戏完美整合
基于虚拟情景交互	按照真实的社会情境、生活情境，通过辅助设施，使学生能在真实、逼真的活动中，通过虚拟工具解决问题	数字创想中心的城市规划课程，既有静态的未来城市呈现教学，也有真实的数字影片动态演绎，建构起学生对于城市规划的体系认知，实践创造未来城市的虚拟样态

1. 沉浸探索多元场景，基于课题的情境学习

学生在好奇工场中可以接受完成一个任务到完成一系列任务的各类长短课程，每项课程中设置了各种难度层次的任务，并配以相应的导引。工场配备有各种活动材料与任务资源包，为每项任务编制了相对应的活动指导材料，见图 7-4。

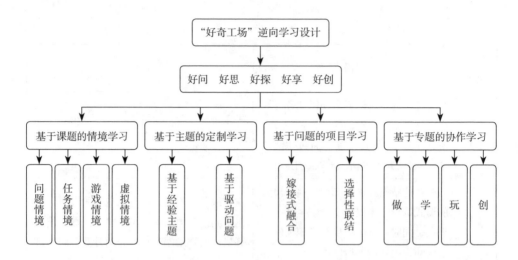

图 7-4

2. 建立可探究问题墙，基于问题的项目学习

项目式学习，是一种通过让学生开展一段时期的调研、探究，致力于用创新的方法或方案，解决一个复杂的问题、困难或者挑战，从而在这些真实的经历和体验中习得新知识和获得新技能的教学方法。问题必须是源于真实生活的，具有思维启发性，能引起学生兴趣的，如此他们才可能通过积极解决这些问题而获得新知识。比如：怎样才能解决学校池塘的污染问题？雨到底是如何产生的？逆向设计项目注重八要素。（见图 7-5）可以从以下四个方面入手：

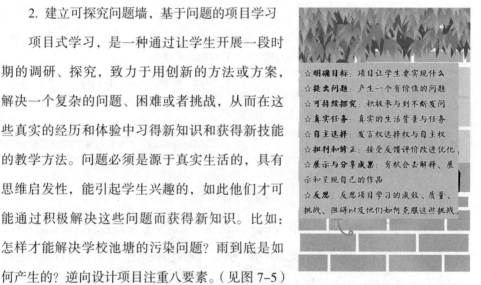

图 7-5

一是挖掘基于经验的主题项目。

基于已有经验的主题，适合低段学生开展项目的主题，如水、空气、帽子、餐具、校园的植物等等；基于直接经验的主题，如"碗"的课程比较适合具备一些直接经验的学生；基于间接经验的主题，"动物"主题中，对于蚯蚓在土壤中是怎样生活的这个问题探究，包括提问、观察、操作、实验、尝试解决问题。

二是设计基于主题的驱动性问题。

单主题发散式,以"水实验"项目化学习设计为例,从学生熟悉的一个主题出发,设计适宜的问题情境,询问学生想知道、想发现什么,梳理学生的问题,发展想探究的问题,确定可以探究的问题,选择问题展开实践。

单主题集中式。指围绕一个主题,在"20种方法让空气看得见"项目化学习设计中聚焦其中一个问题,设计适宜的学习支架,集中探究,并共同解决问题。

多主题发散式。在学科核心知识统领下,用多个主题来支撑,每个主题又发散出多个驱动性研究问题,并指向主题,从而在一个个有主题的具体问题解决中展开项目化学习。

三是设计个体预约菜单,基于主题的定制学习。

儿童定制学习,关注儿童的整个学习过程,从新的视角重构儿童的学习生活。基于"兴趣需求"的菜单设计,满足"这一个"儿童发展需求的"个体预约"。好奇工场的课程以任务单的方式呈现。同学们来到活动室,可以选出自己感兴趣的活动内容,按照任务单的提示自主选择所需的材料进行活动,在一定的时间内完成。

课程形态"嫁接式"融合,让不同学段的孩子根据好奇工场课程安排表(见表7-7)定制学习。第一类是微课程,如《我在学创造》12种奇思妙想。第二类是短课程,如低年级的"我是小问号",中年级的"我爱小研究",高年级的"我能小发明"。第三类是长课程,每周一次的卓越课程,如对于"木头的研究",孩子从"森林世家""筷子结构""木头魔术""神奇的木杯""益智城堡""小小工程师"进行了不同学段的系列探索。

表7-7 好奇工场课程安排表

课程类型	时间单位	课程内容	内容列举
微课程	一次活动	任务式	生物能源利用实验等200多个实验
中课程	一个月/一个学期	问题驱动式	"巴士"图书馆改造等项目问题
长课程	多个月或多个学期	主题式	国际生态学校水电管理智能机器人设计制作

课程主体的"选择性"联结，让不同智能的个人定制学习。在好奇工场的课程学习中，我们着力从学习科学的角度构成大脑学习机制的认知、策略和情感三组功能网络，设置好奇工场 VIP 定制课程，形成真正意义上的定制学习。认知网络：提供多种方式的表征，即为呈现学什么提供灵活的方式，提供信息定制和呈现的各种方式等。策略网络：为表达与交流提供选择、为实践实验提供选择、为身体行动提供选择等等，产生并监视心智及动作模式。情感网络：为兴趣激发提供选择、为持续的努力和坚持提供选择、为自我调节提供选择，能够将心智和策略投入到任务、学习中。针对特定学习者提供，结合自身优势智能，由家、校、生共同协商制定的点对点课程。尊重学习者的个性，是为学习者更好的发展设置的个别化课程，使学习者能发现自我、培养自信、完善自身、根据学习者的需求，分为"I-improve 我进步课程""I-illustrious 我闪亮课程""I-interest 我爱好课程"和"I-identify 我识别课程"。

四是建可视化实验室，基于专题的协同学习。

实验室的数字化改造，促进可视化实验的实践，不仅可提高实验的精度和效果，也丰富了实验手段，给予学生更多的探索体验过程，在基础型科学课程教学中根据教学内容及学生的认知规律，开展可视化探究活动。

这样的嫁接在维持科学学科与技术学科原来的独立状态前提下，将科学学科与技术学科在一些主题或观点上相互联系起来，构建独特的学习机制：做、学、玩、创融为一体。

五是建路线创意设计，好奇工场逆向学习流程。

好奇工场不仅向全校开放，还向全集团以及整个片区开放，因此面对不同的对象，我们觉得需要有一种参与体验学习的基本路线，也需要基于专题的实践学习的基本流程。

普适性的体验路线。学生走进好奇工场，从"获得护照—明确目标—选择问题—确定内容—选择材料—尝试创造—交流互动—答疑解惑—改进提升—完成成果—评价反馈"的活动流程中，享受创造的乐趣，完成好奇工场课程学习。这一普适性的流程适用于每一个体验学习的对象。

个性化的学习路线。种子课—主干课—果实课—生长课。种子课，主要通过工场的全方位的体验，提出好奇的问题，然后全班汇总，组成学习共同体；主干课，导师带领学生选择大家最关心的主题展开研究，形成一定的研究框架与策略；果实课，各个共同体创生出自己学习探究的框架和策略，组织各个项目组分享研究果实；生长课，由此进入下一轮研究的主题，产生问题，确定目标，制订任务计划。

四、场链："进阶 + 种子萌发"的素养评价

好奇工场的学习，定位于儿童乐趣、习惯、理想的培养，重视在学习过程中通过对行为的观察，反映学生的创造性能力发展。

（一）徽章，即时的实践评价

在日常的科学学习体验与创造活动评价中，我们设置了 OK 章、大拇指章、创意章登记（见表 7-8），评价简洁方便，极大地激励了学生。

表 7-8

类别	标准	作用
OK 章	有学习有创造就 OK	体验实践创造乐趣
大拇指章	有自我收获就很棒	固化实验创造习惯
创意章	有特质，展示自我个性	培养主动创造意愿

（二）指标，基于目标的素养评价

什么是创造，对于小学生而言，或许就是首次发现设计抑或灵感想法。创造不一定是全新的，但一定是学生全新的过程体验。创造力评价要适合小学生身心发展特征，适合早期发展和开发的规律，形成有效的方法与载体。因此基于创造性发展

的小学生评价指标。(见表 7-9)

表 7-9

核心目标	目标领域	评价指标
守护儿童的思维 成就自我的创造 发展核心的素养	学	多看看不同的做法
		多听听他人的想法
		多说说自己的发现
	行	多玩玩新鲜的活动
		多做做勇敢的尝试
		多试试新奇的创意
	创	多找找相关的信息
		多想想解决的方法
		多改改设想的方案

(三)护照,基于轨迹的过程评价

好奇工场专门设计制作好奇护照,对学生自主探究能力与解决问题能力、创造能力进行评价。好奇工场的护照,是一本包含了学生创造活动任务指导、创造课程参与记录、创造成果展示的评价手册,每个来到工场的学生都有一本。学生在完成某项任务后,教师根据学生任务完成过程中的表现和活动材料中的评价要求,给予相应评价。好奇工场为此特意根据每个活动室的活动内容刻制了 13 枚创造图章。同学们拿到创造护照,只要先填好个人信息、贴好照片,然后认真地选择几个感兴趣的活动区域,完成任务后护照上就会多一个可爱的徽章。

(四)颁奖,星光广场上的仪式感召

自主自觉地学习:让学习基于自我的需要真正发生。自由自在地想象:敢于想象,思维有广度和厚度。有根有据地研究:能根据找到的资料开展针对性的学习与研究。有滋有味地分享:乐于分享发现的成果,让知识与能力不断增长。一分为二

地批判:看到优势,也看到不足,会从不同角度看问题。不拘一格地创造:学生成为课堂中重要而极具活力的因子,课堂生成有价值的成果。

在好奇工场参与体验,每个楼层都会产生一位"最佳学员",学员会在"星光广场颁奖仪式"上介绍自己并发表自己的活动感言。最佳设计奖、最佳制作奖、最大突破奖……优秀学员会得到一份工场为他们精心准备的礼品!小创变色杯、小创漫画书、小创模型、小创的热情拥抱,这些奖励都大大激发了学生们的创造热情,激励着每一个孩子努力争取成为优秀学员。

第四节 未来之城:构建理想生活的意象模型

眺望未来是儿童的天然属性。未来是什么样子的?这个问题存在于每一个儿童的心中,而对这个问题的解答也存在于每一个儿童的心中。他们纷纷表示:未来人人都能长命百岁,未来全部由机器人执行工作,未来我们能走遍宇宙的各个角落,未来……虽然是零散的碎片,依然表现出对未来的多样思考。

我们在学校实施了"未来之城"项目,让儿童变身为城市的建设者开展研究性的学习活动。

一、"未来之城"项目的价值旨归

作为20年后城市的建设者和管理者,儿童会如何理解一座城?会如何构思未来的理想生活?能否让自己的想象站立在现实的地基之上?物型课程开启,就让他们按照自己的意愿建设一座城市吧,用一个复杂的项目开启发展的路径。

（一）物型之象，打通走向未来的时空隧道

未来在哪里？未来其实就从今天出发。今天的现实是过去的想象，今天的很多设想也会成为未来的现实。站在此岸描绘彼岸，想象未来的样子并朝着这个方向行进，那么未来总会有一些符合今天所期待的模样。所以，表达出自己所向往的未来图景，往往能帮助人们明晰自己想要的是一个怎样的未来，有目标才会带来积极的建设未来的行动。

（二）物型之局：搭建走向未来的能力阶梯

捏合零散化思考，聚合松散型合作。一个城市从无到有，需要从全局把握城市建设、物资供应、水资源保障利用与循环、空气质量、安全防护、教育医疗、交通运输、建筑、文化与艺术，甚至包括产业设置等一系列问题。此时，简单的、散点的、孤立的未来想象就完全不够用了，需要儿童进行全面的学习和全盘的考量，并相互补足彼此的认识缺失和思考盲点。而这样的复杂问题是大多数儿童在将来的社会生活中必然遇到的问题，他们要去面对和解决。那么现在就可以把他们放在复杂问题的情境下，培养敢于直面的勇气和积极合作的策略。

（三）物型之意：培养走向未来的基础素养

建构未来之城，这一物型课程的意蕴和旨归在于整合割裂化学习，融合分散型知识储备。这就意味着，复杂的问题需要运用多领域的知识与技能协同解决，要把在头脑不同存储单元储存的知识融合到一起共同应用于问题解决，要围绕主题主动出击掌握新领域的知识与技能，要能把多领域的知识技能进行跨界链接共同服务于解决方案的提出。

二、"未来之城"项目的实践模式

（一）想象：追逐物型课程的目标设定

1. 未来想象根植于理想与现实的真实差异

首先需要思考的是：理想的城市应该有怎样的要素，理想的生活应该是何种形态。不同的思维触角将带来完全不同的想象结果，但千差万别的想象都来自理想与现实的真实差异。所以，当想象缺少一个触发点时，可以对身边的城市进行观察。

走上街头，儿童会发现交通拥堵是实实在在的城市病，从而产生多层级城市交通网的想象；关注城市水资源现状，儿童会重视水资源从何处来、如何用、如何保障与循环，从而产生利用地形运输水并利用水能的设想；测试空气的质量，儿童会关心未来城市的微粒控制，从而产生城市微粒吸附器的设想；回到课堂，儿童注意到教育对于城市发展的作用，从而萌生在科研中学习的想法；打开电视，看到中国的火星探测计划，儿童的目标视野被引向宇宙，"我们的城市为什么不可以建在火星呢"……

2. 未来想象发端于创造新事物的内心需要

"龙"这一中华民族的图腾是咱们的先民创造的新事物，狗头人身的阿努比斯是埃及先民创造的新事物，字母拼音文字是腓尼基人最早创造的新事物，《汉谟拉比法典》是古巴比伦人创造的新事物。创造新事物是人的本质需求，对未来可能出现的新事物进行怎样充分的想象都不为过。在满足内心需求的同时，向四面八方打开脑洞，创新的萌芽就隐藏其中，想象力的触角也向更远处伸展。

3. 未来想象带来拥抱丰富可能性的心理愉悦

在想象中，儿童就如同已经走进了这样一个光怪陆离、五光十色、丰富多彩的未来城市。他们彼此分享着各自的想象，目不暇接；他们把属于自己的独特想象放置到这个共同的城市，让这个城市进一步清晰和明朗；在对城市集体想象的过程中，他们逐渐形成对城市功能与风格的判定，剔除不和谐的想象。研讨过程中儿童乐在其中，甚至无法自拔。当他们想着这个具有无限可能的城市，充满喜悦。

所以，项目执行的第一步就是充分的想象，从而确定城市建设的基础条件和总体目标。

在我校的实践中，学生项目组将未来城市放置在了火星上，这是他们的群体理想——去更远的世界。基于火星能够提供的基础条件，项目组将城市建设的重要目标聚焦于：提供足够的水资源保障、城市用水的循环利用、能够自由呼吸的城市环境、应对火星恶劣环境的安全机制、自给自足的食物供应、火星当地资源的恰当利用等。城市定名为"玛尔斯之心——火星一号城"，几十年后真正的火星基地的建设者中也许就会有他们的身影。

（二）课程设计：目标引领的蓝图绘制

1. 总体设计为项目实施提供操作规划

设计不仅仅是指城市设计图，也包括项目推进的过程设计。想清楚做哪些事，想清楚需要哪些前置的学习和物资准备，为后续的实施做好准备。

2. 前置学习为项目落地提供理论支撑

前置学习包括文献研究与实地调查两种主要方式。

文献研究主要指搜集、鉴别、整理文献，并通过对文献的研究形成对事实的科学认识。城市对儿童来说熟悉又陌生，必须通过文献研究才能逐渐形成对城市的基本认识，比如一个城市的运行机制，比如目前对火星资源的探索情况。在此过程中，儿童也学习基本的文献检索和整理方法，也会因为文献点燃新的灵感火花。

实地调查则指向一些具体的小型的项目运行情况，比如污水是怎样处理的，这个处理流程是否能运用到未来城市的建设中去，还能进行怎样的改进。

3. 资源搜集为项目推进提供物质与技术保证

全方位盘点项目组目前拥有的资源、能够争取的资源、能够开发的资源。（见表7-10）包括物质的支持与技术的支持。保证项目能推行、能实施，不至于理想高高在上，实践却做不到。

表 7-10

> **我们所拥有的项目资源：**
>
> 1. 学校拥有 30 多个 FSC 校外综合实践活动基地，其中包括常州通用自来水有限公司、常州市科邦水处理科技有限公司、常州市给排水工程有限公司、常州市规划馆，这为团队的前期调查提供了丰富的实践学习资源。
>
> 2. 学校的 3D 打印社团为模型的搭建提供技术支撑。
>
> 3. 我们拥有的材料有：胶枪、水景膏、电机、编程板、灯带、造景泥、超轻粘土、兼容乐高块、白乳胶、草粉、收集的废旧材料（泡沫板、塑料瓶盖、一次性筷子、硬纸板、废弃木块、废报纸、沙子等）。

以下为我校未来之城项目组的城市设计。

一、城市基本信息

未来之城位于太阳系中的类地行星——火星之上。考虑到火星南北半球的地貌、气候、温度等因素，未来之城的理想选址位于赤道附近的水手谷以北平原之上。该城将于 2119 年建成，是一座可容纳五万名高科技人才的智慧新城＋科研基地。

该城由居民生活区、全民学习区、工业科研区、生态农场区四个独立又互通的版块组成。太阳能发电、风能发电和水力发电将为该城提供充足的能量来源；极冠水冰及丰富的高纬度地下冰层将作为该城的稳定供水源；工业科研区为城市的维护与升级提供技术支撑和物质支持；四个生态罩有效保障城内生命体的最适温度、湿度及高品质吸氧环境；胶囊高速通道作为城市版块间的互联既提供了高效、安全、节能的公共交通方式，又调节着整个城市的生态环境。

该城作为外太空移民的示范之城，特别关注人类的绿色健康可持续发展。

二、稳定供水系统的创新亮点

1. 供水、净水、输水一体化设备

春夏秋三季，在火星北极的极冠水层上方开启水冰的低温真空升华罩，保障纯净水蒸气的高效采集。该设备联通加压液化管道，管道内的水蒸气迅速凝结成纯净水，管道壁的智能检测系统在保障稳定水压的同时，实时监测水质标准。

2. 水力发电及储水一体化系统

充分利用水手谷的地理落差，在城市附近的水手谷段内建造大型水力发电站及大规模智能储水池，密闭储水池内的反渗透膜滤水装置再次为城市供水提供净化，该储水池的容量高达五亿立方米，并联通北纬60°的地下水冰层，作为弹性预备方案。

3. 水处理及资源再利用系统

城市生活污水及工业废水集中处理。有机废水降解池内利用纳米 $\alpha\text{-}Fe_2O_3$ 空心球催化有机物的光解及微生物降解，降解完成后的无机废水进入反渗透膜过滤装置完成净化，净化水再作为供水源满足工业科研区的供水需求。而水处理后产生的无机盐结晶体也可作为工业科研区的原料进行加工利用。

三、反思及展望

火星作为一个地质活动极少并具有丰富水资源和矿物质资源的星球，是未来人类移居的最佳选择。本文为人类移民火星建造新家园提供了有效的实施建议。而未来科技的进步是无法预知的，如何利用科技促进人类的探索与文明的发展，并在此过程中敬畏宇宙，保护好每一个美丽的星球，这是我们永恒的话题。

（三）造物：设计图谱的现实呈现

1. 基于成员个人能力的分工协作

项目组成员有着差异化的能力表现，有的擅长编程，有的心灵手巧，有的对配色颇有心得，有的善于将物料进行创造性地使用。项目组针对不同成员的擅长领域进行具体分工，发挥成员专长。

2. 面向操作难题解决的共商共建

我校火星一号城项目组的同学遇到了一个很大的困难——如何营造火星地貌。

地貌组的同学将这一困难在集体会议的时候提了出来，大家群策群力，提出了多种解决方案，并且邀请美术老师提供方法支持。最终选定的方法是：用卫生纸堆叠后刷上乳胶，撒上沙粒，最后用暗红色喷漆着色。成品效果非常好。

3. 有力推动实施进度的时效管理

今天完成的工作	完成了城市基本规划，完成了城市地标性建筑的搭建
即将开展的工作	即将完成城市地形地貌的搭建，以及整个城市模型的组装
即将开展的工作预计完成时间	预计11月14日完成整座城市模型的搭建与组装，突出城市供水系统的亮点

4. 完善操作任务执行的反思机制

程云叡：一开始，我们并不想在外太空建造城市，因为需要解决的问题太复杂。最终经过全面调查和激烈讨论后，未来之城选址定在了火星，因为我们坚信科技的进步和人类探究宇宙的速度是我们难以想象的。更因为我们要设计的不是10年后的城市，更不是今天就能存在的城市，而是一座100年后的城市。火星作为外太空移民的首选星球，已经被科学家们揭开了一层又一层神秘的面纱，并且已经存在于先驱者的规划蓝图之中。这为我们设想外太空的未来之城提供了充分的理论基础，我们坚信"玛尔斯之心"在不久的将来定会变成现实。

周雨乐：团队组建初期，队员之间的分工协作并不理想，但在短时间的磨合后，每位队员都能很快找准自己的定位。在整个项目化研究的过程中，每一位队员都积极主动。我们有共同的奋斗目标，以终为始；我们知彼知己，要事第一；更重要的是我们统合综效，不断更新！在这个过程中，我们学会倾听，尊重差异，调动创意，这种智力、情感、精神的多维螺旋上升是我们所没有想到的美妙收获！

贺浚哲：我们团队很好地呈现出了火星智慧新城的样态与城市的智能弹性供水系统。我们在模型制作过程中，不断产生了新想法，比如可移动空中农场的设计；空间可变多功能智能楼房的设计；火星地表富含的氧化铁矿产的充分利用以及城市模块的独立移动与复制。创意的不断迸发让我们激情澎湃，经验的积累与技能的提升带给我们满满的成就感。

搭建一座从未有过的未来城市，把自己的胆怯和不自信统统抛开，从全局的角度思考一个复杂工程的设计与建设问题，让想象力飞翔，更把根基夯实在现实的土壤中。在解决一个个实实在在会面临的问题时，学习的价值与真正的方法凸显在儿童面前；在携手并肩的旅途中，合作的手段创造性地出现在交往的过程中；在实践创造的氛围中，手与脑的发展清晰可见；在全面思考与统筹协调的历程里，站上一个台阶看问题成为团队共识。物的创造与人的塑造并行不悖。

后 记

  打开这本书,你是否和我一样,对这所儿童创想学校有深深的眷恋与喜欢?这所学校里有个独树一帜的儿童创想城,我相信大家已经被这所创想学校所吸引;生动活泼的儿童、温暖记忆的课程,每一个人都有不一样的学习方式……马斌处长第一次完整提出物型课程的体系是在星河实验小学,可以说星河实验小学是物型课程的"井冈山",如今由孙其华博士领衔的课题"物型课程建设的研究与推广"已经成为省基础教育前瞻性教学改革实验项目(重大研究项目),星河实验小学成为其实验校。

  不知不觉,星河的物型课程之路已走过2412天,打开这本书,让我们一起去眺望这所创想学校的模样,眺望这所创想城里的物型课程、物型学习、物型生活。多么美好的遇见,那是因为物型在场,一个个发生着故事的教室、一个个有着奇遇的探究馆、一个个可以邂逅的角落。

  一座可以呼吸的创想城,让儿童置身情境化的创想学习生活中,让儿童在这里,遇见自己、做好自己、成长自己,形成学习共振磁场。物型课程在场学习真的如此神奇,带孩子们进入了神奇、有趣、好玩的世界,让每一个孩子充分挖掘自己的潜能,找寻适合自己生长的"土壤",共同创想神奇的未来。

  这本书,是多年来不断积累的成果,记录下了自己点点滴滴的思考,留下了自己深深浅浅的足迹。这本书传递的是在物型课程基础上，对未来学校生活和学习方式转型的积极探索。这本书的出版凝聚了太多人的心血，我们致以深深的谢意。感谢马斌处长、孙其华社长、倪娟所长等人的指导，他们的大家视野、高远的思维和引领让我倍感珍惜！此外，我校王蕾、秦燕、孙晔隽、任韧、潘香君、陈益、孙晓莉、吴燕华、毕可洁、何勤、姚娜、曾美婷、何平平等老师参与本书材料的收集与整理，共同的行走是那么的美好。

文字只是记录思考的方式，过去的探索与思想凝聚在其中，那是往昔的剪影。洗去昨日的风霜，带着不变的理想，于是又再一次出发，只有理想，没有终点！

庄惠芬

2020 年 6 月书于善耕馆